Erwin Lutzer
Wir werden nicht schweigen
Als Christen für Freiheit und Werte eintreten

Erwin Lutzer

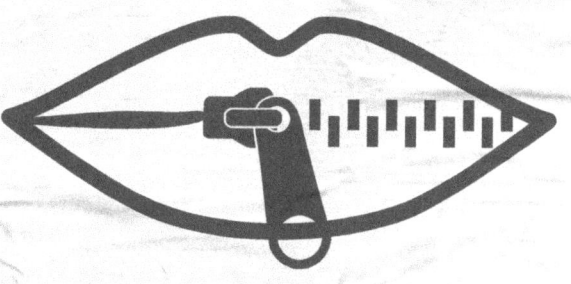

WIR WERDEN NICHT SCHWEIGEN

Als Christen für Freiheit und Werte eintreten

Erwin Lutzer
Wir werden nicht schweigen
Als Christen für Freiheit und Werte eintreten

Best.-Nr. 271 773
ISBN 978-3-86353-773-9
Christliche Verlagsgesellschaft Dillenburg

Best.-Nr. 180 206
ISBN 978-3-85810-560-8
Verlag Mitternachtsruf, www.mnr.ch

Titel des amerikanischen Originals:
We Will Not Be Silenced
Copyright © 2020 von Erwin W. Lutzer
Veröffentlicht von Harvest House Publishers
Eugene, Oregon 97408
www.harvesthousepublishers.com

Es wurde folgende Bibelübersetzung verwendet:
Elberfelder Bibel 2006, © 2006 by SCM R.Brockhaus in der
SCM Verlagsgruppe GmbH Witten/Holzgerlingen.

1. Auflage
© 2021 Christliche Verlagsgesellschaft Dillenburg
www.cv-dillenburg.de

Übersetzung, Lektorat, Satz und Umschlaggestaltung:
Christliche Verlagsgesellschaft Dillenburg
Umschlagmotive: © unsplash.com/Joe Woods (Wand),
© freepik.com/Vectorium (Poster), © shutterstock.com/frikota (Mund)

Druck: CPI Books GmbH, Leck
Printed in Germany

„Wieder einmal hat Erwin Lutzer uns mit einem herausfordernden, inspirierenden und provokanten Werk beschenkt, das alle ernsthaften Christen dazu aufruft, unseren Gott und sein Wort in der Öffentlichkeit freimütig zu vertreten. Dieses Buch, das man unbedingt gelesen haben sollte, zeichnet sich durch ausgewogene biblische Autorität, kulturelle Relevanz und geistliche Sensibilität aus. Sie werden sowohl gehörig herausgefordert als auch persönlich überzeugt sein, nicht länger ein stiller ‚heimlicher Christ' zu bleiben, nachdem Sie mit der Wahrheit in diesem ausgezeichneten Hilfsmittel konfrontiert wurden."

Dr. Tony Evans, Präsident, *The Urban Alternative*
Seniorpastor, *Oak Cliff Bible Fellowship*

„Mein lieber Freund Erwin Lutzer hat uns einen aufschlussreichen Rahmen gegeben, in dem wir die Herausforderungen, denen wir in diesem Moment der Geschichte gegenüberstehen, durchdenken und angehen können. Sie werden das Buch *Wir werden nicht schweigen* als anregend und hilfreich empfinden. Manchmal werden Sie vielleicht sogar mit ein paar seiner Einsichten und Schlussfolgerungen ringen. Das ist auch gut so. Danke, Erwin, dass du diese Themen – einschließlich Rassismus, Marxismus und Kapitalismus – vor dem Hintergrund des Kreuzes und der Wahrheit des Wortes Gottes, das die Kraft hat, uns zu verändern, ansprichst."

Dr. Crawford W. Loritts Jr. , Autor, Redner, Radiomoderator
Seniorpastor, *Fellowship Bible Church*, Roswell, Georgia

„*Wir werden nicht schweigen* erklärt eine Reihe von Trends, die mit erschreckender Geschwindigkeit zunehmen und die Freiheiten der Menschen überall gefährden. Dieses Buch ist eine lohnende Investition Ihrer Zeit. Wie immer liefert Lutzer eine scharfe Analyse und präsentiert zahlreiche aufschlussreiche Schlussfolgerungen. Er ist einer der wenigen Autoren, bei denen ich darauf achte, *alles* zu lesen, was sie veröffentlichen. Warum? Weil seine Analyse unabhängig von dem Thema, das er anspricht, sachlich, kunstvoll präsentiert und nützlich ist."

Alex McFarland, christlicher Apologet
Truth For A New Generation

„Erwin Lutzer hat ein zeitgemäßes und wichtiges Buch geschrieben, das die Gemeinde dazu aufruft, sich den Herausforderungen unserer Gesellschaft aus einer Christus ehrenden, von der Schrift geleiteten und vom Evangelium durchdrungenen Perspektive zu stellen. In *Wir werden nicht schweigen* bietet er die einfache und doch radikale Lösung für die vielfältigen Probleme, welche die Kultur, in der wir leben, unter Druck setzen: Lasst die Gemeinde die Gemeinde sein! Lesen Sie dieses Buch sorgfältig. Geben Sie es an so viele wie möglich weiter. Weigern Sie sich, was ihr Zeugnis für Christus betrifft, zu schweigen!"

H. B. Charles Jr., Seniorpastor,
Shiloh Church, Jacksonville, Florida

„Früher oder später müssen wir alle Stellung beziehen. Erwin Lutzer sagt, dass die Zeit für Christen jetzt gekommen ist, für die Wahrheit aufzustehen. Mit seelsorgerlicher Weisheit und tiefer Einsicht deckt er die Lügen auf, die die westliche Kultur an den Rand der Zerstörung getrieben haben. Aber er bleibt nicht dabei stehen. Dieses Buch zeigt, wie wir die Gemeinde (die der Schlüssel zur Kultur ist) zurückgewinnen können, wenn wir wieder Gottes Wahrheit aussprechen, ohne uns zu fürchten oder anderen gefällig zu sein. Ich kann nur hoffen, dass Millionen von Gläubigen dieses Buch lesen und dazu bewegt werden, sich aufzuraffen."

Dr. Ray Pritchard, Präsident,
Keep Believing Ministries

„*Wir werden nicht schweigen* ist in meinen Augen das wichtigste Buch, das mein Freund Erwin Lutzer überhaupt geschrieben hat. Es ist ein Buch für viele Generationen. Ein Manifest für Christen und Gemeinden. Ich liebe das mutige Eintreten für die Wahrheit und das kühne Glaubensbekenntnis, das auf diesen Seiten deutlich zum Ausdruck kommt. Kein Zweifel – das vorliegende Buch ist ein Licht, das hell in der Dunkelheit leuchtet."

Dr. Jack Graham, Pastor, *Prestonwood*
Baptist Church & PowerPoint Ministries

„Ich habe mich danach gesehnt, Kanzeln wieder mit Leidenschaft lodern zu sehen, so wie es während der amerikanischen Revolution war. Ich habe mich nach kraftvoller Lehre gesehnt, die Gottes Wort auf das Chaos anwendet, das wir gerade erleben. Erwin Lutzers tiefes Verständnis von Geschichte, Kultur und Gottes Wort verschmelzen in *Wir werden nicht schweigen* kraftvoll, um genau das zu tun. Auf erfrischende Weise fordert er uns heraus festzuhalten, mutig zu sein und unseren Lauf gut zu vollenden!"

Sandy Rios, Direktorin für Regierungsangelegenheiten der AFA
(*American Family Association*), Gastgeberin von *Sandy Rios in the Morning
auf AFR Talk*, ehemalige Präsidentin der CWA
(*Concerned Women for America*)

„Wir leben in einer schweren Zeit, die die Verkündigung von Jesus Christus vor einzigartige Herausforderungen stellen. In solchen Tagen brauchen wir treue Stimmen, die uns den Weg weisen. Erwin Lutzer ist so ein treuer Mann, der ein herausforderndes und wichtiges Thema mit biblischer Klarheit und Überzeugung anspricht. Ich bin dankbar für dieses Buch und glaube, dass es Ihre Aufmerksamkeit verdient."

Dr. Heath Lambert, Seniorpastor,
First Baptist Church in Jacksonville, Florida

„Basierend auf meiner in ganz Amerika gesammelten jahrzehnte-langen Erfahrung in der erfolgreichen Verteidigung von Christen und christlichen Institutionen in Rechtsstreitigkeiten kann ich sagen: wenn die Gemeinde hofft, im öffentlichen Raum zu überleben und den Einfluss auf diese Kultur zu behalten, den Jesus im Missionsbefehl befohlen hat, muss die Botschaft dieses Buches beherzigt werden."

J. Shelby Sharpe, Verfassungsrechtler

„Nachdem ich als Schauspielerin in Hollywood gearbeitet und ge-sehen habe, wie der Marxismus die Unterhaltungsindustrie und das öffentliche Schulsystem von innen heraus übernimmt, ist die-ses Buch ein MUSS, um sich zu informieren, mit welchem Kampf wir es zu tun haben. Wissen ist Macht. Ich kann sagen, dass dieses Buch nicht nur den Feind entlarvt, sondern uns die Weisheit und die Werkzeuge gibt, um Gott zurück in unser Land, unsere Gemeinde und unser Zuhause zu holen. JETZT ist die Zeit!"

Tina Marie Griffin, www.CounterCultureMom.com

„Indem er über das Klima nachdenkt, das unsere Kultur heute be-herrscht, gibt Erwin Lutzer Einblick in eine Reihe von Schlüsselfra-gen, mit denen die Gemeinde konfrontiert ist. Ich empfehle die Lek-türe dieses Buches allen, die daran interessiert sind, Teil der Lösung für die brisanten Probleme von heute zu sein."

Milton E. Kornegay, *Central Baptist Church*, Syracuse, New York

„Die biblische Prophetie und die Geschichte lehren uns, dass gro-ße Nationen von innen her zusammenbrechen, bevor sie von außen erobert werden. In diesem Buch erinnert uns Erwin Lutzer an die Strategie unseres Feindes und wie wir auf sie reagieren sollten."

Cal Thomas, Kolumnist

Allen, die sich dafür einsetzen,
das Kreuz Christi in eine bedürftige und verwirrte Welt zu tragen,
und Widerstand als Auszeichnung betrachten –
solchen Weggefährten ist dieses Buch im Gebet gewidmet.

„Wenn jemand mir nachkommen will, verleugne er sich selbst und nehme sein Kreuz auf und folge mir nach! Denn wer sein Leben retten will, wird es verlieren; wer aber sein Leben verliert um meinetwillen, wird es finden."

Matthäus 16,24-25

Inhalt

Vorwort des dt. Herausgebers 13

Warum Sie dieses Buch lesen sollten–
Dr. David Jeremiah 17

Die überraschende Antwort Jesu 21

1. Wie wir hierher kamen 25
   Ein Überblick über die Kräfte, die versuchen,
   die Grundwerte zu demontieren, die Amerika aufgebaut haben

2. Die Vergangenheit neu schreiben, um die Zukunft
   zu kontrollieren 49
   Die Strategien zur Delegitimierung unserer jüdisch-christli-
   chen Vergangenheit, um einer gänzlich säkularen und gottlosen
   Gesellschaft Platz zu machen

3. Vielfalt nutzen , um zu spalten und zu zerstören 83
   Wie schädliche kulturelle Ideologien die Rassen in einem ewigen,
   endlosen Konflikt halten

4. Meinungsfreiheit für mich, aber nicht für dich 119
   Der wachsende Trend, alle die zu unterdrücken und
   anzuprangern, die eine konservative oder christliche
   Weltanschauung vertreten

5. Verkaufe es als edle Sache 145
   Wie Propaganda eingesetzt wird, um die Wahrnehmung
   der Realität in der Bevölkerung so zu formen, dass sie ihre
   Meinung selbst dann nicht ändert, wenn sie mit zwingenden
   Gegenbeweisen konfrontiert wird

6. Sexualisierung der Kinder. 177
*Wie Schullehrpläne und Populärkultur unsere Kinder in sexu-
elle Verwirrung und verzerrte Vorstellungen von persönlicher
Identität führen*

7. Kapitalismus ist die Krankheit –
Sozialismus die Heilung. 201
*Warum der Sozialismus zunächst attraktiv ist, aber letztlich
zum Scheitern führt – und wie der Kapitalismus Wohlstand
schaffen kann, der die Arbeit und den Einsatz von Christen
überall fördert*

8. Verbrüderung mit dem radikalen Islam
zur Zerstörung Amerikas 235
*Warum und auf welche Weise zwei sehr unterschiedliche
Weltanschauungen bereit sind, zur Ausrottung des Christentums
und des Kapitalismus ihre Differenzen beiseite zu legen*

9. Verteufeln! Verteufeln! Verteufeln! 255
*Wie Meinungsverschiedenheiten heute nicht mehr in gegen-
seitigem Respekt und Höflichkeit gelöst werden, sondern mittels
Bloßstellung und unverschämter Denunzierungen*

10. „Wach auf und stärke das Übrige!". 277
*Jesus warnt eine neutestamentliche Gemeinde mit auch für uns
hochaktuellen Worten – und seine Einschätzung ist die einzig
maßgebliche*

Anmerkungen 297

Vorwort
des dt. Herausgebers

Auf den ersten Blick scheint dies ein Buch zu sein, das uns nichts angeht, weil darin Amerika beschrieben wird. Aber halt! Legen Sie es jetzt bitte nicht wieder aus den Händen.

Denn auf den zweiten Blick erkennen wir uns darin selbst und erahnen, dass im Zeitalter des Globalismus die Probleme „irgendwo in der Welt" bald auch uns erreichen werden bzw. schon längst erreicht haben. Umso wichtiger ist es, dass wir uns so früh und so gut wie möglich darauf vorbereiten.

Schlüpfen Sie also einmal in dieses Ihnen vielleicht eher fremde „Kleid" Amerika, versetzen Sie sich in diesen Teil der Welt und staunen Sie mit darüber, durch welche Kräfte und auf welche Weise eine Gesellschaft, die wie keine andere das Privileg der Freiheit repräsentiert, von Grund auf untergraben und ausgehöhlt wird, ja, wo das Unterste nach oben gekehrt zu werden scheint, sodass am Ende nichts mehr so ist wie bisher.

Was geht uns das an?, mag mancher fragen. Aber wir befinden uns in Deutschland ja keineswegs auf der „Insel der Seligen", und sowieso war das Christentum im Land der Reformation – heute mehr denn je – nie so umfassend an der Basis vorhanden und wirksam wie in der sogenannten „neuen Welt". Es könnte also sein, dass wir selbst bald einen hochdramatischen Wandel erleben werden, wie sich das für unsere Glaubensgeschwister in Amerika gemäß Lutzers bestechender Analyse offenbar abzeichnet.

Die menschliche Gesellschaft ist ein sensibles Gebilde. Die Kräfte, die auf sie Einfluss nehmen, sind vielfältig. Die jeweils herrschende Ideologie und Machtausübung findet niemals uneingeschränkt Anerkennung. Unterschiedlich ausgerichtete politische und ideologische Kräfte sind offen oder unterschwellig wirksam und nehmen Einfluss auf die Menschen. Wenn irgend möglich sollen dadurch letztlich auch die Machtverhältnisse verändert werden. Die Kräfte, die der Autor im Blick hat, benennt er mit dem umstrittenen Begriff „Kulturmarxismus", der nicht ganz klar zu definieren ist. Er spricht auch vom „radikalen Säkularismus" oder von der „radikalen Linken" (s. S. 48), ohne damit jedoch bestimmte klar auszumachende Gruppen im Blick zu haben. Es geht ihm eher um unterschwellige Strömungen, die wirksam sind. Unter „Kulturmarxismus" versteht er daher nicht vorrangig die klassischen Prinzipien des Marxismus, etwa die Abschaffung von Privateigentum und die Herstellung von sozialer Gerechtigkeit durch die Maximierung staatlicher Vorherrschaft, sondern vor allem die allmähliche Transformation der Kultur, mit der auch die Veränderung von Moral und Werten einhergeht, teilweise in bewusster Abkehr von traditionell jüdisch-christlichen Wertvorstellungen. Diese marxistisch motivierten ideologischen Bestrebungen sieht er in fünf kulturellen Bereichen wirksam, nämlich im sozialen, politischen, erzieherischen, religiösem und familiären Leben seiner Nation (s. S. 27ff). Es geht ihm um das Aufzeigen der Auswirkungen von linksorientierten Philosophien (z. B. Marcuse) und Weltanschauungen, die sich in verschiedenen Kanälen und Denkzentren der Gesellschaft festgesetzt haben, zu den vorherrschenden Denkweisen, zur „öffentlichen Meinung" geworden sind und „nach vorne" drängen. Das wiederum löst Prozesse aus, die – aus christlicher Sicht – zu einem bedenklichen Wandel in der Gesellschaft führen werden, der z. T. vor der Gemeinde nicht haltmacht und sie vor enorme Herausforderungen stellt, wenn sie sich diesem Wandel entgegenstehen will. Für den Leser werden Mechanismen transparent, die auch in unserer Gesellschaft hier in Deutschland mehr oder weniger zu beobachten sind. Somit geht es letztlich weltweit für die Gemeinde darum, gerüstet zu sein, wenn ihr der Wind zunehmend stärker entgegenweht.

Der Autor nimmt zur Verdeutlichung dieser Vorgänge an manchen Stellen auch Bezug auf die Zeit und Umstände des Nationalsozialismus in Deutschland. Sogenannte NS-Vergleiche sind aus deutscher Sicht zwar problematisch, weil sie leicht darüber hinwegtäuschen können, wie alleinstehend und schrecklich dieser Nationalsozialismus in seinen weltweiten Auswirkungen war. Ungewollt kann also dadurch eine Verharmlosung des Nationalsozialismus einhergehen. Das jedoch liegt ausdrücklich nicht in der Absicht des Autors (s. S. 152, 294). Es geht ihm darum, Parallelen aufzuzeigen und die Gefährlichkeit heutiger ideologisch bedingter Umtriebe und Einflussnahmen deutlich zu machen.

Amerika ist nicht weit entfernt von uns, und auch wenn wir in Deutschland unsere eigenen Probleme haben, wäre es fatal, wenn wir unser Auge nicht dorthin richten würden, wo noch immer – weltpolitisch und ideell – Maßstäbe und Richtlinien gesetzt werden, die unsere gegenwärtige und zukünftige Welt entscheidend mitprägen und -gestalten.

Die aufregende Reise durch diesen vermeintlich „ganz anderen" Kontinent lohnt sich. Aber es geht dabei nicht um touristische Highlights, sondern um einen zwar kurzweiligen, aber doch tiefgehenden Anschauungsunterricht für unser aller Zukunft als Gemeinde Gottes in der Welt.

Seien Sie für diese Zukunft gerüstet – und am Ende dieses Buches werden Sie es sein. Dann werden auch Sie nicht schweigen, denn es geht darum, gerade in der Stunde großer Finsternis ein besonders hell leuchtendes Zeugnis von Jesus Christus zu sein, der immer noch Menschen für sein Reich retten will und dafür sein Leben gegeben hat. Und nicht weniger sollten wir tun, um seinem Anspruch auf uns Menschen und seinen Zielen für diese Welt gerecht zu werden.

Christliche Verlagsgesellschaft, Dillenburg, im August 2021

P.S.: Manche Aussagen, Gegebenheiten und Begriffe machten eine kurze Erläuterung für den dt. Leser notwendig. Sie sind im laufenden Text mit einem * versehen und an Ort und Stelle eingefügt, während die Anmerkungen des Autors sich alle am Ende des Buches befinden.

Warum Sie dieses Buch lesen sollten

Dr. David Jeremiah

Neulich saß ich gerade am Frühstückstisch, und sagte zu meiner Frau, dass ich das Gefühl habe, die Demontierung Amerikas mitzuerleben. Wir sprachen über den Horror, jeden Abend die Nachrichten anzuschauen und zu erleben, wie dieses Land, das wir lieben, vor unseren Augen zerstört wird. Wie kann das passieren? Was hat das zu bedeuten? Wohin führt es? Was können wir tun?

Das sind die kulturellen Fragen, die heute in fast jedem Zusammenhang gestellt werden. Leider gibt fast niemand eine Antwort darauf.

Doch Erwin Lutzer antwortet in *Wir werden nicht schweigen* darauf. Und was er über das, was in unserer Nation geschieht, geschrieben hat, ist die vollständigste, ehrlichste und verständlichste Erklärung, die mir bisher untergekommen ist.

Ich habe zugestimmt, dieses Vorwort zu schreiben, weil ich glaube, dass Sie dieses Buch lesen müssen – nicht nur die ersten paar Seiten, sondern jede Seite, jeden Absatz, jedes Wort.

Wenn ich könnte, würde ich *Wir werden nicht schweigen* in die Hände jedes amerikanischen Christen legen. Aber es liegt bereits in Ihren Händen, und ich möchte Ihnen sagen, warum Sie es lesen sollten.

Dieses Buch *analysiert* viele kulturelle Probleme, mit denen wir konfrontiert sind. Nichts wird ausgelassen. Es behandelt vielfältige Probleme wie die der Rasse, der Geschlechter, der sozialen Gerechtigkeit, der Medien, der Meinungsfreiheit und Probleme, die im Sozialismus und Marxismus wurzeln. Am wichtigsten ist jedoch, dass es Probleme behandelt, die mit der Gemeinde zu tun haben, und wie es auf all diese Probleme antwortet.

Wir werden nicht schweigen analysiert all die oben genannten Punkte und noch viele mehr. Aber es analysiert sie nicht nur, es *erklärt* sie. Warum sind diese Dinge passiert? Wie sind wir dorthin gekommen, wo wir jetzt stehen, ohne überhaupt bemerkt zu haben, in welche Richtung wir uns bewegen? In letzter Zeit haben wir beobachtet, wie kriminelle Banden unsere Städte verwüstet, Gebäude niedergebrannt und der Polizei den Krieg erklärt haben. Am beunruhigendsten war der Versuch dieser organisierten Randalierer, auch moralische und geistige Werte niederzureißen. Warum tun sie das? Es ist nicht einfach nur willkürlicher ziviler Ungehorsam, noch ist es ein legitimer Protest, bei dem eben leider etwas schiefgelaufen ist.

Erwin Lutzer erklärt uns, dass hinter all diesem zerstörerischen Verhalten die Entschlossenheit von Marxisten steht, Amerikas Geschichte zu zerstören, um sie durch eine neue marxistische „Geschichte" zu ersetzen, die unseren Kinder bereits vom Kindergarten und bis zur Universität eingeimpft wird. Diese Leute reißen nicht nur Denkmäler nieder; sie versuchen, die Grundlage zu zerstören, auf der unsere Nation gegründet wurde. Sie haben begriffen, dass „derjenige, der die Vergangenheit kontrolliert, auch die Zukunft kontrolliert". Dieses Buch verfolgt jede säkulare kulturelle Spielart bis zu ihren Wurzeln zurück. Diese Dinge „passieren" nicht einfach; sie wurden inszeniert. Sie sind keine zufälligen singulären Ereignisse; sie sind alle Teil einer sorgfältig geplanten und umgesetzten Ouvertüre zur Zerstörung Amerikas.

Aber dieses Buch analysiert nicht nur, was geschieht, und erklärt nicht nur, warum es geschieht. Es fordert uns auch heraus, auf das Geschehen zu reagieren.

Lutzer fragt: „Wie leben wir mutig in einer Kultur, in der diejenigen, die am lautesten schreien, den Kampf gewinnen? Wie leben wir in einer Zeit, in der das Christentum hemmungslos umgestaltet wird, um sich bequemer in eine säkularisierte Kultur einzubetten?"

Hier ist Lutzers hoffnungsvolle Antwort für Sie, für mich, und für alle, die den Namen des Herrn anrufen:

Ich möchte uns inspirieren, den Mut zu haben, auf das Feuer zuzugehen und nicht vor den Flammen wegzulaufen. Gott hat uns zu diesem kulturellen Moment geführt, und unsere Zukunft kann nicht als garantiert angesehen werden. Wie schon gesagt wurde: „In einer Zeit der weltweiten Irreführung ist es ein revolutionärer Akt, die Wahrheit zu sagen."

Ich möchte Sie ermutigen, dieses Buch sorgfältig und unter Gebet zu lesen. Machen Sie sich Notizen, markieren Sie die wichtigsten Abschnitte, schreiben Sie sich Stichworte an den Rand. Und wenn Sie diese Wahrheiten dann schließlich tief in Ihrem Verstand und Ihrem Herzen verankert haben, schweigen Sie nicht!

Dr. David Jeremiah
Senior Pastor,
Shadow Mountain Community Church,
El Cajon, CA
Gründer und Präsident von
Turning Point Ministries

Die überraschende Antwort Jesu

Die Jünger stellten Jesus eine interessante Frage: „Herr, sind es wenige, die gerettet werden?" (Lukas 13,23).

Haben wir uns nicht alle schon einmal gefragt, wie viele Menschen gerettet werden und wie viele verloren gehen? Wir wissen, dass es am Ende eine Schar von Erlösten aus allen Stämmen und Nationen geben wird, die niemand zählen kann (Offenbarung 7,9). Aber diese Schar stellt nur einen Bruchteil der Menschheit dar. Wir würden gerne genauere Zahlen und Prozentsätze wissen.

Jesus antwortete, wie es oft seine Gewohnheit war, nicht direkt auf die Frage. Stattdessen entschied Er sich, eine Warnung zu geben.

> „Ringt danach, durch die enge Pforte hineinzugehen; denn viele, sage ich euch, werden hineinzugehen suchen und werden es nicht können. Sobald der Hausherr aufgestanden ist und die Tür verschlossen hat und ihr anfangen werdet, draußen zu stehen und an der Tür zu klopfen und zu sagen: Herr, öffne uns!, wird er antworten und zu euch sagen: Ich kenne euch nicht (und weiß nicht), woher ihr seid." (Lukas 13,24-25)

Die gleiche erschreckende Wahrheit begegnet uns in der Bergpredigt. Jesus bekräftigt dort, dass viele in der Erwartung, gerettet zu werden, in Wirklichkeit verloren gehen und dass die Pforte, die zum Himmelreich führt, eng ist, der Weg ins Verderben aber breit, und „viele sind, die auf ihm hineingehen" (Matthäus 7,13). Offensichtlich werden mehr Menschen – ja, weitaus mehr Menschen – verloren gehen als gerettet werden.

Dennoch gibt es heute Aufrufe an Evangelikale, das Christentum zu einer inklusiveren Religion umzugestalten. Es gibt weit verbreitete Bestrebungen, die enge Tür breiter zu machen und sogar die Errettung von wohlmeinenden Menschen anderer Religionen zu bejahen. Sogenannte progressive Christen treiben ihre Anliegen unter dem Vorwand der Liebe und des Mitgefühls voran. In diesem Prozess werden die harten Wahrheiten des Christentums entweder neu definiert oder ignoriert.

Lassen Sie mich klar sagen, dass ich gegen eine Form des wertenden Christentums bin, das an der Wahrheit ohne Mitgefühl und an der Gerechtigkeit ohne Demut festhält. Ich bin gegen eine Form des Christentums, die urteilt, ohne zuzuhören, und die Fehler der anderen sieht, ohne unsere eigenen zu sehen. Als Pastor bricht mein Herz angesichts derer, die verletzt und verwirrt sind und die nicht wissen, woher sie Hilfe bekommen können. Unsere Gemeinden sollten Zufluchtsorte für die Geknechteten, die Unterdrückten und die Einsamen sein. Sie sollten Krankenhäuser für die Seele sein.

Aber ich sehe, dass ein Großteil des heutigen Christentums sich in vielen Lebensbereichen der Kultur unterwirft, besonders in Fragen der Sexualität. Der einzige Weg zu einem attraktiven Christentum sei, so sagt man uns, die Grenzen zu verschieben – inklusiver und bejahender zu sein. Ich fürchte, wir erlauben der Kultur, unser Denken zu beeinflussen und sogar unsere Kinder zu erziehen. Wir ordnen uns nicht mehr dem „ganzen Ratschluss Gottes" (Apostelgeschichte 20,27) unter. Wir denken, wir müssen die Kultur akzeptieren oder uns ihr fügen, um sie zu erlösen.

Pastor Alistair Begg erzählte eine Geschichte, wie er und seine Frau auf einer Schnellstraße fuhren und ihm plötzlich klar wurde, dass die Sonne in der falschen Richtung unterging.

Einen Moment lang wusste er nicht, wie er dieses seltsame Phänomen deuten sollte – bis ihm klar wurde, dass sie eine Abzweigung verpasst hatten und auf einer Schnellstraße nach Osten statt nach Süden unterwegs waren. Heute zählt für viele Menschen ihr eigenes Urteil; sie sind von der Richtung, in der sie unterwegs sind, so überzeugt, dass sie taub sind für die Aufforderung, ihre Annäherung an die Kultur zu überdenken. Sie machen Fortschritte auf dem falschen Weg.

Zu oft wird Mitgefühl dazu benutzt, unser besseres Urteilsvermögen außer Kraft zu setzen und gottlose Lebensweisen zu billigen. Wir sagen uns, dass wir nicht über unseren Glauben Zeugnis ablegen, weil wir fürchten, jemanden zu beleidigen; wir schweigen angesichts des politischen und moralischen Verfalls, weil wir als nett und nicht verurteilend gelten wollen. Wir wollen die Menschen nicht wissen lassen, dass der Weg ins Reich Gottes schmal ist und dass es einen Preis hat, Jesus zu folgen. Der christliche Dichter Wassili Schukowski schrieb: „Wir alle haben Kreuze zu tragen, und wir probieren ständig verschiedene aus, damit sie gut zu uns passen."[1]

Wir alle versuchen, ein leichteres Kreuz zu finden.

Ich widme dieses Buch all jenen, die versuchen, für die Wahrheit einzustehen und trotzdem liebevoll zu sein – jenen, die bereit sind, sich trotz möglicher Anfeindungen mit dem Kreuz Christi zu identifizieren und es als Ehrenabzeichen zu betrachten. Ich widme dieses Buch allen, die überzeugt sind, dass es nicht so wichtig ist, wie wir auf der Erde wahrgenommen werden, sondern wie wir im Himmel wahrgenommen werden. Ich widme dieses Buch allen, die glauben, dass die Zeit eines lässigen Engagements für das Evangelium zu Ende gehen muss.

Wir müssen beten, dass unser Licht in unserer immer finsterer werdenden Welt heller denn je leuchtet.

Werden wenige oder viele gerettet? Jesus bittet uns, dass wir uns vergewissern, ob wir auf dem schmalen Weg unterwegs sind, auch wenn wir dort nicht viele antreffen. Lasst uns unsere Zeit nicht damit verbringen, nach einem leichteren Kreuz zu suchen. Jemand hat gesagt, dass „ein Christentum ohne Mut kultureller Atheismus ist".

In diesem Buch beleuchte ich mehrere kulturelle Trends, die meiner Meinung nach gegen uns arbeiten, einschließlich des spaltenden Themas Rassismus, das einen Großteil unseres nationalen Diskurses in Amerika beherrscht. Ich versuche auch, die Gemeinde zu ermutigen, ihren Fokus beizubehalten und zu verstehen, dass das Evangelium, das wir glauben, auch Auswirkungen darauf hat, wie wir die Kultur betrachten und wie wir miteinander umgehen. Und egal, wie viel Gegenwind uns entgegenweht, wir müssen weiter auf das himmlische Ufer zu rudern.

Was für ein besonderes Vorrecht ist es, berufen zu sein, Christus in diesem entscheidenden Moment der Geschichte zu vertreten! Wir sind für eine solche Zeit wie diese berufen. Und wir müssen beten, dass unser Licht heller als je zuvor in unserer immer finsterer werdenden Welt leuchtet.

KAPITEL 1

Wie wir hierher kamen

Armut, Rassismus und weiße Vorherrschaft. Das Ziel der säkularen Linken ist eine Zukunft, in der alle zu *ihren* Bedingungen gleich sind und von den Ungleichheiten der Vergangenheit nur noch in Geschichtsbüchern zu lesen ist. Diejenigen, die sich dieser utopischen Vision widersetzen, sollen verunglimpft, schikaniert und beschämt werden, bis sie die Fehler der Vergangenheit zugeben und die große Hoffnung der säkularen Linken für die Zukunft willkommen heißen.

Nehmen Sie sich einen Moment Zeit, um darüber nachzudenken, was in den letzten 20 Jahren in Amerika geschehen ist. Betrachten Sie den zunehmend sexuell angereicherten Lehrplan in unseren öffentlichen Schulen; hören Sie sich die Rhetorik der selbsternannten Krieger der sozialen Gerechtigkeit an, die sich verpflichtet haben, die Rassentrennung neu anzufachen; und schauen Sie sich die neuen Gesetze an, die christliche Colleges zwingen, ihre biblische Haltung zur Ehe zu kompromittieren und sich der LGBTQ-Agenda zu ergeben.

Wer hätte jemals geglaubt, dass der Tag kommt, an dem Männer behaupten, dass auch sie Kinder gebären und menstruieren können und deshalb für „Periodengerechtigkeit" kämpfen müssen? Oder dass Drag Queens* in öffentlichen Bibliotheken ganz kleinen Kindern Märchen vorlesen dürfen? Diese Art von sexualisiertem Denken und Verhalten breitet sich rasant aus in einer Nation, die besessen ist von ihrer übertriebenen Betonung der individuellen Rechte für einige wenige auf Kosten anderer.

---

* Bezeichnung für einen Mann, der in künstlerischer oder humoristischer Absicht durch Aussehen und Verhalten eine Frau darstellt. (Anm. d. dt. Hg.)

Es ist schwierig, überhaupt ein echtes Gespräch über die vielen gesellschaftlichen Themen unserer Zeit zu führen, wie zum Beispiel über die Politik, die eine uneingeschränkte Einwanderung befürwortet und weitreichende Vorschläge zur Bekämpfung des Klimawandels macht. Oder Fragen zum Rassismus. Die Standpunkte der säkularen Linksradikalen in sozialen Belangen auch nur in Frage zu stellen, wird als hasserfüllt, engstirnig und rassistisch angeprangert. Uns Christen wird gesagt, dass wir unsere antiquierten Ansichten besser für uns behalten, wenn wir als gute Bürger gelten wollen. Man vermittelt uns das Gefühl, peinlich zu sein, wenn wir die traditionelle Ehe und ein vernünftiges Verständnis von Geschlecht verteidigen. Wie ein Reh im Scheinwerferlicht wissen wir nicht recht, was wir tun sollen und ob wir bereit sind, den Preis für die Treue zur Heiligen Schrift zu zahlen. Wir werden beschämt zum Schweigen gebracht.

Um den verstorbenen Dr. Haddon Robinson zusammenzufassen: In der Vergangenheit hatten wir als amerikanische Christen immer einen Heimvorteil. Wir wussten, dass es in der Menge diejenigen gab, die gegen uns waren, aber weitaus größte Teil des Stadions war entweder auf unserer Seite oder gleichgültig gegenüber unserem Zeugnis als Christen. Das alles hat sich geändert. Jetzt spielen wir alle unsere Spiele auf feindlichem Boden. Nur eine Minderheit ist noch auf unserer Seite, während die Mainstream-Kultur auf der Tribüne sitzt und uns hasserfüllte Beleidigungen zuruft und sich über unsere Niederlagen freut. Und die Eliten in den Logen feuern sie an.

Aber hier ist die gute Nachricht! *Gott sei gelobt, wir sind auf dem Spielfeld.* Und wir laden alle auf der Bank ein, mit uns ein paar tolle Spiele in der zweiten Halbzeit zu erleben! Wir sind besser auf diesen Moment vorbereitet, als uns bewusst ist.

Aber wir müssen die Heimmannschaft, die gegen uns antritt, besser verstehen.

Der wachsende Schatten des Kulturmarxismus

Ein mächtiger kultureller Strom hat den herrschenden Strom politischer Korrektheit gespeist – Einschränkung der freien Meinungsäußerung, zunehmende staatliche Kontrolle, wachsende Rassenkonflikte und Feindseligkeit gegenüber dem Christentum. Angeführt werden diese Angriffe gegen die traditionellen amerikanischen Werte von einer Spielart des Marxismus, die an vielen Universitäten gelehrt wird und von Eliten als diejenige Theorie angenommen wird, welche die Ungerechtigkeiten unserer Gesellschaft am besten erklärt und unsere Hoffnung nährt, sie zu heilen.

Ja, so unglaublich es auch scheinen mag, Karl Marx regiert noch immer von seinem Grab aus.

Marx führte eine Theorie der staatlichen Vorherrschaft ein, die wirtschaftliche und soziale Kontrollen notwendig machte. Diese traten erstmals in Russland nach der Revolution von 1917 in Kraft. Im Anschluss an diese Revolution, bei der Millionen von Menschen getötet wurden, schaffte der Staat das Privateigentum ab und machte sich daran, „Gleichheit" und „Gerechtigkeit" für ein unterdrücktes Volk sicherzustellen. Die staatliche Vorherrschaft machte die religiöse Unterdrückung und die Einschränkung der individuellen Rechte erforderlich.

Heute stehen wir vor dem, was als *kultureller* Marxismus bekannt ist. Er wird den Menschen nicht auf Kriegsschauplätzen aufgezwungen, sondern erobert die Herzen und Köpfe der Menschen schrittweise durch die allmähliche Transformation der Kultur. Bombardiert mit übertriebenen und illusionären Versprechungen, akzeptieren die Menschen das, weil sie es so *wollen;* sie begrüßen den Wandel, weil sie von dessen „Vorteilen" überzeugt sind. Ihnen wird „Hoffnung und Wandel", Einkommensgleichheit, Rassenharmonie und Gerechtigkeit versprochen, die auf säkularen Werten statt auf jüdisch-christlicher Moral gründen. Der kulturelle Marxismus ist bekannt dafür, dass er sich zur Inklusion statt zur Exklusion bekennt und die sexuelle Freiheit fördert anstelle dessen, was er als restriktive

Sexualethik der Bibel betrachtet. Er wird nicht durch angeblich einengende religiöse Traditionen abgewürgt, sondern vertritt fortschrittliche Ideen, die einer aufgeklärten Zukunft als würdig angesehen werden. Er verspricht „soziale Gerechtigkeit" – ein Schlagwort mit unterschiedlichen Bedeutungen, das wir später in diesem Buch diskutieren werden.

Kulturmarxisten versuchen, fünf kulturelle Bereiche zu erfassen: das soziale, politische, erzieherische, religiöse und vor allem das familiäre Leben einer Nation. Und wenn wir beobachten, was in unserer Kultur geschieht, können wir sagen, dass sie auf erschreckende Weise erfolgreich sind – alles im Namen des Fortschritts.

Um besser zu begreifen, was in unserer Kultur geschieht, müssen wir Marx selbst und seine ursprüngliche Vision genauer verstehen. Er wusste, dass bestimmte Grundpfeiler niedergerissen werden müssen, bevor eine Nation eine neue wirtschaftliche, rassische und moralische Kultur aufbauen kann.

Die Zerstörung der Kernfamilie

Den beabsichtigten Veränderungen steht die Kernfamilie mit einem Vater, einer Mutter und Kindern im Weg. Marx lehrte, dass Familien, die auf dem Naturrecht und jüdisch-christlichen Werten gründen, Ungleichheit erzeugen und von Gier und systemischer Unterdrückung genährt werden. Solche Familien mussten demontiert werden, wenn die marxistische Vision der Gleichheit verwirklicht werden sollte. (In der Rechtsgeschichte versteht man unter Naturrecht göttliche Prinzipien, die der Schöpfung auferlegt sind und die ihr Funktionieren regeln – einschließlich dem der Menschen, sodass Gehorsam Vorteile bringt, während Ungehorsam Konsequenzen nach sich zieht.[1])

Ein Grund, warum die Kernfamilie ein Hindernis für den Marxismus ist, liegt in der Tendenz, dass die Kinder der Reichen Reichtum erben und die Kinder der Armen ihre Armut weitergeben. Marx war entschlossen, dies zu ändern. Die Lösung: Wenn der Staat den gesamten Reichtum besitzt, kann dieser gleichmäßig auf alle Bürger verteilt werden. Verschwunden wären auch unverhältnismäßig hohe Gehälter und ungleiche wirtschaftliche Chancen. Friedrich Engels, der zusammen mit Karl Marx das *Kommunistische Manifest* schrieb, behauptete, dass die monogame Kernfamilie erst mit dem Kapitalismus entstanden sei.

Vor dem Kapitalismus seien Stammesgesellschaften klassenlos, sowie Kinder und Eigentum Gemeinschaftseigentum gewesen, und die Menschen haben sexuelle Freiheit genossen. Marxisten behaupteten, dass die Beschränkung sexueller Intimität auf eine Mann-Frau-Beziehung innerhalb des Ehebundes von der Religion erfunden wurde, um die Dominanz der Männer aufrechtzuerhalten. Der Glaube an Gott und die Bibel – mit ihren Lehren über soziale Institutionen wie die Ehe – sei die Quelle vielfältiger Formen der Unterdrückung.

Und das ist noch nicht alles.

Im Marxismus wird die Familie als eine Einheit wahrgenommen, in der Ehefrauen von ihren Männern und Kinder von ihren Eltern unterdrückt werden. Diese Cluster der Unterdrückung müssen aufgebrochen werden; die Mütter müssen das Zuhause verlassen und in die Arbeitswelt eintreten. Mit Marx' Worten: „Jeder, der etwas von der Geschichte weiß, ist sich bewusst, dass große soziale Veränderungen ohne das *weibliche Ferment* unmöglich sind. Der soziale Fortschritt lässt sich genau an der sozialen Stellung des schönen Geschlechts (die Hässlichen eingeschlossen) messen."[2]

„Weibliches Ferment" – oder der Aufbruch der Frauen – soll der Schlüssel zur Befreiung der Familie von vielfältigen Formen der Unterdrückung und dem kapitalistischen Muster der Weitergabe von Reichtum von einer Generation zur anderen sein. Mütter sollen ermutigt werden, ihre Kinder anderen zur Erziehung zu überlassen; schließlich leben Heimchen am Herd in der Knechtschaft ihrer Ehemänner und sind zu leicht zufriedenzustellen. Wenn es gelingt, ihre Beschwerden – von denen viele berechtigt sind – auszunutzen, werden sie bereit sein, ihre mütterlichen Instinkte zu unterdrücken und ihr Zuhause zu verlassen und in die Arbeitswelt einzutreten. Dies kann als ein Schritt hin zu Befreiung und Gleichberechtigung verkauft werden.

Marxisten glauben, dass einer der Vorteile des Eintretens von Müttern in die Arbeitswelt darin bestehe, dass ihre Kinder dann staatlich geförderte Kindertagesstätten und Schulen besuchen müssen, wo sie über die Irrtümer des Kreationismus, der Gemeinde und natürlich der Bibel unterrichtet werden können. Die Kinder können aber auch in Bezug auf die Übel des Kapitalismus und die Vorteile des Sozialismus und der „wirtschaftlichen Gleichheit" indoktriniert werden.

Damit dies Realität werden kann, muss die Erziehung der Kinder aus den Händen der Eltern genommen und dem Staat überlassen werden.

Staatliche Zusicherungen sind dazu gedacht, Abhängigkeit vom Staat zu schaffen, die für das Gedeihen des Marxismus unerlässlich ist. Hier in Amerika gab es für eine solche Abhängigkeit einen starken Auftrieb, als Billionen von Dollars für eine umfassende staatliche Rettungsaktionen im Zuge der COVID-19-Pandemie bereitgestellt wurden. In Zukunft können wir mit dem Ruf nach mehr staatlichen Eingriffen, staatlicher Kontrolle und einer stärkeren Umverteilung von Ressourcen rechnen. Während diese Zeilen geschrieben werden, hat die US-Regierung zwar noch nicht die Unternehmen des Landes übernommen; aber sind wir nicht bereits dabei, schrittweise eine sozialistische Sicht auf die Wirtschaft zu akzeptieren?

Der Marxismus schlägt vor, dass die Regierung die permanente Kontrolle über die Wirtschaft übernimmt und finanzielle Absicherung mit Leistungen von der Wiege bis zum Sarg bietet. Gesundheitsfürsorge, garantierte Löhne und Preiskontrollen, keine Studiengebühren und ein gesicherter komfortabler Ruhestand: das alles ist Teil seiner umfassenden Agenda. Der Marxismus schlägt eine von der Regierung geplante Wirtschaft vor und verlangt letztendlich, dass staatliches Recht die gottgegebenen Rechte ersetzen sollte.

Unterdrückung ist der Schlüssel zur Geschichte

Nehmen sie mit mir Einblick in die Viktimologie.

Marxisten wissen, dass sie die bestehenden und oft sehr realen Missstände des Proletariats (der Arbeiterklasse) und, ja, sogar die Missstände der unterdrückten Mütter in ihren Häusern ausnutzen müssen. Frauen wird gesagt, sie seien Opfer – Opfer der Vergangenheit, der sozialen Normen, der Traditionen und der Männer. Nur die Opferrolle wird sie bereitmachen, aus ihrer jüdisch-christlichen Vergangenheit auszubrechen und sich dem marxistischen Ideal einer Welt anzuschließen, in der alle gleich sind. Wenn Mütter ihr Potenzial ausschöpfen wollen, sollten sie einschränkende traditionelle Rollen ablehnen und ihre Gleichheit beweisen, indem sie ihren Lebensunterhalt selbst verdienen und den Wohlstand genießen, den ein marxistischer Staat bringen wird.

Wie in einem späteren Kapitel gezeigt wird, gilt diese Betonung der Opferrolle auch für die Rassen – nicht mit der Absicht, eine Versöhnung herbeizuführen, sondern vielmehr um die Rassen im Konflikt miteinander zu halten. Gesellschaftliche Umwälzungen, bei denen sich verschiedene Fraktionen gegenseitig bekämpfen, sind nämlich notwendig, um das größere Ziel, eine Kulturrevolution, herbeizuführen, die die bestehende Ordnung destabilisiert und eine neue Ära der Regierungskontrolle und marxistischer Werte einleitet. Unmögliche Forderungen werden gestellt, um den Fortschritt in den Rassenbeziehungen zu untergraben, anstatt nach einer gemeinsamen Basis und vernünftigen Lösungen zu suchen.

Bitte verstehen Sie, dass Marx recht hatte, als er darauf hinwies, dass Unterdrückung existiert – oft auf schreckliche Weise. Aber seine Lösungen sind völlig fehlgeleitet und destruktiv. Indem er das Problem nur in der äußeren systemischen Unterdrückung zwischen den Klassen verortete und die biblische Lehre von der Erbsünde und der individuellen Verantwortung ignorierte, schickte er seine Anhänger auf einen Pfad endloser und ungelöster Konflikte. Historisch gesehen hat der Marxismus, wann immer er Siege errungen hat, dies auf Kosten von Millionen von Menschenleben getan und dann sein eigenes System der Unterdrückung errichtet – ein System mit weit schlimmerer Unterdrückung als derjenigen, die er zu lindern versprach. Später in diesem Buch werden wir dieses Scheitern ausführlicher diskutieren.

Viele Leute, die gar nichts über Karl Marx wissen, treiben trotzdem eine marxistische Agenda voran. Zum Beispiel versucht die Bewegung, anstatt einfach auf Fairness in der Polizeiarbeit zu bestehen und „schlechte Polizisten" auszusortieren, die Polizei insgesamt zu beseitigen, um die bestehende soziale Ordnung zu destabilisieren; sie wissen, dass Anarchie ein wichtiger Schritt zur Zerstörung des Kapitalismus und der westlichen Kultur ist.

Marxisten bestehen darauf, dass Schulen ihre Lehrpläne ändern müssen, um diese alternative Sicht der Gesellschaft zu reflektieren. Von westlichen Schriftstellern geschriebene Werke müssen abgelehnt werden, bizarres Verhalten muss normalisiert werden, die Notwendigkeit des Sozialismus muss betont werden und konträre Ansichten müssen in ein schlechtes Licht gerückt werden.

Die Hoffnung ist, dass zukünftige Generationen, von politischer Korrektheit und promarxistischen Politikern kontrolliert, die marxistische Vision annehmen werden. Die Befreiung von sexuellen Tabus, traditionellen Geschlechterrollen und dem Naturrecht wird zu rassischer und wirtschaftlicher Gleichheit führen, und schließlich einer ansonsten selbstgefälligen und unterdrückten Bevölkerung Freiheit bringen. Sobald ihre Führer das Sagen haben, werden diese Reformen eingeleitet werden.

Und heute gibt es Organisationen, die sich dieser Agenda verschrieben haben.

Wir sind uns alle einig: Ja, *black lives matter* – tatsächlich sind *alle* schwarzen Leben wichtig, aber die Organisation, die mit diesem Slogan gegründet wurde, verbirgt ihre wahre Agenda, die von marxistischen Ideologien befeuert wird. Auf ihrer Website heißt es zum Beispiel: „Wir stören die vom Westen vorgeschriebene Kern-Familienstruktur, indem wir uns gegenseitig als erweiterte Familien und

‚Dorfgemeinschaften' unterstützen, die sich kollektiv umeinander kümmern ... Wir fördern ein queer-affirmatives Netzwerk."[3] Und einer ihrer Mitbegründer gab zu: „Wir sind ausgebildete Marxisten."[4] Natürlich spricht die Organisation *Black Lives Matter* nicht für alle schwarzen Amerikaner, aber nach dem brutalen Mord an George Floyd hat sie eine breite nationale und politische Unterstützung gewonnen. Diejenigen, die sie nicht unterstützen, werden häufig als rassistisch denunziert.

Im Namen von *Gleichheit* und *Gerechtigkeit* werden verschiedene Veränderungen gefordert, Begriffe, die wir später in diesem Buch diskutieren werden. In der Zwischenzeit wollen wir einen Moment innehalten, um jemandes Einfluss nachzuzeichnen, der dazu beitrug, die traditionelle Familienstruktur aufzubrechen.

Margaret Sanger treibt die Agenda voran

Margaret Sanger, beeinflusst von den Idealen des Kulturmarxismus, war eine Revolutionärin, die die amerikanische Familie verändern wollte, um die Welt zu verändern. Im März 1914 startete sie eine Zeitung unter dem Namen *The Woman Rebel* („Die rebellische Frau"), die für moralische und politische Anarchie warb.

Ihr Motto war „Keine Götter, keine Herren". In der Zeitung pries sie die Tugenden der alleinerziehenden Mutterschaft und der Empfängnisverhütung und behauptete, dass Frauen das Recht haben, der Welt „mit einem ‚Go-to-Hell'-Blick in die Augen zu sehen, ein Ideal zu haben und entgegen der Konvention zu sprechen und zu handeln."[5]

In ihrem 1920 erschienenen Buch *Frauen und die neue Rasse* sagte sie voraus, dass der Aufstand der Frauen die Welt neugestalten würde. Sie glaubte an die Evolution und daran, dass die Stärkeren mehr Kinder haben sollten als die Schwachen. Sie engagiert sich für die Befreiung der Frauen, indem sie die „Freiheit zur Fortpflanzung" bejahte, die den Frauen die Möglichkeit geben würde, promiskuitiv zu sein und dennoch entscheiden zu können, ob sie Kinder gebären wollten oder nicht. „So wie die Geburtenkontrolle das Mittel ist, durch das die Frau grundlegende Freiheit erlangt, so ist sie auch das Mittel, durch welches das Übel, das sie durch ihre Unterwerfung angerichtet hat, entwurzelt werden muss und wird."[6]

Übersehen wir nicht, was sie damit sagte: Eine Frau muss „das Übel überwinden, das sie durch ihre Unterwerfung angerichtet hat." Mit anderen Worten: Die Unterwerfung unter den Ehemann war ein Übel; zu Hause zu bleiben, um Kinder aufzuziehen, war Knechtschaft. Das Zuhause sollte nicht mehr aus einem Vater, einer Mutter und Kindern bestehen. Befreiung bedeutete Gleichheit der Rollen, Gleichheit des Einkommens und Gleichheit der sexuellen Freiheit. Die biblischen Rollen der Ehe und des Glaubens an Gott wurden als veraltet und schädlich angesehen.

Illegitimität dient der marxistischen Sache, weil außereheliche Kinder ihrem Zuhause und ihren Eltern oder der Gemeinde wahrscheinlich weniger treu sind. Kinder ohne familiäre Wurzeln können leichter auf säkulare Werte und staatliche Leistungen ausgerichtet werden. Der Staat kann für sie das tun, was ihre Eltern versäumt haben zu tun. Befreit von den Zwängen sexueller Treue, bei gleichzeitigem Versprechen der Einkommensgleichheit, kann die Gesellschaft endlich befreit werden.

Auf Grundlage dieser Voraussetzungen blühte der Feminismus, ebenso wie die Abtreibung, die sexuelle Revolution, die Homo-Ehe und in jüngerer Zeit die Transgender-Euphorie.

Es ist unglaublich, aber 1969 sagte Judy Smith, ein Mitglied der *Students for a Democratic Society*, unsere Zukunft voraus, indem sie schrieb: „Wir in der Frauenbewegung leugnen jegliche angeborenen Unterschiede zwischen Männern und Frauen ... Wir alle sind gefangen in der Gesellschaft, die unsere Rollen geschaffen hat. Wir stellen die Ideale von Ehe und Mutterschaft in Frage ..., [und] die Gesellschaft selbst, die diese Rollen und Werte geschaffen hat, muss in Frage gestellt werden."[7]

Das Naturrecht müsste bei diesem Streben nach Gleichheit natürlich aufgegeben werden. Dieses Streben würde zum übergeordneten

Mantra werden, das die Zerstörung der Familie herbeiführt, die so notwendig ist, um die marxistische Vision zu verwirklichen. Heute wissen wir, dass dasselbe Streben nach Gleichheit zu der Vorstellung geführt hat, dass zwei Männer oder zwei Frauen sexuelle Beziehungen miteinander haben können und diese „Vereinigungen" normalisiert werden sollten. Und ja, zwei homosexuelle Männer können ein Baby adoptieren und sich genauso gut darum kümmern wie eine traditionelle Mutter und ein traditioneller Vater.

Die Doktrin, dass Männer und Frauen in jeder Hinsicht gleich sind (tatsächlich wird jetzt behauptet, dass sogar ein Mann ein Kind gebären kann), ist jetzt ein Glaubensartikel, der in die Köpfe vieler Progressiver eindringt. Diejenigen, die die Unterschiede zwischen Weiblichkeit und Männlichkeit betonen, gelten als altmodisch und nicht mehr auf der Höhe der Zeit. Sie stehen „auf der falschen Seite der Geschichte".

Wehe dem, der den Grundsatz in Frage stellt, dass Rollen und Fähigkeiten von Männern und Frauen austauschbar sind. Schon 2005 wurde der Präsident der Harvard University, Larry Summers, bei einem akademischen Treffen gefragt, warum so wenige Frauen in der Mathematik und den Naturwissenschaften eine Festanstellung erhalten hätten. Summers hatte die Frechheit zu sagen, dass der Grund dafür in den unterschiedlichen Fähigkeiten von Männern und Frauen liegen könnte. „Im speziellen Fall der Natur- und Ingenieurwissenschaften gibt es Aspekte intrinsischer Begabung und insbesondere der Variabilität der Begabung ... diese können die Ursache für die unterschiedliche Verfügbarkeit von Begabung auf dem höchsten Level sein."[8]

Somit war die Lunte angezündet.

Die MIT-Biologieprofessorin Nancy Hopkins, die die Bemerkung zur Kenntnis nahm, sagte: „Mein Herz klopfte und mein Atem war flach ... Ich konnte einfach nicht atmen, weil diese Art von Verzerrung mich körperlich krank machte." Sie fuhr fort und behauptete, wenn nicht sie den Raum verlassen hätte, „wäre ich entweder ohnmächtig geworden oder hätte mich übergeben."[9]

Später sah sich Summers einem „Misstrauensvotum" ausgesetzt und wurde zum Rücktritt gezwungen. So weit ich weiß, hat niemand eindeutige Fakten genannt, die ihn widerlegten. Aber wenn es um den kulturellen Marxismus geht, müssen – wie wir später in diesem Buch noch sehen werden – Wissenschaft, Geschichte, Biologie und Vernunft beiseitegeschoben werden, um die aktuellen Lehren aufrechtzuerhalten. Rede- und Meinungsfreiheit sind strengstens verboten – andernfalls ...

Die Trans-Bewegung (die wir ebenfalls später in diesem Buch betrachten werden) hat die Geschlechterunterschiede noch weiter unterdrückt und eine ganze Reihe neuer Geschlechtsoptionen eingeführt. Und wie wir sehen werden, wird man Vernunft, Zivilisation und Wissenschaft wieder zugunsten der marxistischen Vision einer klassen- und geschlechtslosen Gesellschaft verwerfen.

Und das ist noch nicht das Ende. Neue Grenzen werden überschritten, neue Ideologien entwickelt und neue Gesetze verabschiedet, von denen man erwartet, dass sie von Christen dankbar angenommen werden. So soll der Fortschritt aussehen; und aus biblischer Sicht ist es ein Fortschritt in die falsche Richtung.

Der Nutzen der Frauen-Bewegung

Dies ist eine gute Gelegenheit für mich zu sagen, dass nicht alle Veränderungen, die die Frauenbewegung mit sich brachte, negativ waren. Es ist für einige von uns schwer zu begreifen, dass der 19. Zusatzartikel, der dieses Recht kodifizierte, erst 1920 verabschiedet wurde, obwohl einige Bundesstaaten den Frauen bereits vorher das Wahlrecht gegeben hatten, – fast 150 Jahre nachdem die Vereinigten Staaten eine Nation geworden waren. Im Jahr 2020 feierten wir den einhundertsten Jahrestag dieses Meilensteins. Wie viele Reformen in Bezug auf Frauen, war auch dieses Recht längst überfällig.

Frauen, die ins Berufsleben eintreten, sollten gleichen Lohn für gleiche Arbeit erhalten. Und wir stimmen zu, dass Frauen oft nicht nur von ihren Ehemännern, sondern auch von ihren Arbeitgebern und anderen in der Gesellschaft schikaniert wurden. Sicherlich war die #MeToo-Bewegung, auch wenn sie gelegentlich missbraucht wurde, längst überfällig. Ich freue mich, dass viele lüsterne Männer endlich für ihren Missbrauch von Frauen zur Rechenschaft gezogen werden. Dankenswerterweise wacht auch die Gemeinde auf und erkennt, dass es in vielen Häusern Missbrauch gibt, der weder übersehen noch irgendwie toleriert werden sollte. Es ist an der Zeit, dass Frauen, die darunter zu leiden haben, zu Wort kommen. Und wir als Christen sollten besser zuhören.

Die Bibel lehrt, dass die Geschlechter gleichwertig, aber unterschiedlich in ihren Rollen sind. Der Schöpfungsauftrag legt einzigartige und sich ergänzende Rollen für Männer und Frauen fest, wenn es um Ehe und Familie geht. Die genaue Natur dieser Rollen wurde und wird immer wieder diskutiert, aber es ist klar, dass Mütter und Väter ihre Kinder gemeinsam erziehen sollten. Das Ideal aus biblischer Perspektive wurde zeitweise so verstanden, dass der Vater arbeitet und für die Kinder sorgt, während die Mutter sich um die Kinder kümmert und sie erzieht. Aber mit dem heutigen erheblichen wirtschaftlichen Druck und im Fall von alleinerziehenden Elternteilen oder anderen schwierigen Familiensituationen ist das nicht immer möglich. Es gab eine Zeit, in der diejenigen, die dem biblischen Muster folgen wollten, dies ungestört tun konnten, aber heute werden solche, die an diesem Ideal festhalten wollen, verspottet.

Die Medien: führend in der Kultur

Die Tagesordnung

Die Medien *spiegeln* nicht nur die Kultur *wider*, sondern *lenken* die Kultur; sie stehen in vorderster Front, und es wird von uns erwartet, dass wir ihnen folgen.

Es sollte uns nicht überraschen, dass der Fokus der kulturellen marxistischen Revolution auf Sex, Gender und Rasse liegt.

Schließlich spielen diese Themen eine dominante Rolle in unserem Leben und beeinflussen insbesondere junge Menschen.

Sexualität verspricht Lust und Erfüllung; die Gefühle von Verbundenheit und Selbstwert, die damit einhergehen, sind die Quelle anhaltender Hoffnung und Fantasie. Es ist die Grundlage unserer Identität, ob männlich oder weiblich, Mann oder Frau. Sexualität gibt uns das Privileg sowie die Verantwortung zur Fortpflanzung und die Garantie für zukünftige Generationen. Wir sind alle sexuelle Wesen.

Wenn jedoch die biblische Lehre über die Ehe neu definiert werden kann, dann ist es auch möglich, die soziale Ordnung zu verändern. Homosexuelle Aktivisten haben früh gelernt, dass das Vorantreiben ihrer Agenda durch Mobbing, Drohungen und notfalls mit Gewalt erreicht werden kann. Aber ihre Agenda kann auch als eine hohe moralische Instanz präsentiert werden, indem sie diese in die Sprache der Liebe, Akzeptanz und Inklusion hüllen. Dabei betonen die Aktivisten das Wort, das Kulturmarxisten immer wieder benutzen: *Gleichheit.*

Die Macht der Medienbilder

Vielleicht haben Sie es verpasst – ich auf jeden Fall – aber wenn Sie die 56. Grammy-Verleihung am 26. Januar 2014 verfolgt haben, dann haben Sie den Song „Same Love" gehört, der als eine Ode an gleichgeschlechtliche Beziehungen gesungen wurde. Danach lud Queen Latifa 33 verschiedene Paare auf die Bühne ein – schwule, heterosexuelle, multikulturelle und gemischtrassige. Sie wurden gebeten, die Ringe zu tauschen, und sie erklärte sie für rechtmäßig verheiratet, während „die weiße Kulisse im Hintergrund in einen Regenbogen von Farben aufbrach und wie die Fenster einer Kathedrale schimmerten."[10]

Madonna betrat die Bühne, um „Open Your Heart" zu singen, während die Paare sich umarmten, weinten und mitsangen, und die Menge zu stehenden Ovationen anhob. Dann sang ein Chor die einleitenden Worte aus 1. Korinther 13 und fügte sie mit Mary

Lamberts Refrain aus „She Keeps Me Warm" zusammen. Natürlich war dies ein Angriff auf das biblische Verbot gleichgeschlechtlicher Beziehungen. Robert P. Jones beschrieb das Ereignis so: „Es war eine direkte Herausforderung der religiösen Opposition gegen die Rechte von Homosexuellen, und das an einem Sonntagabend vor 28,5 Millionen amerikanischen Zuschauern."[11]

An diesem Abend sahen fast 30 Millionen Amerikaner etwas, was wie eine Zurschaustellung von Liebe aussah und offensichtlich ein Versuch war, die christliche Moral ins Lächerliche zu ziehen. Ganz zu schweigen von den Auswirkungen auf die Familie oder die Gesellschaft im Allgemeinen.

In einem der Liedtexte wurde einerseits die Bibel als ein Buch abgetan, das vor langer Zeit geschrieben wurde; doch andererseits wurde das gleiche Buch zärtlich umarmt, indem man betont, was es über die Liebe sagt. Dies ist ein wunderbares Beispiel dafür, wie die heutige Kultur glaubt, sich die Teile der Bibel herauspicken zu können, die ihr gefallen, und die Teile, die ihr nicht gefallen, abzulehnen. Diese Mentalität ist eine Gefahr für uns alle.

Die Mainstream-Medien sind die Handlanger der sexuellen Revolution. Sie werden unter keinen Umständen die dunkle Seite gleichgeschlechtlicher Bewegung aufdecken – ihr Bekenntnis zu hemmungsloser Sexualität, ihre unnatürlichen körperlichen Beziehungen und das tiefe Bedauern und die Verwirrung, die unter denen herrschen, die gleichgeschlechtliche Beziehungen verlassen wollen oder sich einer geschlechtsangleichenden Operation unterzogen haben. Und dieselben Medien werden niemals die Vorteile des Naturrechts herausstellen und warum die traditionelle Familie zu bevorzugen ist.

Tatsächlich haben Fernsehsendungen wie *Will and Grace** die säkulare Kultur auf die Schippe genommen, indem sie diejenigen, die gleichgeschlechtliche Beziehungen ablehnen, als engstirnig,

---

* Amerikanische Sitcom mit 246 Episoden in 11 Staffeln (von 1998–2006 und 2017–2020), in der Hauptrolle ein homosexueller Anwalt, der mit seiner langjährigen Freundin Leben und Wohnung teilt. (Anm. d. dt. Hg.)

unwissend und böse darstellten. *Modern Family**, das 11 Jahre lang erfolgreich im Fernsehen lief, versuchte mit cleveren Skripten und Humor, auch noch den letzten Rest der traditionellen Familie zu zerstören. Wer könnte schon etwas dagegen haben, dass zwei Männer, die ineinander verliebt sind, Sex haben? Brauchen wir nicht mehr Liebe anstatt weniger?

Die sexuelle Revolution ist nicht die einzige Herausforderung, vor der die Gemeinde heute steht, aber sicherlich eine der wichtigsten. In diesem Buch werden wir uns mit sozialer Gerechtigkeit, Rassismus, Sozialismus, Propaganda und Ähnlichem beschäftigen. Aber der Druck, die sexuelle Transformation unserer Gesellschaft zu akzeptieren, steht vor unserer Haustür. Oder besser gesagt, er ist bereits in unsere Häuser eingedrungen.

Die unheilvolle Wahl, vor der wir stehen

Werden wir standhalten oder Kompromisse eingehen?

Robert P. Jones beschreibt in seinem Buch *The End of White Christian America* („Das Ende des weißen christlichen Amerika") die Herausforderung, vor der konservative Christen stehen:

> Was auf dem Spiel steht, ist nicht nur der Ausgang der politischen Debatten. Die Zukunft konservativer religiöser Gruppen hängt davon ab, inwieweit sie bereit sind, sich vom Rand in Richtung des neuen Mainstreams zu bewegen ... Eine Abkehr von der strikten Ablehnung der gleichgeschlechtlichen Ehe würde eine tiefe Identitätskrise auslösen und das Risiko mit sich bringen, die Unterstützung ihrer derzeitigen – wenn auch alternden – Basis zu

---

*   Amerikanische Sitcom von 2009 bis 2020 mit 250 Staffeln mit einer bunten Mischung aus Generationen, Ethnien, den verschiedensten Werten, sexuellen Interessen und Problemen. (Anm. d. dt. Hg.)

verlieren. Die Weigerung, sich neu zu orientieren, könnte andererseits konservative religiöse Gruppen in die kulturelle Bedeutungslosigkeit und in den fortgesetzten Niedergang treiben, da immer mehr junge Menschen die Gemeinde verlassen.[12]

Im Grunde sagt Jones, dass diejenigen, die an der biblischen Lehre über die Ehe festhalten, anscheinend „in die kulturelle Irrelevanz" gezwungen werden, und der Beweis dafür ist der Rückgang der Gemeindebesucher, weil die jüngere Generation die Gemeinde verlässt. In dem obigen Zitat legt Jones für uns die Herausforderung dar, vor der die Christen von heute stehen.

Säkularisten sind nicht zufrieden mit „leben und leben lassen". Sie begnügen sich nicht mit Pluralismus und dem Austausch von Ideen. Sie wollen nicht nur gleichberechtigt sein, sondern dominieren. Das, was einst verdammt wurde, soll nicht nur toleriert, sondern gefeiert werden. Und das, was einst gefeiert wurde, muss nun verdammt werden. Nur dann werden diese Kreuzritter ihre Vision von Utopia verwirklicht sehen. Ihr Ziel ist die totale Kapitulation der Kultur vor *ihrer* Sichtweise. Abweichende Stimmen werden entweder zur Unterwerfung gezwungen oder zum Schweigen gebracht.

Einige glauben, wenn die Gemeinde sich nicht mit der gleichgeschlechtlichen Agenda anfreundet, werden ihre Ausbildungsstätten schließen müssen, und die Gemeinde wird der Vergangenheit angehören. Schon jetzt stehen christliche Colleges unter rechtlichem und wirtschaftlichem Druck, ihre biblischen Positionen zu revidieren, insbesondere in Fragen der Sexualität.

Müssen wir uns also den Umwälzungen beugen, um als Gemeinde nicht vollkommen überholt zu sein? Das ist es, was uns einige Experten sagen. Wir sind gewarnt, dass wir uns als Relikt in einem kulturellen Museum wiederfinden werden, gleichsam als Objekt einer vergangenen und befremdlichen Epoche ohne Einfluss und ohne Stimme, wenn wir uns als Gemeinde nicht den mächtigen kulturellen Strömungen unserer Zeit beugen.

Die andere Möglichkeit ist, für das historische, biblische Christentum einzustehen und die Konsequenzen zu tragen. Sind wir der Aufgabe gewachsen?

Die stille Gemeinde

Es ist an der Zeit, dass die Gemeinde auf den Plan tritt und wieder ein hohes moralisches Niveau in Anspruch nimmt. Diejenigen von uns, die Zeugen der rasanten Transformation unseres Landes waren – wir sind als Glieder der Gemeinde seltsam still gewesen. Und das aus gutem Grund. Zu unserer Schande muss ich gestehen, dass wir Angst vor der säkularen Linken haben. Wir fürchten uns davor, von der Presse falsch zitiert, von den Interessengruppen verunglimpft und von den Radikalen bedroht zu werden. Es macht keine Freude, als rassistisch, hasserfüllt, engstirnig oder homophob bezeichnet zu werden oder beschuldigt zu werden, anderen unsere religiösen Ansichten aufzudrängen.

Ich persönlich bin froh, dass ich selten, wenn überhaupt, gebeten wurde, mich im Fernsehen zu diesen Themen zu äußern. 1982 gehörte ich zu einer Gruppe von Pastoren in Chicago, die eine Pressekonferenz abhielten, um gegen eine Homosexuellen-Verordnung zu protestieren, die im Rathaus zur Debatte stand. Wir erlebten die übliche Kritik und verloren am Ende unseren Kampf. Später erhielt eine unserer Sekretärinnen in der *Moody Church* einen Anruf, der an mich gerichtet war. Der Anrufer wollte mich daran erinnern, dass wir verloren und sie gewonnen hatten. Er kritisierte mich, weil ich mich in die Auseinandersetzung eingemischt hatte. Uns Christen wurde gesagt, wir sollten in unserer Ecke bleiben, der linken Revolution huldigen und am besten den Mund halten.

Als ich das Buch *The Truth About Same-Sex Marriage (Die Wahrheit über die gleichgeschlechtliche Ehe)* schrieb, kamen Demonstranten zum Eingang der *Moody Church* und fluchten lauthals, während sie ein Exemplar des Buches zerrissen. Einer der Demonstranten rief: „Am liebsten würde ich einen Ziegelstein durch eines eurer Fenster werfen."

Wer braucht schon diese Art von Publicity?

Es gibt noch einen anderen Grund, warum wir geschwiegen haben. Wir wollten nett, einladend und auf die Gnade ausgerichtet sein. Wir wollten Jesus als Retter für eine größtmögliche Anzahl von Menschen präsentieren. Wenn das, was wir über die Agenda der säkularen Linken sagen und glauben, veröffentlicht wird, wird man uns als hasserfüllt, unbarmherzig und gesetzlich bezeichnen. Wir werden unter die Lupe genommen werden, und selbst kleinste Vergehen werden hochgespielt werden. Wir können nicht so laut schreien wie die Radikalen, und wir sollten es auch nicht. Also ziehen wir uns zurück in die Stille.

Von uns als Evangelikalen wird erwartet, dass wir in unserer kleinen Welt bleiben und uns aus den Themen heraushalten, die die säkulare Kultur betreffen. Wer die Grenzen überschreitet, welche die Linken gesetzt haben, riskiert Demütigung und Verunglimpfung. Wie mir ein Atheist sagte: „Der Gemeinde geht es gut, solange sie in ihrer Ecke bleibt."

Ich schreibe dieses Buch schweren Herzens. Noch nie habe ich mich so sehr wie Josafat gefühlt, der ein Fasten ausrief, als sich mehrere feindliche Armeen vereinigten und gegen Israel zogen. Er sprach ein verzweifeltes Bußgebet, flehte zu Gott und sagte: „Denn in uns ist keine Kraft vor dieser großen Menge, die gegen uns kommt. Wir erkennen nicht, was wir tun sollen, sondern auf dich sind unsere Augen ⟨gerichtet⟩" (2. Chronik 20,12). Aber als der Chor anfing, Gott zu loben, war der Sieg schon errungen.

Offensichtlich hat uns der souveräne Gott, der alles weiß und alles plant, auf diesen Moment vorbereitet. Wir sind besser vorbereitet, als uns bewusst ist, Christus in unserer auseinanderbrechenden Kultur zu vertreten. Wir wissen vielleicht nicht genau, was wir tun sollen, aber wir sagen mit Joschafat: „Auf dich sind unsere Augen ⟨gerichtet⟩."

Der Zweck dieses Buches

Wie leben wir mutig in einer Kultur, in der die Leute, die am lautesten schreien, den Streit gewinnen? Wie leben wir in einer Zeit, in der das Christentum offen umgestaltet wird, um sich bequemer in eine säkularisierte Kultur einzufügen? Wie kämpfen wir gegen gerechtfertigte Ungerechtigkeiten, wenn wir aufgefordert werden, die Knie vor einer größeren zerstörerischen Agenda zu beugen?

Ich schreibe nicht in erster Linie, um die Kultur zurückzugewinnen, sondern um *die Gemeinde zurückzugewinnen.*

Der Zweck dieses Buches ist nicht, uns zu inspirieren, „Amerika zurückzuerobern". Wir haben weder den Willen noch die Macht, die Gesetzgebung zur gleichgeschlechtlichen Ehe rückgängig zu machen oder die kulturelle Besessenheit zu stoppen, mit der die sexuellen Normen zerstört und unsere gemeinsame Geschichte ausgelöscht wird. Es ist höchst unwahrscheinlich, dass wir jemals die Gesetze rückgängig machen werden, die die Religionsfreiheit im Militär einschränken, oder dass wir die öffentliche Bildung wieder unter die Kontrolle der Eltern stellen werden, statt unter die der Schulbehörden, die stolz den jeweils neuesten „sexuell liberalisierten" Lehrplan übernehmen. Wir haben zu viele Bruchstellen überschritten; zu viele Barrieren haben sich als zu schwach erwiesen, um den mediengesteuerten kulturellen Strömungen zu widerstehen, die unsere Nation überflutet haben. Die Radikalen wissen, wie sie sich selbst gut und die Christen schlecht aussehen lassen.

Ich schreibe nicht in erster Linie, um die Kultur zurückzugewinnen, sondern *um die Gemeinde zurückzugewinnen.* Dieses Buch hat mehrere Ziele. Das Wichtigste ist, dass ich die Gemeinde dazu inspirieren möchte, mutig gegen den Druck unserer Kultur aufzustehen und deren Versuche, unsere Botschaft zu kompromittieren und unser Zeugnis zum Schweigen zu bringen. Dies ist nicht die Zeit, uns hinter unseren Gemeindemauern zu verkriechen. Vielmehr sollten wir uns und unsere Familien darauf vorbereiten, mutig gegen eine bedrohliche Zukunft aufzustehen, die uns bereits bevorsteht.

Wir müssen mit Gruppen und Einzelpersonen interagieren, indem wir „Rechenschaft über die Hoffnung" geben, die in uns ist, und dies mit „Sanftmut und Furcht" tun (1. Petrus 3,15-16; Menge 2020).

Ich schreibe dieses Buch für jeden, der eine Last hat, „das Übrige" zu stärken, wie Jesus der Gemeinde in Sardes sagte (Offenbarung 3,2). Ich schreibe dieses Buch, damit Familien wissen, was ihren Kindern in den öffentlichen Schulen, den Colleges und in der Kultur allgemein bevorsteht. Ich schreibe dieses Buch in der Hoffnung, dass wir stark bleiben und freudig „für den ein für alle Mal den Heiligen überlieferten Glauben" kämpfen (Judas 3). Wir müssen das Wahre vom Falschen und die Realität von wunschgesteuerten Täuschungen trennen.

Am wichtigsten ist, dass dieses Buch auch ein Aufruf zum Gebet ist, begleitet von tiefer Reue. Dies ist ein Daniel-Moment, in dem wir Gott anrufen und unsere Sünden und die Sünden unserer Gemeinden und unserer Nation bekennen. Wir können nicht mit Worten allein vorankommen, sondern auch mit unseren Taten, unserer Entschlossenheit und einer neuen Abhängigkeit von Gott. Dieses Buch soll die Bedrohungen verdeutlichen, mit denen die Gemeinde heute konfrontiert ist, aber diese Informationen werden keinen Wert haben, wenn nicht der ernsthafte Wunsch besteht, Gott unter Gehorsam und Mitgefühl verzweifelt zu suchen.

Amerikaner geben 2,1 Milliarden Dollar auf dem „Markt für mystische Dienstleistungen" aus. Sie versuchen, einen Sinn zu finden, indem sie auf sich selbst schauen, und eine Stimme aus dem Himmel zu hören, die ihnen etwas Hoffnung und Richtung gibt.[13] Wenn wir glauben, dass wir gegen diese irregeleitete Kultur kämpfen können, indem wir den Krieg der Ideen gewinnen, irren wir uns. In einer Kultur, die von leeren utopischen Versprechungen besessen ist, gewinnen die besten Ideen nicht sehr oft.

Es ist wichtig für uns, zu verstehen, dass hinter den Schlagzeilen ein erbitterter geistlicher Kampf tobt. Dem können wir nur durch Gebet und Buße, gefolgt von Taten im Einklang mit der Buße, begegnen. Nur dann dürfen wir hoffen, eine kraftvolle Stimme in dieser Nation zu sein. Ich bin skeptisch, was unsere Bereitschaft angeht, dem Gegenwind, dem wir ausgesetzt sind, die Stirn zu bieten. Wir sind so sehr Teil unserer Kultur, dass es für uns schwierig sein könnte, zu wissen, wo wir mit unserer Entschlossenheit, standhaft zu bleiben, anfangen sollen.

Wir sind wie ein Fisch, der im Ozean schwimmt und sich fragt, wo das Wasser ist. Vielleicht haben wir unsere Fähigkeit verloren, die Sünde zu verachten, sei es unsere eigene oder die, welche in unserer Kultur weit verbreitet ist.

Eine Wespe, ein Messer und eine schreckliche Entdeckung

In einem der Essays von George Orwell wird uns ein anschauliches Bild menschlicher Verlorenheit gegeben. Er beschreibt eine Wespe, die „Marmelade auf meinem Teller aufsog, und ich schnitt sie in zwei Hälften. Sie beachtete mich nicht, sondern fraß einfach weiter, während ein winziger Strom von Marmelade aus ihrer durchtrennten Speiseröhre tropfte. Erst als sie versuchte, wegzufliegen, begriff sie, was mit ihr geschehen war. So ist es auch beim modernen Menschen."[14]

Uns mag alles normal erscheinen. Wir haben unser Zuhause, unseren Beruf und unser Gehalt. Wie die Wespe sind wir zufrieden, weil wir noch Wahlen und die Gerichte haben. Wir haben noch einen Kongress und einen Präsidenten. Wir können immer noch das Evangelium in unseren Gemeinden predigen. Aber in letzter Zeit haben wir es mit einer Pandemie, einer Wirtschaftskrise und verschärften Rassenkonflikten inmitten von politischen Auseinandersetzungen und einer zunehmenden Polarisierung zu tun. Der Unterbau unserer Nation wird weggefressen, und wie Orwells Wespe erkennen wir unseren wahren Zustand vielleicht erst, wenn wir aufwachen und feststellen, dass uns die Flügel abgeschnitten wurden. Das Amerika, das wir zu kennen glaubten, gibt es nicht mehr. Und unsere Gemeinden haben diese Veränderungen mit kaum mehr als einem kurzen Aufstöhnen akzeptiert. Wir befinden uns in einem Feuersturm, was die Zukunft von Amerika betrifft. Aber noch wichtiger ist, dass wir uns in einem Feuersturm innerhalb unserer Gemeinden befinden, von denen einige bereits die Kultur an die Stelle des Evangeliums gesetzt haben. Ich möchte uns inspirieren, den Mut zu haben, auf das Feuer zuzugehen und nicht vor den Flammen wegzulaufen. Gott hat uns in diesen kulturellen Moment gebracht, und wir können unsere Zukunft nicht als selbstverständlich ansehen. Wie schon gesagt wurde: „In einer Zeit der universellen Täuschung ist das Aussprechen der Wahrheit ein revolutionärer Akt."[15]

Nur Umkehr und Glaube werden uns befähigen, dem kulturellen Gegenwind die Stirn zu bieten.

Lasst uns den Entschluss fassen, uns nicht zum Schweigen bringen oder zur Untätigkeit zwingen lassen. Wir werden unsere Stimme erheben – wie Schadrach, Meschach und Abednego im Buch Daniel wollen wir beschließen, uns nicht zu beugen.

Der Aufbau und die Sprache dieses Buches

Wenn Sie einen Blick auf das Inhaltsverzeichnis vorne in diesem Buch werfen, werden Sie sehen, dass die nächsten acht Kapitel den Versuch der kulturellen Linken behandeln, Amerika neu zu gestalten. Jedes Kapitel endet mit einem persönlichen Wort über unsere Antwort als Gläubige auf diese moralischen und geistlichen Angriffe.

Das letzte Kapitel gründet sich auf die Worte Jesu an die Gemeinde in Sardes: „Wach auf und stärke das Übrige!" (siehe Offb 3,2). Das, glaube ich, ist es, was Jesus der Gemeinde heute sagt.

In den meisten Fällen ziehe ich es vor, den Begriff *radikaler Säkularismus* statt *radikale Linke zu* verwenden – wegen der politischen Implikationen des letzteren. Meine Bedenken beziehen sich nicht wirklich auf rechts oder links im politischen Sinne, sondern auf die kulturellen Veränderungen, die uns von verschiedenen politischen Standpunkten her aufgezwungen werden. Ich bevorzuge daher den Begriff *radikale Säkularisten* oder einen anderen bekannten Begriff: *Humanisten*. Wenn ich den Begriff *radikal links* verwende, dann deshalb, weil ich ihn in diesen Fällen als austauschbar mit den beiden anderen Begriffen betrachte. Die zugrundeliegenden Philosophien und Einstellungen, die von radikalen Säkularisten vertreten werden, sind in unserer Gesellschaft so vorherrschend, dass sie als eine Bedrohung für unsere Freiheiten und die Stärke unserer Gemeinden erkannt und gesehen werden müssen.

Danke, dass Sie mich auf dieser Reise begleiten. Ich bete, dass Sie besser informiert werden, mehr herausgefordert werden, für Ihren Glauben einzutreten, und mehr bereit sind, aus der Überzeugung heraus zu handeln, dass die Zeit des selbstgefälligen Christentums zu Ende gehen muss.

Jedes der folgenden Kapitel in diesem Buch enthält ein kurzes Gebet, das als Beispiel dafür dienen soll, was wir sowohl für uns selbst als auch in Bezug auf unser kollektives Zeugnis beten sollten; lassen Sie diese kurzen Gebete ein Sprungbrett für eine erweiterte Buße und Fürbitte sein. Wir wissen, dass nur Gott uns vor der kommenden Zerstörung retten kann. Wir müssen IHN anrufen wie nie zuvor.

Lasst uns auf die Worte des Herrn an Josua hören: „Erschrick nicht und fürchte dich nicht! Denn mit dir ist der Herr, dein Gott, wo immer du gehst" (Josua 1,9).

KAPITEL 2

Die Vergangenheit neu schreiben, um die Zukunft zu kontrollieren

„Wer die Vergangenheit kontrolliert, kontrolliert die Zukunft", sagte George Orwell, als er den totalitären Staat beschrieb.[1] Orwell schrieb zu einer Zeit, als der Kommunismus auf dem Vormarsch war. Er wies auf Folgendes hin: Wenn man die Vergangenheit umschreiben oder sogar löschen kann, kann man den Menschen helfen, zu vergessen, wer sie sind, und kann dann eine neue Zukunft schmieden.

In seinem Buch *1984* beschrieb Orwell das „Ministerium für Wahrheit", dessen Aufgabe es war, die Vergangenheit mit der Gegenwart in Einklang zu bringen. Winston Smiths Aufgabe war es, die Wahrheit wie eine Lüge aussehen zu lassen und umgekehrt. Wenn *Big Brother* eine Vorhersage machte, die nicht eintraf, musste die Vergangenheit so umgeschrieben werden, dass sie mit dem übereinstimmte, was *Big Brother* gesagt hatte.

Die Revision der Geschichte steht bei allen sozialen und politischen Revolutionen ganz oben an. Das vielleicht beste Beispiel ist die blutige Kulturrevolution in China (1966–1976). Mao Tse-tung verfügte, dass China sich von allen Spuren des kapitalistischen westlichen Einflusses zu befreien habe.

Die Roten Garden gingen auf die Straße, Denkmäler wurden zerstört, westliche Literatur verbrannt, Gebäude umbenannt und Städte und Straßen mit neuen Bezeichnungen versehen, um an die aktuellen Helden zu erinnern. Kirchen wurden entweder zerstört oder für andere Zwecke bestimmt. Entweder man schlug sich als Bürger auf die Seite des neuen marxistischen Standards von Gerechtigkeit und

Gleichheit – oder eben nicht. Wer nicht mitmachte, wurde eingesperrt oder umgebracht.

Zum Glück sind wir in Amerika noch nicht so weit. Aber der Punkt, der herausgearbeitet werden soll, ist dieser: Wenn revolutionäre Kräfte ein Land umgestalten wollen, müssen sie die Vergangenheit verteufeln, um ihrer Vision von der Zukunft Legitimität zu verleihen. Es ist offensichtlich, dass das „Ministerium für Wahrheit" eifrig dabei ist, Amerika umzugestalten, indem es die Vergangenheit umschreibt. Sie sagen, ihr Ziel sei es, „den Rassismus auszurotten", aber ein Blick auf das, was sie tun, offenbart ein viel unheilvolleres Ziel. Sie benutzen den Rassismus, um Amerika in seinem Innersten anzugreifen. Es geht nicht darum, Amerika besser zu machen; es geht darum, die Vergangenheit zu zerstören, um Amerika auf einem völlig anderen Fundament neu aufzubauen.

Arthur Schlesinger, ein Historiker und ehemaliger Vertrauter von Präsident John F. Kennedy, bemerkte: „Geschichte ist für die Nation das Gleiche wie das Gedächtnis für das Individuum. Das Individuum, das sein Gedächtnis verliert, weiß nicht, woher es kommt und wohin es geht; es wird entwurzelt und desorientiert."[2] Ich möchte hinzufügen, dass ein Individuum, das sein Gedächtnis verloren hat, so manipuliert werden kann, zu glauben, er sei genau die Person, von dem jemand anderes sagt, dass er sie sei.

Die Zerstörung von Denkmälern

Ich kann verstehen, warum die Denkmäler der Konföderierten beleidigend und sogar erniedrigend für die schwarze Gemeinschaft sind. In gewisser Weise kann man ihre Reaktion auf die Entfernung dieser Denkmäler damit vergleichen, wie die Menschen im Irak jubelten, als eine Statue von Saddam Hussein zu Boden gestürzt wurde. Es gibt nichts Heiliges an einem Denkmal, egal wen es darstellt.

Ich bin froh, dass die Gesetzgeber in Mississippi beschlossen haben, die Staatsflagge mit dem Abbild der Flagge der Konföderierten, die 1894 eingeführt wurde, auszumustern. Aber die Radikalen sind über die Zerstörung der Konföderierten Denkmäler hinausgegangen und haben Angriffe unsere Gründerväter angegriffen. Dahinter liegt die finstere Absicht, das jüdisch-christliche Erbe dieses Landes zu zerstören. Dies zwingt uns zu fragen: Ist Amerikas Geschichte der Sklaverei ein Grund, seine jüdisch-christlichen Werte zu verwerfen? Die Zerstörung von Denkmälern ist Teil eines größeren Versuchs, den Inbegriff amerikanischer Identität zu zerstören. Es ist ein Versuch, nicht nur den Rassismus zu beseitigen, sondern auch alles andere zu diskreditieren, was von denen getan wurde, die die Gründungsdokumente unserer Nation verfassten und die Grundprinzipien festlegten, die Amerika zu dem gemacht haben, was es ist. In den Köpfen vieler Menschen ist Amerika so schrecklich, dass es nicht so bleiben kann; es muss zerstört und nach einer radikalen sozialistischen Agenda neu aufgebaut werden, die frei von Rassismus sein wird – und frei vom Kapitalismus, von dem behauptet wird, er mache die Reichen reicher und die Armen ärmer. Man ignoriert die Tatsache, dass der Kapitalismus zahllosen Menschen die Möglichkeit gegeben hat, erfolgreich zu sein – mit dem Ergebnis, dass diejenigen, die in Amerika leben, einen höheren Lebensstandard genießen als die meisten anderen (wenn nicht sogar alle) Nationen.

An der *George Washington High School* in San Francisco gibt es Leute, die darauf bestehen, dass ein Wandgemälde von George Washington abgedeckt wird, weil sich einige beschwert haben, es sei beleidigend und erniedrigend für die Ureinwohner und Afroamerikaner. Vorstandsmitglieder behaupten, das Kunstwerk „traumatisiere Schüler und Community-Mitglieder". Das Wandbild, das 1936 gemalt wurde, besteht aus 13 Tafeln, die verschiedene Begebenheiten aus Washingtons Leben darstellen. Ein Bild zeigt Washington, wie er in Richtung einer Gruppe von Entdeckern gestikuliert, die an der Leiche eines verstorbenen Indianers vorbeigehen. Ein anderes zeigt Washington, wie er neben einigen Sklaven steht.[3]

Kein einziges Vorstandsmitglied sprach sich für den Erhalt des Wandbildes aus, berichtete die *SF Weekly*. Und es waren nur wenige, die es prangerten und sich darüber beschwerten, dass es verletzend und erniedrigend sei.

Um das Ganze in die richtige Perspektive zu rücken: Jemand teilte mit, dass es nur wenige Beschwerden gab, „aber eine kleine Gruppe von Wichtigtuern hat sich mit einigen Studenten zusammengetan, um sicherzustellen, dass es aus dem Blickfeld der Öffentlichkeit entfernt wird. Sobald etwas mit den Worten ‚rassistisch‘ oder ‚weiße Vorherrschaft‘ etikettiert wird, egal wie unzutreffend das sein mag, werden Liberale nicht ihren Ruf riskieren, indem sie es verteidigen."[4]

Im Einklang mit dem Engagement der Säkularisten, die amerikanische Geschichte zu dekonstruieren, sagte die politische Kommentatorin Angela Rye Folgendes:

> Wir müssen zum Kern des Problems vordringen. Der Kern ist die Art, wie vielen von uns die amerikanische Geschichte gelehrt wurde. Die amerikanische Geschichte ist nicht nur glorreich ... George Washington war ein Sklavenhalter. Wir müssen Sklavenhalter als das bezeichnen, was sie sind. Ob wir nun denken, dass sie die Freiheit Amerikas beschützt haben oder nicht – meine Freiheiten haben sie nicht beschützt. Ich war ein Niemand – meine Vorfahren wurden nicht als Menschen angesehen. Mir ist es egal, ob es sich um eine Statue von George Washington oder eine von Thomas Jefferson handelt, sie müssen alle abgerissen werden.[5]

Die Statuen von Washington und Jefferson müssen alle abgerissen werden!

Während ich dieses Buch schreibe, stehen die Washington- und Jefferson-Denkmäler in Washington noch, aber die George-Washington-Statue in Portland wurde bereits niedergerissen.[6] Das Grabmal des *Unbekannten Soldaten* wurde auf dem Washington Square[7] in Philadelphia vandalisiert und verunstaltet, und die Polizei sah zu, wie in mehreren Städten Denkmäler von Christoph Kolumbus zerstört wurden. In Boston wurde sein Denkmal vor den Augen der ganzen Welt „enthauptet".[8] Das Denkmal von Francis Scott Key, der unsere Nationalhymne „The Star-Spangled Banner" geschrieben hat, wurde in Kalifornien ebenfalls mutwillig zerstört.[9] Unvorstellbar: In Madison, Wisconsin, zerstörten Randalierer eine Statue von Hans Christian Heg, einem Einwanderer und Anführer der Abolitionsbewegung![10]

Und während ich dies schreibe, gibt es, so unglaublich es auch klingt, Aufrufe, ein Denkmal von Abraham Lincoln zu stürzen, der die Sklaven befreite! Die Liste der entweihten Denkmäler ist lang und wird immer länger.

All dies wurde maßgeblich durch den Mord an George Floyd in Minneapolis ausgelöst. Wir können die Wut, die dieser schreckliche und ungerechte Vorfall ausgelöst hat, durchaus verstehen. Als ich das Video sah, hätte ich am liebsten geschrien: „Nein! Das könnt ihr nicht machen!" Als Reaktion darauf wollten wir alle Gerechtigkeit und eine vernünftige Polizeireform. Viele Afroamerikaner, die sich seit Jahren von der Polizei ungerecht behandelt fühlen, sahen darin einen Aufschrei, bedeutsame Veränderungen durchzusetzen; und ich unterstütze voll und ganz die friedlichen Demonstranten, die ihrer Empörung Ausdruck verleihen wollten. Aber bei den Unruhen, die folgten, ging es nicht um eine Polizeireform; das Chaos hatte nichts mit *Rassismus* zu tun, sondern mit *Revolution*.

Der Mob hätte sich nichts Besseres wünschen können. In einigen Städten empfahlen unsere gewählten Amtsträger der Polizei, sie solle sich zurückhalten, sodass der Mob in seinem Durst nach Rache gegen ihre vermeintlichen Unterdrücker – ob real oder eingebildet – kein Ende fand. Als die Polizei selbst in Minneapolis und später in Seattle ihre Polizeireviere auf Druck der Radikalen fluchtartig verließ, zuckten unsere gewählten Amtsträger mit den Schultern. In den Köpfen der Mobs war die Zerstörung von Geschäften (viele in den ärmsten Minderheitengemeinden, denen die Mobs erklärtermaßen helfen wollten) gerechtfertigt. Sie waren auf einer heiligen Mission: die „weiße Vorherrschaft" zu zerstören; und an ihrer Stelle sollte eine gerechte

Gesellschaft entstehen, wenn sie (die Radikalen) endlich die von ihnen angestrebte Transformation der Gesellschaft herbeiführten.

Hier in Chicago kam es an der Statue von Christoph Kolumbus im Grant Park zum Zusammenstoß zwischen Polizei und Demonstranten. Die Demonstranten bewarfen die Polizei mit gefrorenen Wasserflaschen, Steinen und Feuerwerkskörpern und verletzten mindestens 18 Beamte. Als 1.000 dieser „friedlichen Demonstranten" vor dem Haus der Bürgermeisterin auftauchten und verlangten, dass die Polizei abgesetzt und zwei Christoph-Kolumbus-Statuen in der Stadt entfernt werden, gab sie den Forderungen des Mobs nach.

Noch um 3:00 Uhr morgens entfernte eine städtische Mannschaft beide Statuen. Dies bestärkte den Mob natürlich nur noch mehr, und schon bald verlangten die Aufrührer die Durchsetzung weiterer Forderungen.

Was kommt als Nächstes? Ihre Gemeinde? Wenn der Mob ein ganzes Land überrollt, kann ihn offenbar niemand mehr aufhalten. Am 22. Juni 2020 schrieb der Aktivist Shaun King auf seiner Twitter-Seite: „Alle Wand- und Fensterbilder des weißen Jesus und seiner europäischen Mutter und ihrer weißen Freunde sollten ebenfalls entfernt werden. Sie sind eine besondere Form weißer Vorherrschaft. Geschaffen als Werkzeuge der Unterdrückung. Rassistische Propaganda. Sie sollten alle heruntergerissen werden."[11] Sein Tweet wurde inzwischen gelöscht, aber Screenshots davon sind fast überall zu finden. Ja, Wandgemälde und Abbildungen von Jesus könnten tatsächlich als nächstes heruntergerissen werden.

Das Schweigen einiger unserer gewählten Amtsträger angesichts der Plünderungen und Brandstiftungen zeigt, dass wir sogar den Kampf um die Zivilisation an sich verlieren könnten. Es heißt, dass Amerika nicht gut sein kann, wenn es nicht perfekt ist. Und weil klar ist, dass es nicht perfekt ist, sollten seine sozialen, kulturellen und rechtlichen Strukturen zerstört werden. Und nach der Revolution wird es dann Gerechtigkeit und Gleichheit geben. Die Revolutionäre halten sich selbst für unschuldig in Bezug auf all die Sünden und Übel, die sie so deutlich in anderen sehen.

Die Radikalen wissen genau, was sie tun, auch wenn eine ihnen willfährige Presse das nicht tut. Wir sind Zeugen des Zerfalls von Amerika.

Milan Kundera, ein bekannter tschechischer Schriftsteller und Historiker, der sich der Besetzung der Tschechoslowakei 1968 durch die Sowjetunion widersetzte und das Buch *Die Samtene Revolution von 1989* verfasste, schrieb über ein Gespräch, das er mit einem Freund führte. Er schreibt:

> Mein fast blinder Freund, Milan Hübl, kam mich eines Tages im Jahr 1971 in meiner winzigen Wohnung in der Bartolomejska-Straße besuchen. Wir schauten aus dem Fenster auf die Türme des Schlosses und waren traurig. „Der erste Schritt zur Liquidierung eines Volkes", sagte Hübl, „ist das Auslöschen seiner Erinnerung, seine Bücher zu zerstören, seine Kultur, seine Geschichte. Dann soll jemand neue Bücher schreiben, eine neue Kultur herstellen, eine neue Geschichte erfinden. Schon bald wird die Nation vergessen, was sie ist und was sie war."[12]

Ja, wenn die Vergangenheit zerstört ist, ist es unumgänglich, dass eine neue Kultur und eine neue Geschichte entstehen. Wir werden vergessen, wer wir einmal waren. Und wer wir sind.

Robin West schreibt in ihrem Buch *Progressive Constitutionalism* („Progressiver Konstitutionalismus"): „Die politische Geschichte der Vereinigten Staaten ... ist zu einem großen Teil eine Geschichte fast unvorstellbarer Brutalität gegenüber den Sklaven, des Hasses und Völkermordes gegenüber den amerikanischen Ureinwohnern, der rassistischen Abwertung von Nicht-Weißen und nicht-weißen Kulturen, der sexuellen Demütigung von Frauen ..."[13] Für die Autorin fasst das die amerikanische Vergangenheit zusammen. Natürlich wissen wir alle, dass wir es in Bezug auf die Rassenbeziehungen besser machen können. Aber bedeutet der Weg vorwärts, aus der Vergangenheit zu lernen oder sie einfach zu verteufeln? Vor unseren Augen wird unsere gemeinsame Geschichte ausgelöscht.

Stellen Sie sich vor, Sie treten aus der Tür eines beeindruckenden Gebäudes aus dem 16. Jahrhundert und gehen die Straße entlang. Wenn Sie zurückblicken, können Sie deutlich sehen, wo Ihre Reise ihren Ursprung hat. Aber nehmen wir an, Sie biegen um eine Ecke; wenn Sie nun zurückblicken, sehen Sie ein Gebäude aus dem 21. Jahrhundert, das keinerlei Ähnlichkeit mit dem Ort hat, von dem Sie ursprünglich gekommen sind. Die Säkularisten bestehen darauf, dass wir um die Ecke biegen, damit wir den jüdisch-christlichen Einfluss unserer Vergangenheit aus den Augen verlieren. Und wenn wir uns entscheiden zurückzuschauen, wollen sie, dass wir unsere religiöse Geschichte als Schandfleck, nicht als Segen begreifen. Sie wollen, dass wir ihre Weltanschauung an die Stelle unserer historischen religiösen Wurzeln setzen. Sie wissen, dass wir, wenn wir unsere Geschichte verlieren, auch unsere Zukunft verlieren – eine Zukunft, die sie kontrollieren wollen.

Halten wir inne und stimmen wir darin überein, dass die Sklaverei eine Abscheulichkeit ist, aber es gibt viel mehr über die Gründung Amerikas zu sagen als eine Litanei von Übeln. Allan Bloom hat in *The Closing of the American Mind* („Der Niedergang des amerikanischen Geistes") vorausgesehen, was uns bevorstand, als er schrieb:

> „Wir sind es gewohnt zu hören, dass unsere Gründer als Rassisten, Indianermörder, Vertreter von Klasseninteressen angeklagt werden ... und das schwächt unsere Überzeugung von der Wahrheit oder Überlegenheit der amerikanischen Prinzipien und unserer Helden."[14]

Die säkularen Radikalen haben ein Ziel: uns das Wissen zu verweigern, wer wir sind, und so die Prinzipien zu zerstören, auf denen diese Nation aufgebaut wurde. Die Strategie besteht darin, Amerikas Verbrechen und Sünden hervorzuheben, das Ansehen ihrer Helden zu zerstören und unsere Geschichte zu benutzen, um uns zu spalten, anstatt uns zu lehren und zu vereinen. Vor allem wird die Tatsache ignoriert, dass die Vereinigten Staaten die größte Zivilisation der Geschichte erreicht haben und von der ganzen Welt beneidet werden. Fragen Sie nur einmal danach, wohin die meisten Migranten gehen wollen, einige werden ein paar westeuropäische Nationen nennen, aber für die Mehrheit steht Amerika ganz oben auf der Liste.

Die radikalen Säkularisten glauben, dass es nicht ausreicht, die Fehler der Gründer Amerikas einzugestehen und dann zu lernen, wie wir weitergehen können – angespornt, es besser zu machen. Die Säkularisten wollen Amerikas gesamtes Erbe bereinigen und ein völlig neues Amerika schaffen. Sie glauben, dass dies der einzige Weg sei, um alle Fehler der Vergangenheit zu korrigieren. Nur dann könne Amerika von Menschen regiert werden, die frei von Gier, Ausbeutung, Ungerechtigkeit und Rassismus sind. Aber sie sagen, das könne nicht geschehen, wenn nicht unsere Erinnerung daran, wer wir sind, verteufelt wird und wir sie hinter uns lassen.

Milan Kunderas Freund (oben zitiert) hatte Recht: Bald wird unsere Nation vergessen, was sie war. Und wer wir sind.

Eine marxistische Geschichte der Vereinigten Staaten

Wenn Ihre Kinder aus der Schule zurückkommen und Amerika hassen, könnte der Grund dafür in der Lektüre von Büchern wie *A People's History of the United States* („Eine Geschichte des amerikanischen Volkes") von Howard Zinn liegen, einem bekennenden Marxisten, der glaubt, dass Amerika in Tyrannei und für den Profit gegründet wurde. Er schreibt: „Die amerikanische Revolution ... war ein geniales Unterfangen, und die Gründerväter verdienen ebendiese ehrfürchtige Anerkennung, die sie über die Jahrhunderte bekommen haben. Sie schufen das effektivste System nationaler Kontrolle, das je in der Neuzeit erdacht worden ist ..."[15]

Zinn fährt fort, dass die Unabhängigkeitserklärung „keine revolutionäre Erklärung von Rechten war", sondern „ein zynisches Mittel zur Manipulation von Volksgruppen, um den König von England zu stürzen, damit die Reichen davon profitierten."[16] Sein Buch ist Ausdruck der Verachtung der Vereinigten Staaten bis in ihren innersten Kern. Er verliert kein Wort über Amerikas Errungenschaften, seinen beneidenswerten wissenschaftlichen Fortschritt und die vielen großartigen Erfindungen, die das Leben der Menschen weltweit zufriedenstellender denn je gemacht haben.

Bequemerweise wird in diesem Lehrbuch die Brutalität des Kommunismus und sein Versagen, das Versprechen der Utopie zu erfüllen, nicht erwähnt. Der Autor beurteilt Amerika nach dessen höchsten Idealen und würde es nie wagen, es mit anderen Ländern und Kulturen zu vergleichen, weil er weiß – oder es zumindest wissen sollte –, dass Amerika angesichts der Unterdrückung, Armut und Rückständigkeit vieler anderer Länder der Welt hell erstrahlen würde.

Wie wir in einem späteren Kapitel sehen werden, ist die Freiheit Zinns, ein pro-marxistisches Lehrbuch zu veröffentlichen, genau die Freiheit, die der Marxismus anderen wegnimmt.

Wurde Amerika im Jahr 1619 gegründet?

Das *New York Times Magazine* hat ein Projekt abgeschlossen, das versucht, die Geschichte Amerikas so „neu zu schreiben", dass das Jahr 1619 als die eigentliche Gründung gilt. Zu diesem Zeitpunkt kamen die ersten Sklaven in Jamestown an, und das wird als das zentrale Ereignis der Gründung Amerikas angesehen. Man kommt zu dem Schluss, dass die Sklaverei für die Anfänge Amerikas von grundlegender Bedeutung sei und mit ihr die Sklavenarbeit auf den Plantagen – der Beginn des Kapitalismus – begonnen habe.

Laut dem *New York Times Magazine* zeigen diese beiden Übel, dass „die Gründungsideale unserer Demokratie falsch waren, als sie niedergeschrieben wurden."[17]

Mit anderen Worten: Die Autoren der Unabhängigkeitserklärung, die schrieben, dass „alle Menschen gleich geschaffen und von ihrem Schöpfer mit bestimmten unveräußerlichen Rechten ausgestattet sind", haben nicht geglaubt, was sie da schrieben.

Die Herausgeberin des Projekts, Nikole Hannah-Jones, schrieb bereits 1995 einen Aufsatz, in dem sie behauptete, die weiße Rasse sei „der größte Mörder, Vergewaltiger, Plünderer und Dieb der modernen Welt". Die weiße Rasse bestehe aus „barbarischen Teufeln und Blutsaugern", und Kolumbus sei nicht besser als Hitler.[18] Es ist klar, dass das von ihr beaufsichtigte Projekt auch ihre Ansichten widerspiegeln sollte.

Ist das eine faire oder sorgfältige Lesart der amerikanischen Geschichte? Ich wiederhole noch einmal, dass Sklaverei eine Abscheulichkeit ist. Ich habe Geschichten über den Sklavenhandel gelesen, die einen Stein zum Weinen bringen würden. Kein Mensch sollte einen anderen besitzen, und Amerikas Geschichte des Handels mit Sklaven muss in all ihren schrecklichen Einzelheiten dokumentiert und angeprangert werden. Und sicherlich kennt nur die schwarze Bevölkerung aus eigener Erfahrung die anhaltenden Auswirkungen der Sklaverei auf ihre Geschichte.

Es ist wahr, dass die Sklaverei nicht in dem Moment endete, als die Unabhängigkeitserklärung unterzeichnet wurde. Sie dauerte noch viele Jahre an – mit einigen Siegen und vielen Niederlagen. Aber mit dieser Erklärung begann für Amerika eine Reise, die nur wenige andere Länder unternommen haben. Und keine Nation hat so hart daran gearbeitet wie Amerika, das Unrecht der Vergangenheit wiedergutzumachen. Ja, es gibt sicherlich mehr, was wir tun können, aber wir müssen es gemeinsam tun. Nicht, indem wir unsere Gründerväter verteufeln, sondern indem wir von ihnen lernen – das Gute vom Schlechten unterscheiden und lernen, wie wir es besser machen können.

Traurigerweise ist die Sklaverei so alt wie die Zivilisation selbst. Als die Sklaven in Jamestown ankamen, hatten die Spanier und Portugiesen bereits seit mehr als 100 Jahren Menschen versklavt. Sklaverei war in der Antike weit verbreitet, und leider gibt es auch heute noch 40 Millionen Sklaven auf der Welt, vor allem in Indien und

Afrika. Im August 2017 hat CNN auf Video festgehalten, wie Sklaven in Libyen versteigert werden.[19]

40 Millionen Sklaven existieren noch in anderen Ländern der Welt!

Wenn man die Radikalen reden hört, könnte man meinen, dass der Westen die Sklaverei erfunden habe. Wir vergessen, wie Pat Buchanan betonte, dass „der Westen die Sklaverei nicht erfunden hat; der Westen hat die Sklaverei beendet."[20] Und es waren engagierte Christen wie William Wilberforce, die unermüdlich daran arbeiteten, dem Sklavenhandel in England ein Ende zu setzen.

Wird das *New York Times Magazine* die Geschichte anderer Länder neu schreiben – darauf gründend, wann sie begannen, den Besitz von Sklaven zu erlauben? Wir können sicher sein, dass sie das nicht tun werden. Das 1619-Projekt ist eine gezielte Anstrengung, die uns zeigen soll, dass die Vereinigten Staaten es verdienen, gehasst zu werden, weil sie eine rassistische und kapitalistische Nation sind. Ihre Wurzeln müssen zerstört und auf einem kulturellen marxistischen Fundament wieder aufgebaut werden, das Gleichheit und Gerechtigkeit für alle bringt.

Die Leute hinter dem 1619-Projekt wissen nur zu gut, dass *man die Menschen nicht dazu bringen kann, Amerika zu hassen, wenn man es mit anderen Ländern vergleicht.* Tatsache ist, dass Amerika der Sklaverei vor mehr als 150 Jahren ein Ende setzte, während sie an vielen Orten der Welt noch heute praktiziert wird. Gleichzeitig sind wir in den Rassenbeziehungen noch nicht da, wo wir sein wollen; die Fehler der Vergangenheit müssen als solche anerkannt werden, und Vergebung und Versöhnung bahnen den Weg in die Zukunft.

Auch auf die Gefahr hin, der Wiederholung beschuldigt zu werden, möchte ich noch einmal sagen, dass wir die Laster, Skandale und Verbrechen, die die frühe Geschichte Amerikas gekennzeichnet haben, nicht beschönigen sollten. Aber die dunklen Perioden dieser Geschichte sind nicht alles. Die Erinnerung an Unrecht in unserer Vergangenheit sollte die Siege, die errungen wurden, und das Gute, das erreicht wurde, nicht zunichtemachen. Wir haben große

Fortschritte zur Überwindung unserer Vergangenheit gemacht und freuen uns auf weitere solche Erfolge in der Zukunft. Praktisch jedes Land hat mit Aggression, Kriegen oder Sklaverei begonnen. Die radikalen Säkularisten beurteilen Amerika nach einem unmöglichen Standard und verdammen das Gute mit dem Schlechten.

Die Flecken in Amerikas Vergangenheit dürfen nicht verharmlost werden, aber wir sollten auch nicht die amerikanische Verfassung mit ihrer *Bill of Rights*, die religiösen Überzeugungen unserer Gründerväter und die jüdisch-christlichen Prinzipien ignorieren, auf denen unsere Freiheit gegründet ist. Die Fehler Amerikas geben den radikalen Säkularisten nicht das Recht, Gott aus dem öffentlichen Raum zu verbannen und diejenigen, die ihren Glauben öffentlich ausüben wollen, daran zu hindern.

Verlieren wir das Ziel der Radikalen nicht aus den Augen: die Gründerväter und Amerikas jüdisch-christliches Erbe zu delegitimieren, und zu diesem Zweck der gesamten Geschichte des Westens den Boden unter den Füßen wegzuziehen und diejenigen zu verurteilen, die uns diese Zivilisation gebracht haben, die wir heute genießen.

Die westliche Zivilisation anprangern

Während die Säkularisten ihre Version der Geschichte propagieren, werden die großen Errungenschaften der westlichen Zivilisation immer häufiger angeprangert. Zum Beispiel bestand eine langjährige Voraussetzung für das Hauptfach Englisch an der Universität Yale darin, einen Kurs über Chaucer, Spenser, Milton und Wordsworth zu belegen. Im Jahr 2016 forderte eine Petition von Studenten die Abschaffung dieser Pflicht. Die Beschwerde lautete, dass die Lektüre dieser Autoren „eine Kultur schafft, die besonders feindlich gegenüber farbigen Studenten ist."[21] Darin kommt die moderne Verachtung für die Beiträge der westlichen Kultur zu Kunst, Literatur und Geschichte zum Ausdruck.

Alle Historiker selektieren, was ihrer Meinung nach das Wichtigste an der Vergangenheit ist und was ignoriert werden sollte. Aber es ist unfair, an die Geschichte mit einer Agenda heranzugehen, die man beweisen will, wenn die Fakten etwas anderes sagen. Rassismus und verschiedene andere Sünden sind ziemlich gleichmäßig unter allen Völkern der Welt verteilt; wir müssen die positiven Beiträge von den negativen und die Siege von den Verlusten unterscheiden – unabhängig davon, über welche Gruppe oder Rasse wir sprechen.

Erinnern wir uns daran, dass das Deutschland, das uns Hitler gab*, auch das Deutschland ist, das uns den Buchdruck mit beweglichen Lettern gab. Und dasselbe Deutschland gab uns die Reformation, die der Same war, aus dem die Freiheit des Gewissens erwuchs.

Als Martin Luther sagte: „Mein Gewissen ist durch das Wort Gottes gebunden. Ich kann und will nicht widerrufen", brach er mit einer tausendjährigen religiösen Unterdrückung. Bis dahin war es undenkbar, dass jemand sagen konnte, sein Gewissen stehe über dem Papst oder der Tradition. Luther weckte das Bewusstsein für das Priestertum aller Gläubigen und die Rechte des persönlichen Gewissens, was schließlich zur Religionsfreiheit führte. Das Deutschland des Holocausts ist auch das Deutschland Goethes und Schillers, den Vätern der deutschen Aufklärung.

Das England, das so häufig für seinen Imperialismus kritisiert wird, ist das Land, das uns die *Magna Carta* gab, welche die neuartige Idee präsentierte, dass sogar der König dem Gesetz unterworfen sein sollte. Es ist das England, das uns John Wycliffe schenkte, der darauf bestand, dass die Bibel ins Englische übersetzt und allen zugänglich gemacht werde, die sie lesen wollen. Es ist das England, das uns die Schriften von John Locke schenkte, der als Vater der englischen Aufklärung gilt und dessen Ansichten sich in der amerikanischen Verfassung wiederfinden. Es ist auch das England, das uns William Wilberforce schenkte, dessen Bemühungen um die Abschaffung der Sklaverei in England und darüber hinaus erfolgreich waren.

Das Amerika, dessen Geschichte durch die Übel der Sklaverei besudelt ist, das Amerika, dessen Gründerväter Sklaven hielten – dieses

---

* Siehe dazu die Hinweise im Vorwort zur dt. Ausgabe. (Anm. d. dt. Hg.)

Amerika gab uns auch die Verfassung, die *Bill of Rights* und Erfindungen wie das Telefon, den Herzschrittmacher, Glühbirnen, den ersten elektronischen digitalen Computer und das Internet. Es ist das Amerika, das zwölf Männer auf den Mond schickte und die Erforschung des Weltraums und den wissenschaftlichen Fortschritt vorantrieb. Es ist das Amerika, das eine Zivilisation möglich machte, die viele andere auf der Welt durch Fortschritte in Bildung, Technologie, Medizin und sogar Menschlichkeit positiv beeinflusst hat.

Die Mischung aus Gut und Böse, die man in ganzen Nationen findet, gilt auch für Einzelpersonen. Viele Menschen, die große Beiträge zum Christentum und zur Zivilisation geleistet haben, hatten blinde Flecken, die uns als Warnung dienen. Denken Sie beispielsweise an Martin Luther, der die Reformation einleitete und dem die Deutschen die Bibel in ihrer eigenen Sprache verdanken.

Dieser Mann, dieser gleiche Luther, schrieb hasserfüllte Pamphlete gegen das jüdische Volk. Thomas Jefferson, der die wunderbaren Worte schrieb, dass „alle Menschen ... gleich geschaffen" sind , besaß Sklaven.

Unsere Schulbücher sollten ausgewogen sein was die Beiträge über Geschichte der schwarzen Bevölkerung und ihrer Helden betrifft, die sich für die Bürgerrechte, die Musik, das Militär, die Wissenschaft und mehr engagierten. Dann gibt es Frauen wie Bessie Coleman, eine Mathematikerin, die in den Vereinigten Staaten aufgrund ihrer Rasse und ihres Geschlechts von der Flugausbildung ausgeschlossen war. Sie reiste nach Paris, wo sie Luftfahrt studieren durfte und die erste Frau wurde, die eine internationale Fluglizenz erhielt. Als sie in die Vereinigten Staaten zurückkehrte, nahm sie an Flugshows teil und zeigte waghalsige und akrobatische Flugmanöver. Als brillante Mathematikerin leistete sie einen großen Beitrag auf dem Gebiet der Luftfahrt. Die Beiträge schwarzer Amerikaner in weiteren Disziplinen wie dem Unternehmertum, der Homiletik und dem Sport sind natürlich ebenfalls legendär.

Ich plädiere dafür, dass wir gemeinsam für eine „vollkommenere Einheit" arbeiten; aber das kann nicht geschehen, solange wir uns weigern, unsere Vergangenheit zu reflektieren und persönliche und kollektive Verantwortung zu übernehmen, um Schritte in eine bessere Zukunft zu gehen. Die meisten von uns, die in Amerika leben, stammen aus verschiedenen Ländern. Wir haben unterschiedliche Hautfarben, unterschiedliche Erwartungen und unterschiedliche Gaben und Fähigkeiten zu bieten. Wir müssen einander zuhören, wenn wir über die Ungerechtigkeiten unserer gemeinsamen Geschichte sprechen, und anerkennen, dass sowohl Reue als auch Vergebung notwendig sind. Aber dann müssen wir weitermachen, oder wir werden nie in der Lage sein, in den Beziehungen zwischen den Rassen Fortschritte zu machen.

In den Augen der radikalen Säkularisten hat Amerika systemische rassische, wirtschaftliche und politische Ungleichheiten, die nur der kulturelle Marxismus zu lösen in der Lage ist. Um Amerika auf ein besseres Fundament zu stellen, muss die Religion daher durch humanistische Werte ersetzt werden. Schließlich, so behaupten sie, werde die Religion – insbesondere das Christentum – als Instrument der Unterdrückung und sozialen Kontrolle eingesetzt, und die Privilegierung der Weißen sei die Quelle unserer systemischen Übel.

Umschreiben der Verfassung

Der Agenda der Säkularisten steht die US-Verfassung im Weg – das Gründungsdokument, das unsere Grundfreiheiten, die Gewaltenteilung und ein ordentliches Verfahren garantiert. Wann immer es eine freie Stelle in den Gerichten gibt, insbesondere im Obersten Gerichtshof der USA, wird mit den Säbeln gerasselt. Warum die Überparteilichkeit? Die Debatte geht darum, ob der neue Berufene der Verfassung folgen wird oder die Freiheit hat, für Gesetze zu stimmen, die mit den sich wandelnden kulturellen Normen übereinstimmen. Säkularisten sind wütend, weil es einige kürzlich an den Obersten Gerichtshof der USA berufene Verfassungsrichter gibt, die nicht die säkularistische Weltsicht vertreten.

Die radikalen Säkularisten machen folgenden Vorschlag, um ihren dauerhaften Griff nach der Macht in der Regierung zu etablieren.

Im Januar 2020 veröffentlichte die prestigeträchtige *Harvard Law Review* den Artikel „Her mit der Union! Ein Vorschlag zur Aufnahme neuer Staaten zum Zweck der Änderung der Verfassung, um eine gleichberechtigte Interessenvertretung zu gewährleisten." Dort heißt es:

Eine „leichtere" Möglichkeit, die Verfassung zu ändern, besteht darin, dass der Kongress eine große Anzahl neuer Staaten aufnimmt, deren Kongressabgeordnete sich in ausreichender Zahl verlässlich mit der bestehenden Mehrheit verbünden. Ihr Ziel wäre dann, neue Änderungen vorzuschlagen und zu ratifizieren, um das Problem der ungleichen Vertretung zu beheben. Da der Kongress neue Staaten mit einer einfachen Mehrheit aufnehmen kann, wird diese eine besser erreichbare politische Hürde darstellen.[22]

Der Artikel erklärt, dass innerhalb des *District of Colombia* 127 neue Bundesstaaten zu schaffen wären, um eine konservative Mehrheit im Kongress auszugleichen.[*]

Der Zweck dieses Unternehmens ist ziemlich offensichtlich; die Agenda der Säkularisten ist unverkennbar. Ein Grund, warum diese neuen Staaten innerhalb des *District of Columbia* geschaffen werden sollten, ist folgender: Weil „jeder erfassbare Teilbereich von D. C. bei der Wahl 2016 mit überwältigender Mehrheit für die Demokratische Partei gestimmt hat, könnte die demokratische Fraktion im Kongress darauf vertrauen, dass neu geschaffene Staaten innerhalb dieses Distrikts gleichgesinnte Delegationen in den Kongress wählen würden."[23]

---

[*] Das beruht auf der Tatsache, das unabhängig von der Größe eines Bundesstaats jeweils zwei Senatoren in den Senat entsandt werden, sodass auf diese Weise dessen politisches Gewicht leicht zugunsten einer bestimmten Partei zu verändern wäre. (Anm. d. dt. Hg.)

Sobald dieser neue „Kongress" dann im Amt ist, könnte man die Verfassung ändern. Die Rolle des Senats könnte dann geändert werden, um dem *House of Lords* in England näher zu kommen – einer mehr oder weniger zeremoniellen oberen Kammer, welche die vom Repräsentantenhaus verabschiedete Gesetzgebung überprüfen kann, aber nicht in der Lage wäre zu verhindern, dass ihre Beschlüsse zu Gesetzen werden. Auch das *Electoral College*, das dazu beiträgt sicherzustellen, dass alle 50 Staaten eine Stimme in der nationalen politischen Arena haben, könnte dann abgeschafft werden.

Was könnte uns noch blühen? Zu allererst würde es Menschen ohne Aufenthaltsgenehmigung ermöglicht werden zu wählen; und der zweite Verfassungszusatz (das Recht, Waffen zu tragen) würde aufgehoben werden. Danach könnten nach Bedarf auch noch andere Änderungen vorgenommen werden. Die Säkularisten könnten sicher sein, dass Amerikas religiöse Geschichte endlich genügend verteufelt wird, um Platz für ihre neue progressive Agenda zu machen. Es könnten Richter ernannt werden, die sich nicht der Verfassung beugen müssten; ihnen wäre es möglich, Gesetze nach eigenem Geschmack vorzuschlagen, die der Kultur und den säkularen Werten angepasst sind. Obwohl es in diesem Artikel nicht erwähnt wurde, könnte sogar das Privateigentum abgeschafft werden, und staatliche Rechte würden an die Stelle der von Gott gewährten Rechte treten. Endlich wäre dann die Vision der Radikalen von einem durch und durch sozialistischen Staat Wirklichkeit geworden.

Die Verfassung, so heißt es, sei veraltet; sie sei von Sklavenhaltern als Instrument der „privilegierten Weißen" geschrieben worden. Der radikale Vorschlag, der in dem oben erwähnten Artikel der *Harvard Law Review* skizziert wird, würde Amerika von seiner jüdisch-christlichen Vergangenheit befreien und es ermöglichen, auf einem rein säkularen Fundament neu zu bauen.

Das Fundament der Säkularisten

Vor Jahren habe ich *Das Humanistische Manifest* gelesen, aber bis vor kurzem hatte ich vergessen, dass es ein marxistisches Dokument von Globalisten ist. Die Originalversion wurde 1933 geschrieben, aber hier zitiere ich aus der zweiten Version (1973), herausgegeben von Edwin H. Wilson und Paul Kurtz. Viele betrachten Kurtz als den Vater des säkularen Humanismus. Wie zu erwarten, lehnt das Dokument den Supranaturalismus in all seinen Formen ab. „Versprechungen einer unsterblichen Erlösung oder Angst vor ewiger Verdammnis sind illusionär und schädlich." Die menschliche Spezies „ist eine Erscheinung aus natürlichen evolutionären Kräften"[24]; und es gibt keine glaubwürdigen Beweise dafür, dass die Seele den Tod des Körpers überlebt. Das Universum wird als selbstexistent angesehen.

Das Humanistische Manifest spricht sich stark für den Globalismus aus:

> Wir beklagen die Spaltung der Menschheit aus nationalistischen Gründen. Wir sind an einem Wendepunkt in der Menschheitsgeschichte angelangt, an dem die beste Option darin besteht, die Grenzen der nationalen Souveränität zu überwinden und sich auf den Aufbau einer Weltgemeinschaft zuzubewegen ... So blicken wir auf die Entwicklung eines weltweit gültigen Rechtssystems und einer Weltordnung, die auf einer transnationalen föderalen Regierung basiert.[25]

Damit verbunden ist die Zusammenarbeit in Sachen Klimawandel: „Der Planet Erde muss als ein einziges Ökosystem betrachtet werden ... Es ist die moralische Verpflichtung der Industrienationen, ... erhebliche technische, landwirtschaftliche, medizinische und wirtschaftliche Hilfe ... für die Entwicklungsländer der Welt zu leisten."[26]

Ein Land wie die USA muss also andere Länder massiv bei der Bekämpfung des Klimawandels unterstützen. Das Ziel des Globalismus ist die Weltbürgerschaft, damit die universelle Freiheit und die Menschenrechte für die gesamte Menschheit vorangetrieben werden können. Die Humanisten argumentieren, die Volkswirtschaften der Länder müssten miteinander verflochten werden, damit diese Ziele erreicht werden können.

Artikel 14 im Originaldokument von 1933 besagt schlicht: „Humanisten fordern ein gemeinsames Leben in einer gemeinsamen Welt."[27] Erwägen Sie dies einen Moment lang.

Denken Sie daran, dass in den Augen der radikalen Säkularisten diejenigen, die Reichtum erwerben, dies auf dem Rücken der Armen tun. Soziale Gerechtigkeit erfordere also, dass ihr Reichtum umverteilt wird. Und wenn Sie global denken, ist Amerika angeblich zum Nachteil anderer Nationen reich geworden; daher schuldet Amerika dem Rest der Welt etwas. Wie könnte man diesen Reichtum besser umverteilen als dadurch, dass man anderen Nationen die Mittel zur Bekämpfung des Klimawandels gibt?

Kein Wunder, dass der Patriotismus schlecht gemacht werden muss. Man kann keine globalistische Agenda durchsetzen, solange die „amerikanische Ausnahmestellung" am Leben und für gut gehalten wird. Vielleicht verstehen wir jetzt, warum die Säkularisten die US-Flagge als ein Symbol für Rassismus, Unterdrückung, Privilegierung der Weißen sowie zersetzenden Nationalismus und Kapitalismus ansehen. In einer Stadt in Minnesota wurde ein Antrag gestellt, das Treuegelöbnis (*Pledge of Allegiance*) zu verbieten, weil es den Patriotismus fördere und für Minderheiten zu verletzend sei.[28] In Australien behaupten einige Muslime, das Singen der Nationalhymne sei nichts anderes als „Zwangsassimilation".[29] Wie lange wird es dauern, bis wir das in den Vereinigten Staaten hören?

Amerika muss entthront werden.

Um jegliches Hindernis für den Globalismus zu überwinden, drängen die Humanisten auf die Öffnung der Grenzen, weil ihrer Ansicht nach sogar das Konzept der nationalen Staatsbürgerschaft ausgelöscht werden muss. Eine sichere, kontrollierte Grenze zu haben, sei nicht förderlich für die Entwicklung einer Weltgemeinschaft. Deshalb sehnen sich Humanisten nach einer Welt ohne Grenzen. Die Einrichtung offener Grenzen bringt zwei der wichtigsten Ziele der Humanisten voran. Das erste ist, durch die Anwesenheit von Millionen von Menschen aus verschiedenen Ländern ein Gegengewicht zum anhaltenden Einfluss der weißen und angeblich rassistischen Kultur zu bilden, die Amerika seit seiner Gründung dominiert hat.

Der zweite Vorteil der unkontrollierten Einwanderung ist, dass Millionen von Menschen am Ende von der Regierung abhängig sein werden – ein großer Segen für diejenigen, die einen sozialistischen Staat anstreben.

Wie wir in einem späteren Kapitel sehen werden, kann der Sozialismus nur durch Abhängigkeit von der Regierung vorangetrieben werden. Wenn man allen, die in unser Land kommen, kostenloses Wohnen, kostenlose Gesundheitsversorgung und andere Gratisleistungen bietet, werden solche Menschen immer für diejenige politische Partei stimmen, die die meisten staatlichen Anreize verspricht. All dies wird unter dem Vorwand des Mitgefühls und der Gerechtigkeit verkauft.

Natürlich wird, wie zu erwarten, so gut wie nichts über die Banden, den Drogenhandel, das Geschäft mit dem Sex und die Kriminellen gesagt, die über die offenen Grenzen in unser Land kommen. Ohne Grenzkontrollen als Abschreckung, die mit harten Strafen durchgesetzt werden, werden wir zu Gastgebern für Menschen, die unsere Freundlichkeit ausnutzen. Im Gegenzug halten die Kriminellen, die illegal in unser Land kommen, die Kriminalität aufrecht und sind Parasiten unserer Zivilisation. Und sie schädigen den Ruf der legalen, hart arbeitenden Einwanderer, die wir gerne in Amerika willkommen heißen. Eine vernünftige Politik der legalen Einwanderung ist längst überfällig.

Nebenbei bemerkt: Ich weise den Gedanken von mir, dass diejenigen von uns, die an sichere Grenzen glauben, rassistisch sind und es ihnen an Mitgefühl mangelt. Wir heißen gerne die Mutter willkommen, die mit einem Baby in ihren Armen zu uns kommt (im Gegensatz zu den fanatischen Befürwortern offener Grenzen, die entschlossen sind, uns als gefühllos darzustellen). Ich wünschte, wir könnten alle verzweifelten Mütter und Kinder der Welt aufnehmen, obwohl das unmöglich ist. Aber ohne wirksame Grenzkontrollen haben wir faktisch unser Land verloren. Die langfristigen Folgen sind verheerend.

Aber an diesem Punkt sind wir angelangt.

Unsere Berufung und unser Privileg ist es, in diesem turbulenten Abschnitt der Geschichte Christus zu repräsentieren.

Aus der Geschichte lernen

Schwierige Fragen, keine einfachen Antworten.

Was tun wir als Christen, wenn die Geschichte unseres Landes umgeschrieben oder gar ausgelöscht wird? Und wie reagieren wir, wenn der kulturelle Boden unter uns ins Wanken gerät? Unsere Berufung und unser Vorrecht ist es, in diesem turbulenten Abschnitt der Geschichte Christus zu repräsentieren.

Wir werden mit Fragen konfrontiert: Werden wir uns aufrichtig mit unserer Vergangenheit auseinandersetzen? Oder werden wir nur auf das reagieren, was um uns herum geschieht? Werden wir noch Freiheit genießen, oder werden wir gezwungen sein, uns den unerhörten Forderungen der Radikalen zu beugen? Was für ein Land wollen wir unseren Kindern und Enkeln vererben? Wird Amerika weiterhin ein Leuchtturm der Hoffnung und Freiheit für die Welt sein?

Lassen Sie mich Arthur Schlesingers Bemerkung wiedergeben, dass ein Mensch, der sein Gedächtnis verliert, nicht weiß, wer er ist.

Wenn eine Nation ihre Geschichte verliert, wird sie zu dem, was die Leute behaupten, dass sie ist. Und normalerweise gewinnen die lautesten und wütendsten Stimmen.

Dies ist nicht der Zeitpunkt für uns, die negativen Abschnitte unserer Geschichte zu leugnen und ein Bild zu malen, das die Sünden der Vergangenheit und den Rassismus ignoriert. Wir können aus der Geschichte lernen, ohne dass wir sie zerstören müssen. Amerika hat bewiesen, dass es bereit ist, aus seiner Geschichte zu lernen. Wie viele Kinder werden in unseren Schulen eine bessere Ausbildung erhalten, weil Geschäfte geplündert und Denkmäler zerstört wurden? Inwiefern wird die Opioid-Sucht, an der jedes Jahr mehr als 70.000 Menschen sterben, besser bekämpft, wenn die Statuen der Konföderierten in unserer Hauptstadt entfernt werden – wie einer unserer Kongressabgeordneten vorgeschlagen hat? Diese Denkmäler sind ein Teil unserer Geschichte und sollten als Möglichkeit dazu dienen, uns sowohl zu warnen als auch zu lehren: das Gute und das Schlechte.

Wir müssen den Radikalen auch einige Fragen stellen. Wie werden wir die Kriminalität in Schach halten, wenn wir die Polizei abschaffen? Das ist keine theoretische Frage. Hier eine Schlagzeile: „Tödliches Wochenende in Seattle, Chicago, Minneapolis, während New York City einen sprunghaften Anstieg von Schießereien meldet."

In dem Artikel heißt es weiter: „Großstädte in den USA meldeten blutige Wochenenden inmitten verstärkter Rufe nach Auflösung von Polizeibehörden im Zuge des Todes von George Floyd im Gewahrsam der Polizei."[30] An diesem Wochenende wurden in Chicago 104 Menschen angeschossen, 15 Menschen wurden getötet.[31]

Natürlich sollten wir die Polizisten aus dem Dienst entfernen, die ihre Macht missbraucht und sich ihres Abzeichens unwürdig erwiesen haben. Diejenigen, die Verbrechen begangen haben, sollten strafrechtlich verfolgt werden. Aber die große Mehrheit der Polizisten verlässt jeden Tag ihr Zuhause und setzt ihr Leben aufs Spiel, um „zu dienen und zu schützen". „Sie sind unsere letzte Verteidigungslinie gegen die Anarchie. Wie sind wir auf die Idee gekommen, dass die Polizeikräfte im ganzen Land die wahren Kräfte der Unterdrückung seien, die Anarchisten jedoch nicht? Am 31. Mai 2020, als Banden Läden plünderten und Unternehmen Millionen von Dollar an Waren verloren, erlebte Chicago sein blutigstes Wochenende seit 60 Jahren. Innerhalb von 24 Stunden wurden 18 Menschen erschossen.[32] Haben die Radikalen eine Lösung für das wachsende Problem der innerstädtischen Kriminalität?

Sind nicht ALLE schwarzen Leben wichtig?

Wir befinden uns in einer Krise. Amerika kann der Welt keine Hoffnung mehr geben, wenn wir keine gemeinsamen Grundwerte haben. Die Art von geordneter Freiheit, die wir genießen, kann nur aufrechterhalten werden, wenn die Amerikaner im Großen und Ganzen ein tugendhaftes Volk sind. John Adams, der zweite Präsident der Vereinigten Staaten, warnte 1798 in einer Rede vor denen, die „die Sprache der Gerechtigkeit und Mäßigung" sprechen, während sie „Ungerechtigkeit und Extravaganz" praktizieren, und er beendete seine Rede mit dieser berühmten Aussage: „*Geiz, Ehrgeiz, Rache oder Todesmut würden die stärksten Stricke unserer Verfassung zerreißen, wie ein Wal durch ein Netz geht. Unsere Verfassung wurde nur für ein moralisches und gläubiges Volk gemacht. Sie ist völlig unangemessen für die Regierung irgendeines anderen Volkes.*"[33]

Der radikale Säkularismus mit seinen illusionären Versprechungen wird immer versuchen, Meinungsfreiheit und freie Religionsausübung zu beseitigen. „Männer kämpfen für die Freiheit", sagt D. H. Lawrence, „und gewinnen sie unter gewaltigen Anstrengungen. Ihre Kinder, unbeschwert aufgewachsen, lassen sie wieder entgleiten, arme Narren. Und ihre Enkelkinder sind wieder Sklaven."[34]

Wenn wir uns von der Freiheit verabschieden, heißen wir die Tyrannei willkommen. Aber was ist mit der Gemeinde? Laufen wir weg und verstecken uns?

Amerika, die Gemeinde und unsere Zukunft

Dies ist definitiv nicht der Zeitpunkt, Amerika den Radikalen zu überlassen. Gott hat uns mitten in diese Zeit hineingestellt; und es gilt, eine hohe moralische Position einnehmen und mit Martin Luther zu sagen: „Hier stehen wir; wir können nicht anders!"

Die Bibel lehrt uns als Christen, unsere Feinde zu lieben (Matthäus 5,44); und wie jemand darauf hingewiesen hat, bedeutet das, auch unsere ideologischen Feinde lieben zu müssen. Im Zorn um sich zu schlagen entfacht nur noch mehr Zorn. Wir müssen bedenken, dass bei manchen Menschen die Emotionen Oberhand über Vernunft und Höflichkeit gewinnen, sodass es schwierig sein könnte, ein vernünftiges Gespräch über diese Themen zu führen.

Und ja, wir sollten Menschen respektieren, die anderer Meinung sind als wir. Wir müssen diese Meinungsverschiedenheiten nutzen, um unsere eigenen Argumente und Deutungen der Geschichte zu bewerten; wir brauchen die Demut, zuzugeben, dass wir mit einigen unserer Sichtweisen falsch liegen könnten. Wir müssen auch denen zuhören, die behaupten zu versuchen, die Welt besser zu machen, wenn auch auf eine Weise, die wir als destruktiv ansehen. Und so sehr wir mit ihren Ansichten auch nicht konform gehen, so müssen wir doch mutig, aber auf andere Weise voranschreiten; wir müssen für die Wahrheit einstehen, aber dürfen nicht vor den Verleumdungen kapitulieren, die wir zu erwarten haben. Wir müssen für die Freiheit kämpfen, uns aber gleichzeitig daran erinnern, dass „eines Mannes Zorn … nicht Gottes Gerechtigkeit" wirkt (Jakobus 1,20).

Das heißt, wir können nicht danebenstehen und vor den Radikalen kapitulieren, aus Angst, als Rassisten bezeichnet zu werden. Die Schlagzeile „Pastoren geloben, ihre Gemeindehäuser zu ‚verteidigen' und ‚nicht zuzulassen, dass das christliche Erbe ausgelöscht wird'"[35] hat mich ermutigt und zugleich traurig gemacht. Ich war einerseits erfreut, dass sich die Pastoren in Seattle zusammengeschlossen hatten, um ihre Gemeinden zu verteidigen; ich war andererseits traurig bei dem Gedanken, dass eine solche Schlagzeile jemals in Amerika erscheinen konnte.

Der Artikel erklärte, dass Brian Gibson, Pastor und Gründer der *Peaceably Gather*-Bewegung, sich mit anderen Pastoren über rassische Grenzen hinweg getroffen hat, um ein Zeichen zu setzen: „Der Aufruf der *Black Lives Matters*-Aktivisten, Bilder von Christus zu zerstören und Gemeindehäuser zu verwüsten, ist nichts weniger als eine terroristische Bedrohung für gläubige Menschen ... Christen in ganz Amerika müssen gegen diese gewalttätige religiöse Diskriminierung aufstehen, um heiligen Boden zu schützen." Pastor Kedrick Timbo vom *Evangel World Prayer Center* in Louisville pflichtete dem bei und sagte: „Als nächstes werden sie auf die Kreuze losgehen."[36]

Die Pastoren plädieren übereinstimmend dafür, jeden, der ihre Gemeindehäuser demoliert, strafrechtlich zu verfolgen. Sie sind sich klar darüber, dass sie riskieren, als Rassisten bezeichnet zu werden, wenn sie die Polizei rufen – und ich bin sicher, dass sie letzteres tun werden, wenn es notwendig ist. Wir beten, dass in Amerika keine Zeit kommt, in der die Menschen (einschließlich der Pastoren und ihrer Gemeinden), ihr Eigentum verteidigen müssen. Wir können dankbar sein, dass einige der Anarchisten und Demonstranten, die hinter den Unruhen in der Folge von George Floyds Tod stecken, mit Verspätung vor Gericht gestellt werden, während ich diese Zeilen schreibe. Aber Hunderte weitere werden niemals für ihre Verbrechen belangt werden.

Wie sollten wir als Christen auf all das reagieren, wenn uns das spaltet?

Als Glaubensgeschwister müssen wir die berechtigten Sorgen unserer schwarzen Brüder und Schwestern von den Behauptungen der Radikalen trennen, die sich die Proteste unter den Nagel gerissen haben und versuchen, unsere Geschichte zu zerstören. Wir müssen sorgfältig darauf hören, auf welche Weise Säkularisten unsere Geschichte deuten und Differenzen von Glaubensbrüdern im Licht der biblischen Wahrheit diskutieren, während wir nach der Einheit streben, die wir in Christus haben.

Dies ist die Zeit, die multinationale Gemeinschaft widerzuspiegeln, zu der Gott uns berufen hat.

Viele Bücher sind schon über die Aussöhnung zwischen den Rassen geschrieben worden, daher ist es nicht meine Absicht, mich hier damit zu befassen. Aber die Gemeinde *muss* auf dem Weg zur Versöhnung vorangehen und nicht vor ihr weglaufen. Mir gefällt, was Eric Mason, der Gründer und Pastor der *Epiphany Fellowship* in Philadelphia, geschrieben hat: „Wir müssen nicht alle gleich aussehen. Es liegt Schönheit in den Variationen unserer Hautfarbe. Aber wir können uns darüber freuen, dass wir in unserem Inneren alle versuchen, wie dieselbe Person auszusehen. Wir versuchen alle, auszusehen wie unser älterer Bruder Jesus, weil wir eine Familie sind; und wir sind heilig."[37]

Ja, der Versuch, wie unser älterer Bruder Jesus zu sein, ist nicht einfach. Er beinhaltet Zuhören, Verstehen, Umkehren und Handeln. All das ist unser Privileg und unsere Berufung.

In der Geschichte war es häufig so,
dass die Gemeinde inmitten der Opposition
und Verfolgung, die in einer zerfallenden Kultur
entstehen, gediehen ist.

Aber wie sollen wir die großen Fragen über den Werdegang unserer Nation und die Zerstörung unserer Geschichte beantworten? Wir müssen hier zum Fundament zurückkehren.

„Wenn die Grundfesten eingerissen werden, was soll der Gerechte tun?" (Psalm 11,3; Schlachter 2000).

Zuerst ein Wort der Hoffnung, dann eine dringende Warnung.

Das Wort der Hoffnung ist, dass wir neu lernen müssen, was wir bereits wissen: Die Gemeinde Jesu Christi wurde nicht auf der Verfassung der Vereinigten Staaten von Amerika aufgebaut. Die Gemeinde wurde 18 Jahrhunderte vor der Verfassung und der *Bill of*

Rights ins Leben gerufen. Die Gemeinde ist kein Amerikanismus; sie ist nicht auf den Fundamenten unserer Gründerväter aufgebaut – so wichtig deren Beiträge auch sind.

Es besteht kein Zweifel, dass das Christentum in Amerika von den jüdisch-christlichen Wurzeln unserer Nation profitiert hat, aber wir müssen lernen, ohne diese Unterstützung zu überleben. Wenn wir richtig auf die gegenwärtige Lage reagieren, kann die Gemeinde stärker werden, auch wenn unsere kulturellen Stützen schwächer werden. In der Geschichte war es häufig so, dass die Gemeinde inmitten der Opposition und Verfolgung, die in einer zerfallenden Kultur entstehen, gediehen ist.

Als Jesus sagte: „Auf diesem Felsen werde ich meine Gemeinde bauen, und des Hades Pforten werden sie nicht überwältigen" (Matthäus 16,18), befand er sich in Cäsarea Philippi, dem Zentrum der heidnischen Anbetung. Während er also auf heidnischem Boden stand, sagte Jesus voraus, dass er eine multinationale Gemeinde bauen würde. Diese Gemeinde würde weder schwarz noch weiß, weder westlich noch östlich sein. Jesus baute und baut noch immer eine Gemeinschaft, in der sich Kulturen und Rassen unter dem Kreuz begegnen. Wir müssen bewusst zu dem eigenen, unabhängigen Fundament der Gemeinde zurückkehren.

So weit, so gut.

Jetzt die Warnung: Tut Buße, sonst ...

Liegt die Zukunft der Gemeinde allein bei Jesus, bei uns oder bei beiden? Kürzlich war ein Zeitungsartikel mit diese Schlagzeile versehen: „Die Kirche Kanadas könnte bis 2040 verschwinden"[38].

Ja, ein Bericht darüber prognostizierte, dass es in der anglikanischen Kirche in Kanada um 2040 weder Gottesdienstbesucher noch Spender geben werde. Die anglikanische Kirche befindet sich finanziell und zahlenmäßig im freien Fall, und wenn der Trend anhält, wird sie tatsächlich aus dem Land verschwinden.

Wer oder was ist für diesen Niedergang verantwortlich? Vor Jahrzehnten wandten sich große Teile der anglikanischen Kirche vom Evangelium ab und Themen der sozialen Gerechtigkeit zu, um für die Mainstream-Kultur akzeptabler zu werden. Ihre Leiter waren zu anspruchsvoll, um noch an die Wunder der Bibel zu glauben, also wurden diese uminterpretiert, damit sie zur Mentalität der Menschen im zwanzigsten und einundzwanzigsten Jahrhundert passten. Nachdem sie von der Kultur aufgesogen worden war, hatte diese Kirche ihren Mitgliedern nichts Ewiges und Geistliches mehr zu bieten. Es gibt offensichtlich wenig Grund zur Hoffnung, dass sie überlebt.

Aber ein Geistlicher reagierte auf diesen furchtbaren Bericht mit den Worten des ehemaligen Erzbischofs von Canterbury, Rowan Williams, der einmal gesagt hat: „Es ist nicht unsere Sache, die Kirche zu retten." Der Geistliche bemerkte: „Wir sind nur dazu aufgerufen, gute Verwalter dessen zu sein, was uns gegeben wurde. Gott wird tun, was Gott tun wird."[39]

Es ist nicht unsere Aufgabe, die Gemeinde zu retten.

Wirklich?

In gewisser Weise ist diese Stellungnahme völlig zutreffend. Wie angedeutet, hat Jesus die Gemeinde vor 2000 Jahren gegründet, und es ist seine Aufgabe, sie zu retten. Als Gläubiger, der von der Souveränität Gottes überzeugt ist, stimme ich zu, dass nur Gott die Gemeinde retten kann. Sie liegt in seinen Händen, nicht in unseren.

Aber – und das ist entscheidend – wir als Christen spielen eine Rolle in Bezug auf das Überleben und den fortgesetzten Einfluss der Gemeinde Jesu Christi. Bedenken Sie, was Jesus der Gemeinde in Ephesus schrieb – er lobte ihren Einsatz für die Wahrheit, ihre Werke und ihre Ausdauer und fuhr dann fort: „… und du hast Ausharren und hast ⟨vieles⟩ getragen um meines Namens willen und bist nicht müde geworden" (Offb 2,3). Was für ein glänzendes Zeugnis – gute Werke, gute Lehre und Standhaftigkeit dem Druck ihrer Kultur gegenüber! Jeder Gemeindeberater würde ihnen eine 1+ geben.

Doch dann kommt diese Granate:

> Aber ich habe gegen dich, dass du deine erste Liebe verlassen hast. Denke nun daran, wovon du gefallen bist, und tue Buße und tue die ersten Werke! Wenn aber nicht, so

komme ich (zu) dir und werde deinen Leuchter von seiner Stelle wegrücken, wenn du nicht Buße tust. (Offenbarung 2,4-5)

Ich werde kommen und deinen Leuchter entfernen!

Ob ihr Leuchter entfernt wurde oder nicht, hing von ihrer Umkehr ab.

Es war nicht ihre Aufgabe, die Gemeinde zu retten, doch ihr Fortbestand hing davon ab, durch Buße und gute Taten zu ihrer ersten Liebe zurückzukehren. Offensichtlich taten sie das nicht und ihr Leuchter wurde daraufhin entfernt, denn seit vielen Jahrhunderten gibt es keine Gemeinde mehr in Ephesus.

Wir sind in Amerika mit der geordneten Freiheit gesegnet worden, die dazu beigetragen hat, die Gemeinde zu erhalten: eine Regierung, die den Anhängern des Christentums erlaubt hat, ihren Glauben frei auszuüben – ein gemeinsamer Glaube an die verfassungsmäßigen Freiheiten, weit verbreitete und allgemein akzeptierte christliche moralische Werte usw. Wenn aber diese Stützen abgebaut werden, kann die Gemeinde in den Vereinigten Staaten dann ohne sie überleben?

Vielleicht ja. Vielleicht nein.

Wie tragisch, dass in dieser Zeit zunehmender Dunkelheit einige Leuchter noch flackern, während andere ausgeblasen werden. Zu oft ruhen wir uns auf unseren Segnungen in der Vergangenheit aus und sind nicht bereit, von den Werten dieser Welt und unserer Gleichgültigkeit Christus gegenüber umzukehren. Jesus sagte voraus: „Weil die Gesetzlosigkeit überhandnehmen wird, wird auch die Liebe bei den meisten erkalten" (Matthäus 24,12; NeÜ).

Ob wir nur über Buße reden oder tatsächlich Buße tun, hängt davon ab, wie verzweifelt wir über die wankenden Fundamente unter unseren Füßen sind. Sind wir bereit, die Worte Jesu nicht nur zu lesen, sondern sie tatsächlich *zu beherzigen*?

Zu seiner Zeit dachte David schon darüber nach: „Wenn die Grundfesten eingerissen werden, was soll der Gerechte tun?" (Psalm

11,3; Schlachter 2000). Zum Glück beantwortet er seine eigene Frage im nächsten Vers: „Der Herr ist in seinem heiligen Tempel. Der Thron des Herrn ist im Himmel; seine Augen spähen, seine Blicke prüfen die Menschenkinder. Der Herr *prüft* den Gerechten" (Verse 4-5b, Hervorhebung durch den Autor).

Gott behält die Kontrolle, auch wenn er die Gerechten *prüft*. Wenn wir die Prüfung bestehen, kann unser Leuchter wieder angezündet werden und einer verwirrten Nation den Weg zurück zu Gott und zur Vernunft zeigen. Aber der Preis dafür ist eine anhaltende Buße und persönliche Opferbereitschaft. Und das könnte mehr sein, als einige von uns zu zahlen bereit sind.

Auch wenn wir sehen, dass große kulturelle Umwälzungen stattfinden, sollten wir wissen, dass das Reich Gottes unerschütterlich bleibt.

Augustinus liebte die Stadt Rom. Als ihm gesagt wurde, dass Vandalen sie verwüstet hatten, soll er gesagt haben: „Was immer Menschen bauen, werden Menschen zerstören. Lasst uns also weiter an Gottes Reich bauen." Auch wenn wir sehen, dass große kulturelle Umwälzungen stattfinden, sollten wir wissen, dass das Reich Gottes unerschütterlich bleibt.

Gott fordert uns auf, gemeinsam mit ihm zu unserer ersten Liebe zurückzukehren und viele Leuchter in unserem Land anzuzünden. Wir müssen fleißig bleiben, um die Gemeinde als einen Leuchtturm zu erhalten, der in der Dunkelheit des heutigen Säkularismus und Humanismus leuchtet. Wenn wir uns in Demut und Glauben zu den Füßen Christi niederwerfen und ihm mit neuem Mut gehorchen, dann wird unser Leuchter bestehen bleiben und nicht entfernt werden.

Das eine Fundament der Gemeinde
ist Jesus Christus, ihr Herr;

sie ist seine neue Schöpfung
durch Wasser und das Wort:
Vom Himmel kam er und suchte sie,
Damit sie seine heilige Braut sei;
Mit seinem eigenen Blut hat er sie erkauft,
damit sie Leben habe, ist er gestorben.[40]

Es ist nicht unsere Aufgabe, die Gemeinde zu retten. Aber ohne Umkehr und Opfer könnte unser Leuchter entfernt werden. Die Geschichte bestätigt, dass dies schon oft der Fall war.

Corrie ten Boom sagte: „Das Wunderbare am Beten ist, dass man eine Welt der Unfähigkeit verlässt und Gottes Reich betritt, in dem alles möglich ist."[41]

Ein Gebet, das wir alle beten müssen

Unser Vater, wir kommen heute zu Dir im Namen Jesu. Wir bitten um Erbarmen und Gnade. Wir danken Dir, dass Josaphat, als ihm gesagt wurde, dass ein großes Heer auf ihn zukomme, „sein Angesicht darauf [richtete], den HERRN zu suchen. Und er rief ein Fasten aus in ganz Juda" (2. Chronik 20,3).

Lehre uns, Dein Angesicht zu suchen im Namen unserer Gemeinden und unseres Landes. Hilf uns, Vorreiter der Versöhnung und Hoffnungsträger in einer Zeit des Streits und der Konflikte zu sein. Bewirke, dass wir unseren großen Bedarf an Umkehr und Weisheit erkennen. Wir wissen, dass hinter den Kulissen der Geschichte kosmische Kämpfe zwischen Gut und Böse, Gott und Satan ausgetragen werden. Wir räumen unsere Abhängigkeit von Dir ein, und wie Josaphat bekennen wir: „Denn in uns ist keine Kraft vor dieser großen Menge, die gegen uns kommt. Wir erkennen nicht, was wir tun sollen, sondern auf dich sind unsere Augen ⟨gerichtet⟩" (Vers 12).

Wir danken Dir, dass Du Josaphat und seinem Volk, nachdem sie gefastet und gebetet hatten, die Zusicherung gegeben hast: „Fürchtet euch nicht und seid nicht niedergeschlagen vor dieser großen Menge! Denn der Kampf ist nicht eure ⟨Sache⟩, sondern Gottes!" (Vers 15b). Als sie Dir Loblieder sangen, hast Du Deinem Volk Befreiung geschenkt. Hilf uns, der Zukunft mit Optimismus und Freude entgegenzusehen, denn wir sind Dein.

Wir beten, dass Deine Gemeinde, die aus allen Rassen und Hintergründen besteht, sich darin vereint, Dein Lob zu singen und Deinem Namen zu danken. Lehre uns, einander zu lieben und die Einheit zu zeigen, für die unser Erlöser gebetet hat.

Lass uns heute nicht von den Sünden anderer überwältigt werden, sondern von unseren eigenen Sünden, von dem, was wir nötig haben, und von unserem Versagen. Lass uns das Gebet nicht als Ausrede benutzen, sondern lass uns mit Autorität und Zuversicht sprechen – und unseren Herausforderern mit einem offenen Ohr begegnen.

Lass uns zuhören, lernen und aufrecht stehen!

In Jesu Namen, Amen.

KAPITEL 3

Vielfalt nutzen , um zu spalten und zu zerstören

Lösen Sie Probleme nicht – nutzen Sie sie!

So beschrieb ein Mitarbeiter von Saul Alinsky die Philosophie des berühmten radikalen *Community Organizers* in Chicago. Alinsky ist der Autor des Buches *Rules for Radicals,* das er „Luzifer ... dem ersten Radikalen ... widmete, der sich gegen das Establishment auflehnte und dies so effektiv, dass er zumindest sein eigenes Königreich gewann."[1] Alinsky starb 1976, aber sein Handbuch wird immer noch von der radikalen Linken in ihrem Bestreben, Amerika grundlegend umzuwälzen, befolgt.

Ich lernte zufällig einen von Alinskys Mitarbeitern kennen, als meine Frau und ich in Colorado Urlaub machten. In den frühen 1970er Jahren schloss sich dieser Mann Alinsky mit dem Wunsch an, verarmten Gemeinden in Chicago zu helfen. Er sagte uns, dass Alinsky alle derartigen Pläne blockierte, weil er solche Probleme als Gelegenheit sah, seine politischen und wirtschaftlichen Ziele durchzusetzen.

Gemäß David Horowitz würden Gemeindeorganisationen, wenn Alinsky sie fragte, warum sie sich ihm anschlössen, antworten: „… um den Armen und Unterdrückten zu helfen."

Dann würde Alinsky protestieren: „Nein! Ihr wollt für euch nur die Macht gewinnen!" Alinsky stimmte mit der linken Organisation *Students for Democratic Society* überein, die behauptete: „Das Thema ist nie das eigentliche Thema. Das Thema ist immer die Revolution!"[2]

Hören wir uns das in Saul Alinskys eigenen Worte an:

Ein Organisator muss Unzufriedenheit und Unmut schüren ... Er muss ein Verfahren entwickeln, das für die zugrundeliegende Schuld, die bisherige Situation so lange akzeptiert zu haben, Entlastung schafft. Aus diesem Verfahren heraus entsteht dann eine neue Gemeinschaftsorganisation.[3]

Unzufriedenheit schüren. Probleme ausnutzen. Schuldgefühle erzeugen.

Alinsky machte keinen Hehl daraus, dass er ein überzeugter Marxist war, der glaubte, dass der Konflikt zwischen den Unterdrückten und den Unterdrückern dauerhaft, endlos und ohne zufriedenstellende Lösung sein müsse – es sei denn, es gäbe eine Revolution, die die „Gleichheiten" eines marxistischen Staates herbeiführt. Er sprach von dem, was man als „das Paradies des Kommunismus" bezeichnen könnte.

Für Karl Marx bestand der Konflikt vor allem zwischen den Kapitalisten und dem Proletariat, den Reichen und den Armen. Alinsky sah diesen Konflikt nicht nur in Bezug auf wirtschaftliche Verhältnisse, sondern auch in Bezug auf Rassenunterschiede. Rassismus würde benutzt werden, um die von ihm angestrebte Revolution zu schüren. So geht es beim Ruf nach Veränderung nie wirklich um Rasse, Geschlecht oder wirtschaftlichen Status, sondern um Revolution – und um *Macht*.

Vorhin habe ich darauf hingewiesen, dass die Unruhen, die nach dem tragischen Mord an George Floyd durch einen Polizisten aus Minnesota folgten, gezeigt haben, dass es für einige nicht um Rasse oder gar Polizeibrutalität ging. Die Banden, die die Läden plünderten und riefen: „Keine Gerechtigkeit, kein Frieden!", folgten einfach dem Diktum von Saul Alinksy, dass die Rasse der Vorwand und die Macht das Ziel sei. Und Tausende von aufrichtigen Menschen beugten ihr Knie, um ihre Solidarität gegen Rassismus auszudrücken, wahrscheinlich ohne sich der größeren zerstörerischen Agenda hinter den Krawallen bewusst zu sein.[4]

Es gab eine Zeit, in der die Versöhnung der Rassen eine Suche nach einer gemeinsamen Basis war, ein Bemühen um Verständnis zwischen den Rassen, eine Minimierung unserer Unterschiede und eine Konzentration auf unsere Gemeinsamkeiten und gemeinsamen Verpflichtungen. Wir glaubten, dass durch die Einbeziehung der verschiedenen ethnischen und rassischen Gruppen der Gesellschaft in Unternehmen, Bildungseinrichtungen und Gemeinden Fortschritte gemacht wurden. Wir verpflichteten uns, einander zu respektieren.

Gott liebt die Vielfalt, besonders wenn sie zu einem Mosaik der Einheit in Christus zusammengefügt wird.

In der *Moody Church* in Chicago, wo ich 36 Jahre lang als Seniorpastor diente, waren wir dankbar, dass jeden Sonntagmorgen mehr als 70 Herkunftsländer in der Gemeinde vertreten waren. Wir wussten immer, dass wir nicht dort waren, wo wir sein wollten, aber wir waren auf dem Weg dahin. Die *Moody Church* ist weiterhin eine Gemeinde, die die Vielfalt unserer Stadt widerspiegelt. Wir freuen uns auf den Tag, an dem alle das Lamm Gottes preisen werden: „Denn du bist geschlachtet worden und hast durch dein Blut ⟨Menschen⟩ für Gott erkauft aus jedem Stamm und jeder Sprache und jedem Volk und jeder Nation" (Offenbarung 5,9b).

Gott liebt die Vielfalt, besonders wenn sie zu einem Mosaik der Einheit in Christus zusammengefügt wird. Feindschaft gegenüber der anderen Rasse und ethnische Feindseligkeit sind sündhaft und leugnen die angeborene Würde aller Menschen, und sie ist besonders sündhaft innerhalb des Leibes Christi. Wir als Christen sollten an vorderster Front stehen, wenn es darum geht, der Einheit inmitten der Vielfalt Vorrang zu geben; und wir sollten auf Liebe und Akzeptanz hinarbeiten, statt auf Spaltung der Rassen und Misstrauen gegeneinander.

Aber trotz der vielen Fortschritte, die in den letzten ein oder zwei Generationen erzielt wurden, wächst die Kluft zwischen den Rassen in Amerika immer noch, statt kleiner zu werden. Sicherlich ist ein

Grund dafür die verschärfte politische Rhetorik in unserem nationalen Diskurs. Wir sind betrübt über die Beschimpfungen, die Verzerrungen und die hitzigen Anschuldigungen auf allen Seiten des politischen Spektrums. Einige Politiker werden nicht von Vernunft und Höflichkeit angetrieben, sondern von ihrem Ego und von Parolen. Ein weiterer Hauptgrund für die wachsende Kluft zwischen den Rassen ist die weit verbreitete Akzeptanz des kulturellen Marxismus, der die Spaltung anstelle der Einheit vorantreibt.

Obwohl der Kommunismus in jedem Land, in dem er eingeführt wurde, scheiterte, ist dennoch die marxistische Vision einer Gesellschaft, in der alle Männer und Frauen per Gesetz gezwungen sind, „gleich" zu sein, nicht gestorben. In Amerika wurde dies in *soziale Gerechtigkeit* und *politische Korrektheit* umgetauft. Wir können sogar die Worte *Vielfalt* und *Gleichheit* hinzufügen. Diese Begriffe wurden vor den Karren gespannt, um sicherzustellen, dass der Konflikt zwischen den Rassen ohne jede Hoffnung auf eine sinnvolle Versöhnung fortgesetzt wird.

Wir leben in einer Generation, die als „aufgewacht" bezeichnet wird. Für die einen ist das ein positiver Begriff, der bedeutet, dass man aufgeklärt ist und versteht, wie Geschichte, Rassismus und Wirtschaft zusammenspielen, um die Ungerechtigkeiten in unserer Gesellschaft zu erklären. Für andere bedeutet es, dass sie fast überall Aspekte der Unterdrückung sehen, sogar in streng wissenschaftlichen Disziplinen wie der Mathematik. Ungerechtigkeit und Unterdrückung sind allgegenwärtig, sogar in unserem Treuegelöbnis (*Pledge of Allegiance*).

Um sicher zu gehen, dass wir verstehen, worum es hier geht, wollen wir das Konzept von Gleichheit genauer betrachten.

Die vielen Gesichter der Gleichberechtigung

Ein guter Ausgangspunkt ist dieser oft zitierte Text von Thomas Jefferson aus der Präambel der Unabhängigkeitserklärung: „Wir halten diese Wahrheiten für selbstverständlich, dass alle Menschen gleich geschaffen sind."[5] Abraham Lincoln wiederholte diese Worte in seiner berühmten Gettysburg-Ansprache, in der er sagte, dass diese Nation „in Freiheit entworfen wurde und der Grundannahme gewidmet ist, dass alle Menschen gleich geschaffen sind."[6] Alle Menschen sind mit gleichem Wert vor Gott geschaffen und haben Anspruch auf Leben, Freiheit und das Streben nach Glück.

Einige behaupten jedoch, dass *Gleichheit* bedeute, dass wir Gleichheit in allen Aspekten des Lebens anstreben und Überredungskraft, Gesetze, Einschüchterung und Beschämung einsetzen sollten, um sie zu erreichen. Aber weder Jefferson noch Lincoln vertraten die Ansicht, dass alle Menschen in Bezug auf Fähigkeiten, Bildung, Chancen, Einkommen usw. gleich sein sollten. Sie glaubten an die Gleichheit in Bezug auf die gottgegebenen Rechte – nämlich Leben, Freiheit und das Streben nach Glück. Gleichheit im Wert vor Gott, ja; Gleichheit von Begabung, Ideenreichtum, Intelligenz und Einkommens, nein.

Heute wird das Wort *Gleichheit* auf jede erdenkliche soziale Komponente angewendet. Wir haben „Ehegleichheit" (gleichgeschlechtliche Ehe), „wirtschaftliche Gleichheit" (Sozialismus), „Gleichheit, was Fortpflanzung betrifft" (Recht auf Abtreibung), und „Gleichheit im Gesundheitswesen" (kostenlose/soziale Gesundheitsfürsorge), „Gleichheit der Geschlechter" (rechtlicher Schutz für Trans-Personen); und das positive Ziel der „Rassengleichheit", das jedoch sorgfältig definiert werden muss.

Der *Hallmark Channel* zeigte einen Werbespot mit zwei Frauen, die sich küssen, und zog ihn dann zurück, als die Zuschauer mit Kritik reagierten. Doch als die Werbung zurückgezogen wurde, kam eine Gegenreaktion von der LGBTQ-Lobby. Die Firma, deren Werbung zurückgezogen wurde, bestand darauf, dass alle Küsse und

Paare gleichwertig seien – und stoppte ihre komplette Werbung beim *Hallmark Channel*. *Hallmark* machte seine Entscheidung schließlich rückgängig.[7] Nach Ansicht der Säkularisten macht „Gleichheit" so etwas erforderlich. Vielleicht noch besorgniserregender ist, dass das Gleichstellungsgesetz (equality act), das 2019 vom Repräsentantenhaus, aber noch nicht vom Senat verabschiedet wurde, einen zerstörerischen Angriff auf die Religionsfreiheit bei Einstellungsverfahren bedeutet; und Trans-Jungen erlaubt es, die Toiletten von Mädchen zu benutzen und umgekehrt.[8]

Lassen Sie mich wiederholen, dass Gott alle Männer und Frauen nach seinem Ebenbild geschaffen hat und sie daher gleichwertig sind. Aber in der Heiligen Schrift haben Männer und Frauen unterschiedliche Positionen und Rollen in der Welt.

Gott verteilt Segnungen und Gunst nicht gleichmäßig. Gott hat Hammurabi nicht so behandelt wie Abraham. Er behandelte die Assyrer nicht so, wie er die Juden behandelte. Jesus hatte zwölf Jünger, gab aber drei von ihnen besondere Privilegien (nur Petrus, Jakobus und Johannes waren mit ihm auf dem Berg der Verklärung, und nur diese drei waren eingeladen, mit ihm in Gethsemane zu beten). Bestimmte Arten von Ungleichheit sind in die Natur der Welt und in der menschlichen Natur eingebaut.

Was die Bibel *sehr wohl* lehrt, ist die gleiche Verantwortung auf der Grundlage der Gaben und Talente, die uns gegeben sind. „Jedem aber, dem viel gegeben ist – viel wird von ihm verlangt werden" (Lukas 12,48b). Größere Gaben bedeuten größere Verantwortung. „Werdet nicht viele Lehrer, meine Brüder, da ihr wisst, dass wir ein schwereres Urteil empfangen werden!" (Jakobus 3,1). Und weiter: „Denn wer gibt dir einen Vorrang? Was aber hast du, das du nicht empfangen hast? Wenn du es aber auch empfangen hast, was rühmst du dich, als hättest du es nicht empfangen?" (1. Korinther 4,7).

Jesus erzählte ein Gleichnis, in dem ein Mann auf eine Reise ging und sein Vermögen drei verschiedenen Verwaltern anvertraute. „Und einem gab er fünf Talente, einem anderen zwei, einem anderen eins, einem jeden nach seiner eigenen Fähigkeit" (Matthäus 25,15).

Der Mann mit den fünf Talenten und der Mann mit den zwei Talenten verdoppelten jeweils ihre Investitionen, und ihren Herr sagte ihnen nach seiner Rückkehr: „Recht so, du guter und treuer Knecht! Über weniges warst du treu, über vieles werde ich dich setzen; geh hinein in die Freude deines Herrn" (Verse 21.23). Aber derjenige, dem *ein* Talent gegeben worden war, weigerte sich, es zu investieren. Stattdessen verbarg er es in der Erde und war nicht bereit, das ihm Anvertraute zum Wohle seines Herrn zu verwenden. Der Herr wurde zornig und sprach zu ihm: „Böser und fauler Knecht! [...] So solltest du nun mein Geld den Wechslern gegeben haben, und wenn ich kam, hätte ich das Meine mit Zinsen erhalten" (Verse 26-27). Der Rest der Geschichte ging nicht gut für den faulen Knecht aus, und er wurde hart bestraft.

Jesus erwartete nicht, dass der Mann mit dem einen Talent fünf Talente gewinnt; er hätte, wie die anderen, die Investition einfach verdoppeln sollen. Gottes Fairness ist nicht in der Verteilung von Talenten zu sehen, sondern in der Erwartung unserer Treue im Umgang mit dem, was wir haben. Wir werden für das beurteilt, was wir *haben;* wir werden nicht für das beurteilt, was wir nicht haben.

Den Juden wurden Privilegien gegeben, die die Heiden nicht hatten; aber mit diesen Privilegien einhergehend waren sie auch verantwortlich, ein Licht für andere Nationen zu sein. Sie versagten, und dafür wurden sie verurteilt. Die Privilegierten haben eine Verantwortung, denen zu helfen, die weniger privilegiert sind. Wenn sie das nicht tun, sind sie vor Gott dafür verantwortlich. Wir sollten jedoch nicht in der Illusion leben, dass wir jemals Gleichheit in Bezug auf Einkommen, Lebensstil oder Leistungen erreichen werden.

Marx bestand auf der Gleichheit von Einkommen, Status und Macht durch staatliche Kontrolle. Dies ist der Traum der Utopisten, die weder die Geschichte noch die menschliche Natur verstehen. Aber Freiheit erfordert die Ungleichheit der Ergebnisse und Leistungen. Theorien über die Auferlegung wirtschaftlicher Gleichheit lassen Erfindungsreichtum, Vererbung und Begabung unberücksichtigt.

Jahre bevor die Sowjetunion zusammenbrach, besuchten meine Frau und ich ein kommunistisches Land, in dem jeder im Wesentlichen den gleichen Lohn erhielt. Ärzten wurde nur ein wenig mehr bezahlt als denjenigen, die die Räumlichkeiten des Krankenhauses reinigten. Dank staatlicher Kontrolle hatten alle die gleichen Einkommen. Muss man sich darüber wundern, dass es in diesem Land einen Ärztemangel gab? Wie Winston Churchill sagte: „Das Laster des Kapitalismus ist die ungleiche Verteilung des Reichtums. Die Tugend des Sozialismus ist die gleichmäßige Verteilung des Elends."[9]

In den Vereinigten Staaten lehren viele Universitätsprofessoren, dass jeder gleich belohnt werden müsse, unabhängig von seinen Leistungen. Einige Pädagogen wehren sich sogar gegen die Durchführung von Prüfungen, weil diejenigen, die durchfallen, als weniger gleichwertig angesehen werden als diejenigen, die erfolgreich sind. Und wenn Sie nicht so erfolgreich sind wie andere, wird ihnen gesagt, dass es nicht ihre Schuld sei, weil sie ein Recht auf Gleichheit haben. Der Erfolg, den jemand hat, wird angeblich auf Kosten des Anderen errungen.

Die Theorie besagt: Weil alle Menschen von Natur aus gleich sind, kann ich nur deshalb arm sein, weil jemand anderes auf meine Kosten reich gemacht wurde. Wenn ich nicht erfolgreich bin, liegt die Verantwortung bei denen, die mich unterdrücken.

Es trifft zu, dass es Unterdrückung gibt und dass viele Minderheiten einen höheren (und manchmal unmöglichen) Berg zu erklimmen haben. Deshalb sollten wir als Christen die Unterdrückten mit Nachdruck verteidigen und für Chancengleichheit eintreten. Aber *Chancengleichheit* kann keine Gleichheit in den *Ergebnissen* garantieren.

Jude Dougherty, emeritierter Dekan der Philosophischen Fakultät der *Catholic University*, lag richtig, als er sagte: „Männer unterscheiden sich in Stärke, Intelligenz, Ehrgeiz, Mut, Ausdauer und allem anderen, was zum Erfolg führt. Es gibt keine Methode, die Menschen sowohl frei als auch gleich zu machen."[10]

Es gibt keine Methode, die Menschen sowohl frei als auch gleich zu machen.

Wie wir sehen werden, haben wir als Christen die Verantwortung, für Gesetze zu kämpfen, die gerecht sind, und denen zu helfen, die unterdrückt werden. Aber wir sollten nicht vom Staat erwarten, dass er eine künstliche Gleichheit durchsetzt, die unsere Freiheiten erstickt (in einem späteren Kapitel über den Sozialismus werden wir das ausführlicher diskutieren). Wir sollten auch nicht die vielen verschiedenen Arten von erzwungener Gleichheit befürworten, die der Säkularismus fordert.

Die Suche nach sozialer Gerechtigkeit

Wenn Ihnen jemand sagt, dass er sich für soziale Gerechtigkeit einsetzt, müssen Sie nachfragen, was genau er damit meint. Wir dürfen nicht zu schnell urteilen, sondern müssen „schnell sein zum Hören und langsam zum Reden" (vgl. Jakobus 1,19). Definiert er soziale Gerechtigkeit so, sich für die Armen einzusetzen, den Kranken zu helfen, den Ausgegrenzten eine Stimme zu geben und sich für Chancengleichheit einzusetzen? Dazu ist jeder Christ verpflichtet. Das Streben nach Gerechtigkeit wird in der Heiligen Schrift wiederholt gelehrt, besonders in Bezug auf die Witwen, auf solche, die Ungerechtigkeit erleiden, und auf die Armen. Der barmherzige Samariter ging über die Gerechtigkeit hinaus und übte Barmherzigkeit.

Streng genommen schuldete er dem verwundeten Mann weder Zeit noch Geld, dennoch war er in beiderlei Hinsicht großzügig und wurde für seine Barmherzigkeit gelobt (siehe Lukas 10,37). Als Christen sollten wir über die Gerechtigkeit hinausgehen und den Bedürftigen Barmherzigkeit erweisen, auch wenn es uns persönlich viel kostet.

Biblisch gesehen bedeutet Gerechtigkeit, dass wir auf Gleichheit vor dem Gesetz bestehen – dass wir uns der Unterdrückung widersetzen und uns auf die Seite der Bedürftigen und Armen stellen (siehe Jesaja 10,1-2). Martin Luther King Jr. gab uns in seinem „Brief aus dem Birmingham-Gefängnis" eine prägnante Definition eines gerechten Gesetzes. Er schrieb: „Wie kann man feststellen, ob ein Gesetz gerecht oder ungerecht ist? Ein gerechtes Gesetz ist ein von Menschen gemachtes Gesetz, das mit dem moralischen Gesetz oder dem Gesetz Gottes übereinstimmt. Ein ungerechtes Gesetz ist ein Kodex, der nicht im Einklang mit dem moralischen Gesetz steht. Um es mit den Worten Thomas' von Aquin zu sagen: Ein ungerechtes Gesetz ist ein menschliches Gesetz, das nicht im ewigen und natürlichen Gesetz verwurzelt ist."[11] Gut gesagt.

Kings Kampf gegen die Rassentrennung und für die Gleichberechtigung schwarzer Amerikaner war gerecht; denn das ist genau die Art von Gleichheit und Gerechtigkeit, die die ursprüngliche Vision unserer Gründerväter war, und eine solche Gleichheit und Gerechtigkeit stimmt mit der biblischen Lehre überein, dass alle Menschen nach dem Bild Gottes geschaffen sind. Leider widersetzten sich einige evangelikale Christen der Vision Kings von der Rassengleichheit, die auf der biblischen Lehre gründet, dass alle Menschen den gleichen Wert haben. Er kämpfte für das, wofür wir alle kämpfen müssen, und das ist die Gleichheit vor dem Gesetz – und so weit wie möglich auch Chancengleichheit.

Aber – und an dieser Stelle müssen wir vorsichtig sprechen – dies ist nicht das Verständnis von Gerechtigkeit, das in vielen unserer Universitäten und in der populären Kultur vorherrscht. Die Gerechtigkeit ist heute vom göttlichen Gesetz getrennt und wird, wie das Wort *Gleichheit*, mit vielen verschiedenen Agenden verbunden. *Gerechtigkeit* ist zu einem aufgeblähten Begriff geworden; wie bereits erwähnt, gibt es Politiker und Aktivisten, die nach Umweltgerechtigkeit, Geschlechtergerechtigkeit, Bildungsgerechtigkeit, Einwanderungsgerechtigkeit, wirtschaftlicher Gerechtigkeit und Gerechtigkeit in Bezug auf Schwangerschaft und Geburt rufen. Wir wagen es nicht, das Wort *Gerechtigkeit* zu nehmen und es auf Werte anzuwenden, die sündhaft oder böse sind.

Ich habe gehört, wie sogenannte Kämpfer für soziale Gerechtigkeit den berühmten Text aus Micha 6,8 zitiert haben: „Und was fordert der HERR von dir, als Recht zu üben und Güte zu lieben und einsichtig zu gehen mit deinem Gott?" Dann benutzen sie den Ausdruck „Recht zu üben" als Sprungbrett, um über ihre eigenen Ansichten in Bezug auf Forderung nach Gerechtigkeit zu sprechen, die oft mehr auf dem Marxismus als auf der Bibel gründeten.

Heute wird soziale Gerechtigkeit meist als Neuverteilung von Ressourcen und Macht an unterdrückte Minderheiten definiert; die Unterdrücker müssen identifiziert und für das Versagen der anderen verantwortlich gemacht werden. Mit einem Wort: Soziale Gerechtigkeit kann als eine Form des Sozialismus definiert werden. Diese Art von Gerechtigkeit baut auf der sogenannten Kritischen Rassentheorie (*Critical Race Theory*, kurz CRT) auf, die lehrt, dass Rassen ein soziales Konstrukt sind, das von der dominierenden Gruppe geschaffen wurde, um ihre Überlegenheit zu erhalten. Sie schlägt vor, dass weiße Vorherrschaft und rassische Macht in den Grundübeln unserer Gesellschaft wurzeln. Diese dominanten Gruppen benutzen das Gesetz, die Sprache und verschiedene Formen von Machtausübung, um Minderheiten weiter zu unterdrücken und zu unterjochen.

Neil Shenvi, dessen sorgfältige Analyse dieser Angelegenheiten wir alle lesen sollten, formuliert es so: „Die zeitgenössische kritische Theorie betrachtet die Realität durch die Linse der Macht und teilt die Menschen entlang verschiedener Achsen wie Rasse, Klasse, Geschlecht, sexuelle Orientierung, körperliche Fähigkeiten und Alter in Gruppen ein, diejenigen, die andere unterdrücken und solche, die unterdrückt werden."[12]

In der CRT werden die Menschen nach Gruppen klassifiziert, in denen wenig oder gar keine Unterschiede zwischen den Individuen vorherrschen. Wenn eine Gruppe zu wenig leistet, ist es die Schuld der Leistungsstarken; wenn eine Gruppe finanziell schwach ist, ist es die Schuld der Wohlhabenden. Beachten wir: Das Ziel ist nicht, Einheit oder Gemeinsamkeit zu fördern, sondern Schuld zuzuweisen und sicherzustellen, dass Menschen in Kategorien eingeordnet werden, sodass Spannungen zwischen den Gruppen erzeugt und aufrechterhalten werden können.

Dies hat an unseren Universitäten zu einer ganzen Reihe von Seminaren geführt, die schwerpunktmäßig Unterdrückung und Zuweisung von Opferrollen thematisieren. Wie Heather Mac Donald es ausdrückt: „Studenten, die sich auf kritische Rassentheorie spezialisiert haben, spielen die Rassenkarte unaufhörlich gegen ihre Kommilitonen und ihre Professoren aus, was zu einer Atmosphäre überreizter Selbstzensur führt."[13]

Gegner dieser Theorien der sozialen Gerechtigkeit werden als rassistisch, homophob, engstirnig oder noch schlimmer beschimpft.

Machen Sie mit bei Studien zur Vielfalt

Ich habe keine Zweifel daran, dass viele Studenten an unseren Universitäten, die an Seminaren zum Thema soziale Gerechtigkeit teilnehmen, es nicht nur gut meinen, sondern oft auch von solchen Studien profitieren, um eine Versöhnung der Rassen anzustreben. Aber ich bin ebenso überzeugt, dass viele Seminare im Vorlesungssaal und Diskussionen im Internet darauf ausgelegt sind, Differenzen zu schüren, die angeblich Unterdrückten in Rage zu bringen und die vermeintlichen Unterdrücker aufs Korn zu nehmen. Den Opfern wird gesagt, dass sie die Täter konfrontieren müssen. Eine gemeinsame Basis ist nicht erlaubt, weil dies das Ausmaß schmälern würde, in dem einige Gruppen Unterdrückung erfahren haben. Und keine Zugeständnisse zu machen, ist jemals genug.

Der deutsch-amerikanische marxistische Philosoph Herbert Marcuse hatte eine Strategie, um den Einfluss des Christentums und der traditionellen Moral zu zerstören. Er strebte das an, was man eine Koalition der Opfer nennen könnte.[14] Gruppen, die unterdrückt wurden, könnten gemäß seinem Denken dazu benutzt werden, Christentum und Kapitalismus für ihre Unterdrückung verantwortlich zu machen. Dies, so glaubte er, würde den Untergang der Feinde des Marxismus beschleunigen und helfen, den marxistischen Staat zu etablieren. Bei all dem wurde Gott als der ultimative Unterdrücker angesehen.

Ganze Studienrichtungen haben sich der Frage der Vielfalt gewidmet – die der Rasse, der ethnischen Zugehörigkeit, der Sexualität und der Geschlechteridentität. Wer man ist, hängt von der Gruppe ab, zu der man gehört – ob man zu den Unterdrückten oder den Unterdrückern gehört. Und weil wir „in einer Gesellschaft gefangen sind, die unsere Rollen geschaffen hat"[15], müssen wir nachforschen, wie einige Gruppen zugunsten ihrer Unterdrücker unterdrückt wurden. Man sagt uns, dass Heuchelei allgegenwärtig sei – selbst in den subtilsten Formen. Und in einer gefallenen Welt wird jeder von irgendjemandem zum Opfer gemacht.

Das theoretische Ziel der sozialen Gerechtigkeit ist die Emanzipation von Minderheiten, indem man die Macht und Vorherrschaft der dominanten Gruppe angreift. Die CRT setzt sich für soziale Gerechtigkeit ein, indem es betont, wie schwarze Amerikaner durch weiße unterdrückt wurden, wie Männer Frauen unterdrückt haben, wie Heterosexuelle Homosexuelle unterdrückt haben, wie Christen Muslime unterdrückt haben und so weiter. Das alles wird unter dem Vorwand „Suche nach Gerechtigkeit für die Unterdrückten" verkauft.

Es gibt Studien, die belegen, dass Sie das Opfer einer Mikroaggression sein könnten – dass Sie von Menschen unterdrückt werden, die es gut meinen, Ihnen aber dennoch das Gefühl geben, minderwertig zu sein. Wenn Sie zum Beispiel jemanden treffen, der mit einem Akzent spricht, und Sie fragen: „Woher kommst du?", könnte diese Person behaupten, sie sei beleidigt worden und habe das Gefühl, nicht dazuzugehören. Heather Mac Donald schreibt: „Sie schaffen damit das, was man in Rechtsverfahren ‚Eierschalen-Regel' nennt – überaus zerbrechliche Individuen, die durch die kleinsten Zusammenstöße mit dem Leben verletzt werden. Die Folgen werden uns noch jahrelang beschäftigen."[16]

In dieser Atmosphäre heißt es, dass Unterdrücker konfrontiert werden und ihnen gesagt werden muss, dass sie an der Reihe sind, sich hinzusetzen und zuzuhören. Und wenn nötig, müssen die Opfer eben eine Schule oder ein Geschäft schließen, damit ihre Beschwerden Gehör finden. Befürworter dieses Ansatzes behaupten, wenn man sich solchen rücksichtslosen Taktiken widersetzt, würde man damit nur beweisen, dass man sich auf die Seite der Unterdrücker stellt. Und wenn man ein Unterdrücker ist (in der Regel ein weißer, cisgender* Heterosexueller), wird behauptet, dass der einzige Weg zu überleben darin bestehe, seine Heuchelei und Voreingenommenheit zu bekennen und zuzugeben, dass man der Sünde schuldig ist, privilegiert zu sein.

Den Opfern wird empfohlen – wenn sie dem ausgesetzt sind, was sie als Unterdrückung empfinden –, einen „sicheren Ort" zu verlangen, an dem sie mit den daraus resultierenden Ängsten und verletzten Gefühlen umgehen können (dies wird *Safetyismus* genannt). Dabei geht es nicht um physische Sicherheit, sondern um emotionale Unterstützung und Heilung wegen des Schadens, der ihnen angeblich zugefügt wurde. Diese Haltung bestimmt sogar, welche Gastredner auf einem Universitätscampus sprechen dürfen und welche nicht.

Wenn die Studenten behaupten, dass ein Redner etwas sagen könnte, das als „beleidigend" oder als „angstauslösend" für jemand anderen angesehen wird, dann wird dieser Redner ausgeladen oder aufgefordert, erst gar nicht zu erscheinen. (Wir werden dies im nächsten Kapitel, das sich mit der Meinungsfreiheit beschäftigt, ausführlicher behandeln.)

Intersektionalität

Das Konzept der Intersektionalität wurde durch die Arbeit der linken Rechtsprofessorin Kimberlé Williams Crenshaw entwickelt. Wie Robbie Soave es ausdrückt, ist Intersektionalität „ein philosophischer Rahmen, der das progressive aktivistische Denken dominiert."[17] Kurz gesagt: Es gibt mehrere Quellen der Unterdrückung in Verbindung mit Rasse, Klasse, Geschlecht, sexueller Orientierung usw. Diese können sich im Leben einer Person auf eine Weise überschneiden,

---

* Übereinstimmung zwischen Geschlechteridentität und dem bei der Geburt zugewiesenen bzw. festgestelltem Geschlecht. (Anm. d. dt. Hg.)

dass sie auf mehreren Ebenen dem Risiko von Unterdrückung ausgesetzt sind. Bei all dem gehe es um Macht, so Crenshaw; es sei an der Zeit, dass die Unterdrücker (vorwiegend die Weißen) den Unterdrückten zuhören. „Es geht nicht darum zu fragen, es geht darum zu fordern ... es geht darum, das eigentliche Gesicht der Macht zu verändern."[18] Es sind Studien erfunden worden, um „unbewusste Voreingenommenheit" zu beweisen, was bedeutet, dass man heuchlerisch sein kann, ohne es zu wissen. Anschuldigungen gegen die „Unterdrücker" – ob real oder eingebildet – gibt es zuhauf.

Val Rust, ein preisgekrönter Professor für Erziehung an der UCLA, war ein Pionier auf dem Gebiet der vergleichenden Pädagogik und verbrachte seine Zeit damit, Studenten aus aller Welt zu betreuen. Seine Studenten lobten ihn für sein Mitgefühl und seine Integrität. Doch in einem Abschlusskurs zur Dissertationsvorbereitung wurde er zur Zielscheibe von Studentenprotesten. Er wurde für die politischen Implikationen dessen kritisiert, was er als korrekte Zeichensetzung ansah, denn er bestand darauf, dass die Studenten das *Chicago Manual of Style* für die Ausführung ihrer schriftlichen Arbeiten befolgten.

Dies führte schließlich dazu, dass radikale Studenten in seinen Vorlesungssaal eindrangen und ihm unter anderem rassistische Mikroaggressionen vorwarfen, die sich gegen „unsere Erkenntnistheorien, unseren intellektuellen Anspruch und gegen eine Fehlkonstruktion der methodischen Genealogien, die wir mit der Klasse geteilt haben, richteten."[19]

Weder die Verwaltung der Schule noch seine Kollegen verteidigten Rust. Selbst als der Dekan ankündigte, dass Rust ein Jahr lang nicht lehren dürfe, war das den Radikalen nicht genug. Die Hochschule drängte ihn zum Rücktritt, und die Schulleitung gab den Studenten nach.

Es wurde nichts zu dieser ungerechtfertigten Zurschaustellung narzisstischer Opferhaltung gesagt, aber ein Komitee wurde gebildet, um die Angelegenheit zu diskutieren. In dessen Abschlussbericht hieß es: „Vor Kurzem hat uns eine Gruppe unserer Studenten mutig herausgefordert, darüber nachzudenken, wie wir [unseren] Auftrag in unserer eigenen Gemeinschaft umsetzen können. Wir sind diesen Studenten zu großem Dank verpflichtet."[20] Die Lektion ist klar: Man kann als heuchlerisch bezeichnet werden und seinen Job verlieren, wenn man die Grammatik und Rechtschreibung eines Studenten korrigiert.

Im Gegensatz zu dem, was Sie jetzt vielleicht denken, handelt es sich hier nicht um ein isoliertes, extremes Beispiel. Vorfälle wie dieser kommen mit einer gewissen Regelmäßigkeit an einigen (aber nicht an allen) unserer Universitäten vor. Aus Angst vor dem Vorwurf der Voreingenommenheit, des Rassismus oder des Hasses geben sich sowohl Professoren als auch Studenten große Mühe, sich selbst zu zensieren, damit sie nicht ein Wort sagen, das sie als rassistisch oder heuchlerisch brandmarken würde.

Die CRT in der Gemeinde

In der Welt der politischen Korrektheit werden Argumente durch soziale Gewalt und Beschimpfung gelöst, nicht durch Diskussion, Bewertung von Beweisen oder Höflichkeit. Diese Art von Hysterie ist kaum förderlich für die Versöhnung der Rassen. Theorien der sozialen Gerechtigkeit sind auch in einige Gemeinden eingedrungen, vor allem in solche mit liberaler Ausrichtung. Sie behaupten, sie seien inklusiv – was bedeutet, dass sie gleichgeschlechtliche Ehen und Ähnliches akzeptieren.

Ich stimme Neil Shenvi zu, der beunruhigt ist über die Akzeptanz der CRT – sogar in einigen evangelikalen Gemeinden. Einige Christen verstehen anscheinend nicht, dass diese Theorien dem Christentum in praktisch jedem Punkt widersprechen.

Die CRT lehrt, dass die Identität einer Person nicht von der Gruppe, zu der sie gehört, getrennt werden könne. Wenn Sie als Weißer geboren wurden, werden Sie als Unterdrücker abgestempelt, unabhängig von Ihrem Charakter oder Ihrer persönlichen Einstellung; die Individualität geht innerhalb der Gruppe, zu der Sie gehören, verloren. Und wenn Sie als Weißer geboren wurden und sich gegen den

Vorwurf des Rassismus wehren, beweist das nur, dass Sie tatsächlich ein Rassist sind! Wohlhabende schwarze Amerikaner werden nicht als privilegierte Personen betrachtet, doch eine weiße Person, die in bitterer Armut geboren wurde, wird als privilegierte Person betrachtet. Es gibt keinen Raum für Individualität, Güte, Vergebung oder echte Versöhnung.

Noch wichtiger ist, dass in der rein säkularen Anwendung der CRT die Erlösung darin gesehen wird, sich als Gruppe von den Unterdrückern abzugrenzen, statt durch das Evangelium der rettenden Gnade Gottes von Sünde befreit zu werden. Erlösung bedeutet in der radikalen Sicht der CRT, Macht über seine Unterdrücker zu erlangen. Der Konflikt muss solange weitergehen, bis die Unterdrückten über ihre Unterdrücker triumphieren. Marx in Reinkultur.

Wie Shenvi hervorhebt, stimmt die CRT auch darin mit Marx überein, dass gelebte Erfahrung viel verlässlicher ist als objektive Wahrheit; den Unterdrückten wird gesagt, dass sie die Realität auf eine einzigartige Weise sehen, die den Unterdrückern nicht zugänglich ist. Dies, so wird uns gesagt, ist der Grund, warum wir uns einem Mitglied einer unterdrückten Gruppe unterwerfen müssen, um die Verfassung der Vereinigten Staaten oder die Bibel auslegen zu können. Hinter all dem steckt die Idee von Marx, dass Wahrheit nur das ist, was von den Unterdrückern benutzt wird, um die Unterdrückten in Unterwerfung zu halten. Es gibt also keine objektive Wahrheit, nach der wir streben können, um die Einheit zu fördern. Die Unterdrückten haben eine eigene Perspektive, und die Unterdrücker müssen sich hinsetzen und zuhören.[21]

Wir haben alle schon den abwertenden Ausdruck „tote alte europäische weiße Männer" gehört. Man sagt, sie seien Unterdrücker in mindestens dreierlei Hinsicht. Sie waren europäisch, sie waren weiß und sie waren männlich. Sie müssen verteufelt werden, unabhängig von ihren Beiträgen zu Wissenschaft, Medizin, Bildung oder allem anderen, was mit dem Wohlergehen von Menschen zu tun hat.

Das erklärt, warum viele der großen Errungenschaften und Werke der westlichen Zivilisation in diesen Tagen angeprangert werden.

Das heißt, dass die Weißen sensibel für die Anliegen ihrer Brüder und Schwestern mit anderem ethnischen Hintergrund sein müssen. Ich habe von schwarzen Seminaristen gehört, dass ihre Kurse in Kirchengeschichte von weißen Theologen aus Europa dominiert wurden und sie sich nach einem Buch sehnten, das von jemandem geschrieben wurde, mit dem sie sich identifizieren konnten – jemandem aus ihrem kulturellen Hintergrund, der ihre Lebenserfahrungen teilt. Wir sollten auf solche Bedenken hören und dafür sorgen, dass die schwarze Geschichte und die schwarzen Autoren in die Diskussionen über die Geschichte des Christentums einbezogen werden, die bis zu den frühen Theologen in Nordafrika zurückreichen. Ohne die Vergangenheit abzulehnen, können wir in unseren Seminaren und Gemeinden inklusiver und ausgewogener sein.

Aber die CRT ist nicht die Lösung.

Es gibt immer mehr Beweise dafür, dass *Wokeness*- und *Social-Justice-Theorien* die *Southern Baptist Convention* (SBC) infiltriert haben. Im Jahr 2019 wurde eine Resolution, welche die CRT anprangern sollte, tatsächlich von Progressiven verändert, um dafür einzutreten, dass der CRT zumindest ein gewisses Maß an Glaubwürdigkeit geschenkt wird. Die Delegierten genehmigten die umgeschriebene neunte Resolution, die besagt, dass die CRT bzw. Intersektionalität „ein analytisches Werkzeug" sei, aber keine Weltanschauung. In den Augen vieler Delegierter war dies ein weiterer Beweis dafür, dass die CRT eine breite Unterstützung nicht nur in den SBC-Gemeinden, sondern auch in den SBC-Seminaren gewann.[22]

Später sah sich Dr. Albert Mohler (Präsident des *Southern Baptist Theological Seminary* und eine wichtige Führungspersönlichkeit in der SBC, der gegen die Resolution gestimmt hatte) veranlasst, klar Stellung zu beziehen:

Sowohl die kritische Rassentheorie als auch die Intersektionalität sind ein Teil des fortschreitenden transformativen Marxismus, der heute in der Hochschulbildung und zunehmend auch in der Politik sehr dominant ist. Die kritische Rassentheorie erwuchs aus Weltanschauungen und stammt von Denkern, die in direktem Gegensatz zum christlichen Glauben standen.[23]

Wir müssen hier vorsichtig sprechen, aber mir ist aufgefallen, dass unverhohlene rassistische Angriffe gegen „Weißsein" und „weiße Privilegiertheit" oft unter dem Vorwand der „rassischen Versöhnung" getarnt werden. Aber bald wird klar, dass wenig Interesse an tatsächlicher Versöhnung besteht, sondern lediglich an Schuldzuweisung an die eine Rasse zugunsten der anderen. Individuelle Unterschiede und individuelle Verantwortung werden ignoriert.

Und wir sind mit dieser Analyse noch nicht fertig. Wir müssen nun unsere Aufmerksamkeit auf eine andere Facette der CRT richten – nämlich auf die Frage der „weißen Schuld".

Die Kontroverse über „weiße Schuld"

Da ich aus Kanada komme, war meine erste Einführung in die Erfahrungen der schwarzen Amerikaner unter der Rassentrennung die Lektüre des Buches *Let Justice Roll Down* („Lasst Gerechtigkeit walten"), geschrieben von John Perkins. Er ist nach allem, was man hört, einer der großen Helden der Rassenversöhnung, ein lieber Bruder, den ich eingeladen habe, in der Moody Church zu predigen. Ich bewunderte seine großherzige Vergebung trotz der Ungerechtigkeit und der Schikanen, die er erlebte, als er im tiefen Süden der USA während der Jim Crow-Ära aufwuchs.

Wir können dankbar sein, dass die Rassentrennung weitgehend der Vergangenheit angehört, aber wir sollten nicht blind sein für die Realität. Bestimmte Formen des Rassismus existieren immer noch. Um nur ein Beispiel zu nennen: Viele schwarze Gemeinden in Chicago werden von weißen Vermietern ausgebeutet, die Immobilien kaufen und hohe Mieten verlangen, ihre Gewinne aber nie in die Gemeinde reinvestieren. Sprechen Sie mit unseren schwarzen Brüdern und Schwestern, und sie werden Ihnen zahlreiche Beispiele für Rassismus nennen, die von der weißen Gemeinschaft oft nicht erkannt und noch weniger verstanden werden.

Doch gleichzeitig wurden in den letzten Jahren diejenigen, die weiß sind, mit „weißer Schuld" stigmatisiert – das heißt, weißen Menschen als Gruppe wird gesagt, sie sollten sich nicht nur für die Vergangenheit schuldig fühlen, sondern auch für die Gegenwart.

Sie haben von Natur aus ein „weißes Privileg", von dem behauptet wird, dass es den Fortschritt der Schwarzen in den Bereichen Arbeit, Bildung, Wohnen u. a. behindert.

Ich stimme zu, dass Menschen, die weiß sind, in unserer Kultur einen Vorteil haben. Ich musste mir nie Sorgen machen, ob ich in einer Gemeinde oder in einer anderen Umgebung wegen meiner Hautfarbe akzeptiert werde. Rassismus erklärt viele der Ungerechtigkeiten in unserer Kultur, die angegangen werden müssen. Aber es gibt auch eine andere Seite dieser Geschichte.

Der schwarze Anführer Shelby Steele schrieb das Buch *White Guilt: How Blacks and Whites Together Destroyed the Promise of the Civil Rights Era* („Weiße Schuld: Wie Schwarze und Weiße gemeinsam das Versprechen der Bürgerrechtsära zerstörten"). Obwohl nicht jeder mit Steele übereinstimmt, wird er weithin für sein Werk gelobt. Die *Chicago Sun-Times* empfahl das Buch mit den Worten: „Jeder, der sich mit dem endlosen Patt zwischen Schwarzen und Weißen in diesem Land beschäftigt, hat die Pflicht, Shelby Steele zu lesen."[24]

Steele erlebte auch die Rassen-Ungerechtigkeit weißer Vorherrschaft, aber er glaubt, dass der Übergang von der weißen Vorherrschaft zur weißen Schuld nicht gut für die schwarze Gemeinschaft war. Kurz gesagt: Er argumentiert, dass während der Rassentrennung schwarze Amerikaner Verantwortung trugen, aber keine Anerkennung bekamen; angesichts der Fortschritte bei den Bürgerrechten haben jetzt schwarze Amerikaner manchmal Anerkennung ohne Verantwortung beansprucht. Obwohl schwarze Amerikaner durch die weiße Vorherrschaft der Vergangenheit zu Opfern geworden sind, tadelt er nun einige schwarze amerikanische Anführer und warnt sie, dass sie weiße Schuld benutzen, um die fortgesetzte Opferrolle der Schwarzen als Identität zu fördern. Über das, was nach der Bürgerrechtsgesetzgebung geschah, schreibt er:

> Der Lackmustest für das Schwarzsein verlangte, dass man rassistische Opferrollen nicht als gelegentliches Ereignis im eigenen Leben, sondern als andauernde Identität akzeptiert. Wenn die Tatsache, dass jemand zum Opfer gemacht wird, eine Identität ist, dann kann die leidenschaftliche Wut des Opfers auch dann hervorgerufen werden, wenn es gar nicht zum Opfer gemacht wurde ...
>
> Weiße Schuld war die Macht, und diese Identität war das Druckmittel, das die militanten Anführer benutzten, um Zugang zu dieser Macht zu bekommen. Unglücklicherweise gab all dies den Schwarzen eine politische Identität, die keinen wirklichen Zweck hatte, der über die Manipulation der weißen Schuld hinausging.[25]

Ob wir mit Steele übereinstimmen oder nicht, er behauptet, dass weiße Schuldgefühle von einigen schwarzen Amerikanern (wenn auch bei weitem nicht von allen) als Mittel benutzt werden, um Anerkennung ohne Verantwortung zu erreichen. Wir erinnern uns an die Direktive des verstorbenen Marxisten Saul Alinsky, der seinen Anhängern sagte, sie sollten „latente Schuld" ausnutzen. Manche würden sagen, dass Schuld als Mittel eingesetzt wird, mit dem Minderheiten auf unverdienten Privilegien bestehen können. *Dies ermutigt die Opfer, sich anspruchsberechtigt zu fühlen.*

Was hält einen Großteil der schwarzen Gemeinschaft in systemischer Armut? Der schwarze Pastor Reverend Bill Owens, der mit Martin Luther King Jr. im Kampf um die Bürgerrechte marschierte, würde Steele wahrscheinlich zustimmen. In seinem Buch *A Dream Derailed: How the Left Hijacked Civil Rights to Create a Permanent*

Underclass („Die Entgleisung eines Traumes: Wie die Linke sich die Bürgerrechte angeeignet hat, um eine permanente Unterschicht zu schaffen") argumentiert Owens, dass es die liberale Sozialpolitik ist, die den schwarzen Amerikanern in der Tat den Stolz gestohlen hat. Zuvor hat er die seiner Meinung nach dokumentierten Beweise dafür vorgelegt, dass der Sozialhilfestaat ins Leben gerufen wurde, um die schwarzen Amerikaner als permanente Unterschicht zu halten,

> Für schwarze Amerikaner gilt: ... je mehr die Regierung sogenannte „kostenlose" Dienstleistungen und Almosen bereitstellt, die von den Steuerzahlern bezahlt werden, desto mehr werden Schwarze dazu ermutigt, von der Regierung abhängig zu sein. Mit diesem System werden wahrscheinlich weniger Schwarze eine Ausbildung erhalten, hart für ihre Familien arbeiten und Unternehmer, Fachleute und Wirtschaftsführer werden. Mit diesem System werden weniger Schwarze mit Stolz und Würde dastehen. Schauen Sie sich noch einmal unsere Innenstädte an. Gefällt Ihnen, was Sie sehen?[26]

In all den Debatten über weiße Schuld und das Privileg der Weißen täten wir gut daran, uns an die Worte von Martin Luther King Jr. zu erinnern, der uns mahnte, dass wir einander nicht nach der Farbe unserer Haut beurteilen sollten, sondern nach der Beschaffenheit unseres Charakters.

Was könnte rassistischer sein, als eine ganze Gruppe von Menschen nur nach ihrer Hautfarbe zu beurteilen? Wir können die Farbe unserer Haut nicht ändern, aber wir sind in der Lage, einander zuzuhören und uns zu fragen, wie wir in den Beziehungen zwischen den Rassen vorankommen können. Wir sollten uns nicht unnötig von Debatten ablenken lassen, die darauf abzielen, eine Gruppe von Menschen auf Kosten einer anderen nach vorne zu bringen.

Als ich eines unserer Mitglieder in der *Moody Church* (er nennt sich selbst einen echten Afroamerikaner, weil er in Ghana geboren wurde, aber in der Südstadt Chicagos aufgewachsen ist) fragte, was er von den Lehrplänen für soziale Gerechtigkeit an vielen Universitäten halte, sagte er: „Wir werden jeden Tag weiter und weiter getrennt und man sagt uns, dass es keine Versöhnung geben kann, wenn die Weißen nicht bestimmte Forderungen erfüllen. Und da diese Forderungen unmöglich sind, stecken wir weiterhin in einer Sackgasse."

Ich hoffe, dass nach den Demonstrationen und Krawallen von 2020 notwendige Änderungen vorgenommen werden, um das zu bekämpfen, was oft als systemischer Rassismus bezeichnet wird, der unterschiedlich definiert wird. Aber ich bin auch davon überzeugt, dass für die eingefleischten Progressiven nichts, was getan wird, jemals genug wäre. Ihr Ziel ist endlose Vergeltung, nicht Versöhnung.

Die Arithmetik wird zum Leben erweckt

Soziale Gerechtigkeit breitet sich in Disziplinen aus, von denen wir normalerweise dachten, sie seien immun gegen Rassismus. Sicherlich sind die sogenannten „harten Wissenschaften" wie Mathematik objektiv und unterliegen nicht den Theorien von sozialer Gerechtigkeit und Rasse, die Gegenstand von Soziologie, Geschichte und Politik sind. Das hat sich geändert, denn diese Theorien werden nun auch auf die Mathematik angewandt. „Die *Seattle Public Schools* lehrt jetzt, dass Mathematik unterdrückt" lautet die Schlagzeile, die von Robby Soave am 22. Oktober 2019 geschrieben wurde. „Ein neuer Lehrplan für ethnische Studien wird den Schülern beibringen, dass ‚antikes mathematisches Wissen von der westlichen Kultur vereinnahmt wurde'." Der Mathematik wird vorgeworfen, „eine ganze Reihe von schwerwiegenden Verbrechen zu fördern: Imperialismus, Entmenschlichung und Unterdrückung von Randgruppen."[27]

Der vorgeschlagene Lehrplan ist durchdrungen von Fragen der sozialen Gerechtigkeit und konzentriert sich auf „Macht und Unterdrückung" sowie auf die „Geschichte des Widerstands und der Befreiung". Ich möchte noch einmal betonen, dass dies im Bereich *Mathematik* geschieht. Bisher ist der Lehrplan nicht verpflichtend; er wird jedoch allen Lehrern zur Verfügung gestellt, die ethnische Studien in den Mathematikunterricht einführen wollen. Das Ziel ist es, „ethnische Studien in alle Fächer des K-12-Spektrums einzubringen".

Soave sagt, das vorgeschlagene Rahmenwerk sei „vollgestopft mit sozialem Gerechtigkeitsjargon, der intelligent klingt, aber in Wirklichkeit nichtssagend ist. Was bedeutet es, wenn es darin heißt, … dass der Lehrplan ‚Mathematik durch erfahrungsorientiertes Lernen wieder menschlich machen' und ‚unabhängiges und eigenständiges Lernen' ermöglichen wird?"[28]

Der Vorschlag selbst besagt, dass die Schüler in der Lage sein werden, „die inhärenten Ungerechtigkeiten des standardisierten Prüfungssystems zu identifizieren, das zur Unterdrückung und Marginalisierung von farbigen Menschen und Gemeinschaften verwendet wird" und „zu erklären, wie Mathematik die wirtschaftliche Unterdrückung diktiert."[29]

Können wir uns nicht alle darauf einigen, dass 2 + 2 = 4 ist, ohne einen Streit über das Thema Rasse zu führen? Offenbar nicht.

Wie der Brandstifter, der gleichzeitig Feuerwehrmann ist und losgeschickt wird, um die Flammen eines Feuers zu löschen, das er selbst gelegt hat – so behaupten die Krieger der sozialen Gerechtigkeit, Lösungen für Probleme zu suchen, die sie selbst geschaffen haben. In der Tat hätte sich nicht einmal Saul Alinsky einen besseren Plan wünschen können, um die Rassen in einem ewigen, ungelösten Konflikt zu halten. Wir können ihn fast aus dem Grab rufen hören: „*Erzeugt* Probleme! Dann *benutzt* sie!"

Die kritische Rolle der Familien in unseren nationalen Kämpfen

Gibt es einen systemischen Rassismus? Ja, es gibt Systeme, die im Laufe der Jahre Ungerechtigkeiten begünstigt und schwarze Gemeinschaften ausgegrenzt haben.

Und selbst wenn wir erklären, dass es Gleichheit vor dem Gesetz gibt, kann Rassismus auf viele Arten existieren – manchmal sichtbar, manchmal unterschwellig. Nur unsere schwarzen Brüder und Schwestern können sagen, wie es ist, dies zu erleben. Und wir sollten alles tun, was wir können, um das Unrecht, das verschiedenen Völkern und Gruppen angetan wird, zu korrigieren, egal wer sie sind.

Aber – und das ist entscheidend – ich glaube, dass es ernsthafte Probleme in Kulturen gibt, die nicht von außen gelöst werden können. Selbst wenn alle Probleme des systemischen Rassismus, von denen wir hören, angemessen angegangen würden, würde dies nicht die Grundprobleme in unserer Kultur beseitigen. Es gibt systemische Probleme innerhalb von Kulturen, die nur innerhalb dieser Kulturen angegangen werden können. Und innerhalb unserer eigenen Häuser.

Ohne bedeutsame Veränderungen in unseren Häusern können keine Universitätskurse oder nationalen Sozialprogramme die rassischen und wirtschaftlichen Übel unserer Nation beheben. Uns wird ständig gesagt, dass sich die Weißen ändern müssen, und das sollten sie auch. Aber *jede* Gemeinschaft, einschließlich der schwarzen Gemeinschaft, muss für ihre eigenen internen systemischen Probleme zur Verantwortung gezogen werden. Letztendlich läuft die Lösung dieser „innerkulturellen" Probleme auf die individuelle Verantwortung innerhalb jeder unserer Familien hinaus, unabhängig von der Rasse oder Herkunft.

Ungeachtet Ihrer politischen Einstellung sollten Sie sich die Zeit nehmen, die Rede des ehemaligen Präsidenten Barack Obama zum Vatertag in der *Apostolic Church of God* in Chicago am 15. Juni 2008 zu lesen. Er sprach vor allem zu der schwarzen Gemeinde, aber was er sagte, gilt für uns alle. Hier gebe ich nur ein paar wenige Absätze auszugsweise wieder:

Wenn wir ehrlich zu uns selbst sind, werden wir zugeben, dass auch zu viele Väter fehlen – sie fehlen in zu vielen unserer Leben und in zu vielen unserer Häuser. Sie haben sich ihrer Verantwortung entzogen und verhalten sich wie

Jungen statt wie Männer. Und die Fundamente unserer Familien sind dadurch schwächer geworden. Sie und ich wissen, wie wahr das in der afro-amerikanischen Gemeinschaft ist.

Wir wissen, dass mehr als die Hälfte aller afroamerikanischen Kinder in Haushalten mit nur einem Elternteil leben, eine Zahl, die sich verdoppelt hat – seit wir selbst Kinder waren. Wir kennen die Statistiken – dass Kinder, die ohne Vater aufwachsen, fünfmal häufiger in Armut leben und kriminell werden, neunmal häufiger die Schule abbrechen und zwanzigmal häufiger im Gefängnis landen. Es ist wahrscheinlicher, dass sie Verhaltensprobleme entwickeln, von zu Hause weglaufen oder selbst Eltern von Teenagern werden. Und die Fundamente unserer Gemeinschaft sind dadurch schwächer ...

Aber wir brauchen auch Familien, um unsere Kinder zu erziehen. Wir brauchen Väter, die erkennen, dass die Verantwortung nicht mit der Zeugung endet. Wir brauchen sie, um zu erkennen, dass nicht die Fähigkeit, ein Kind zu zeugen, einen Mann ausmacht, sondern der Mut, es aufzuziehen.[30]

Gut gesagt.

Lassen Sie mich klarstellen, dass die weiße Gemeinschaft ebenfalls ihren wachsenden Anteil an Alleinerziehenden, Scheidungen, grassierendem Drogenmissbrauch und Kriminalität hat. Was der ehemalige Präsident sagte, gilt für alle Kulturen, Rassen und ethnischen Gemeinschaften gleichermaßen.

Der Psychiater Theodore Dalrymple zeigt in seinem Buch *Life at the Bottom: The Worldview That Makes the Underclass* (Leben am Boden. Die Weltanschauung, die die Unterschicht macht), dass der mächtigste Einfluss, der Menschen in der Unterschicht festhält, nicht die Rasse ist, sondern der moralische Relativismus. Fürs Protokoll: Dalrymples Vater war Kommunist. Dalrymple selbst ist Atheist, argumentiert aber, dass sozialliberale, progressive Ansichten die individuelle Verantwortung minimieren und eine Unterschicht hervorbringen, die von Gewalt, sexuell übertragbaren Krankheiten, Abhängigkeit von Sozialhilfe und Drogenkonsum geplagt wird. Was also verursacht eine permanente Unterschicht? Er sagt:

Auf nichts trifft diese [soziale Pathologie] mehr zu als auf das System der sexuellen Beziehungen, das in der Unterschicht vorherrscht, mit dem Ergebnis, dass 70 Prozent der Geburten in meinem Krankenhaus jetzt unehelich sind (eine Zahl, die sich 100 Prozent nähern würde, wenn es in der Gegend nicht eine große Anzahl von Einwanderern des indischen Subkontinents gäbe).[31]

Seiner Meinung nach sei also die Hauptursache für die Unterschicht lose sexuelle Beziehungen. Menschen vom indischen Subkontinent (Süd-Zentralasien) heiraten, bleiben zusammen, bekommen eine Ausbildung und arbeiten hart, sodass die meisten nicht zur Unterschicht gehören.

Dalrymple fährt fort:

Der Zusammenhang zwischen dieser Lockerung [der Moral] und dem Elend meiner Patienten ist so offensichtlich, dass es beträchtliche intellektuelle Raffinesse (und Unehrlichkeit) erfordert, um ihn leugnen zu können. Das Klima des moralischen, kulturellen und intellektuellen Relativismus – eines Relativismus, der als bloßes Modespielzeug für Intellektuelle begann – hat sich erfolgreich auf diejenigen übertragen, die am wenigsten in der Lage sind, seinen verheerenden praktischen Auswirkungen Widerstand zu leisten.[32]

Ich vermute, dass Unmoral, sexuelle Freiheit und unverheiratete Eltern im Teenageralter – zusammen mit Opioid- und anderen Süchten wie Alkoholismus und Glücksspiel – immer dafür sorgen werden, dass wir das aufrecht erhalten, was Dalrymple eine „permanente Unterschicht" nannte. Und sie wird alle Rassen, Kulturen und Ethnien umfassen, die sich nicht den inneren moralischen Problemen stellen wollen, die sie in ihrer Misere gefangen halten. Wenn eine Person durch ein Problem niedergehalten wird, das nur durch Übernahme von Verantwortung behoben werden kann, ist es an der Zeit, dass diese Person aufhört, anderen die Schuld für dieses Problem zu geben.

Gesegnet sind diejenigen, die ihr Leben und ihr Vermögen geben, um die Scherben unserer zerbrochenen Kultur aufzusammeln und einen besseren Weg zu zeigen.

Inmitten dieser Zerrissenheit muss die Gemeinde auf den Plan treten und Gemeinde sein. Ich bewundere die Pastoren in unseren am stärksten unterversorgten Gemeinden hier in Chicago (und in anderen Städten) sehr, die in den Schützengräben liegen, mit den Familien arbeiten, Ressourcen teilen und den Dienst des Evangeliums aufrechterhalten. Und all das mit dem Ziel, den Menschen, die in dem Teufelskreis von Armut und völliger Verzweiflung gefangen sind, Hoffnung zu geben.

Im Folgenden werde ich auf das Beispiel eines Dienstes eingehen, der direkt auf das Bedürfnis antwortet, Kindern und Familien die Vision zu geben, dass die Dinge anders sein können. Das ist herausfordernd, aber es muss getan werden; gesegnet sind diejenigen, die ihr Leben und ihr Vermögen geben, um die Scherben unserer zerbrochenen Kultur aufzusammeln und einen besseren Weg zu zeigen. Ich freue mich, wenn ich sehe, dass die Gemeinde dort Gemeinde ist, wo die Not am größten ist.

Die Gemeinde inmitten einer vergifteten Kultur

Was tut die Gemeinde inmitten dieser Kakophonie wütender Stimmen, die alle nach ihren „Rechten" und der „Gerechtigkeit" schreien, die sie zu verdienen glauben? Der Marxismus ist nicht die Antwort; das Evangelium ist es. Wir dürfen nicht nur auf die Kultur reagieren, sondern müssen proaktiv sein und den Weg vorgeben.

Erstens dürfen wir nicht zulassen, dass Theorien sozialer Gerechtigkeit uns andauernd spalten; die Lehren der sozialen Gerechtigkeit oder der CRT haben es uns erschwert, ehrliche Gespräche über Rasse und Geschlecht zu führen, weil sie darauf bestehen, dass wir einander in Schubladen stecken – je nachdem, zu welcher Gruppe wir gehören. Denny Burk, ein Professor für Biblische Studien und Direktor des *Center for Gospel and Culture*, stimmt dem zu, wenn er schreibt:

> Intersektionalität ist das unversöhnlichste, schonungsloseste und unbarmherzigste System von Gesetzlichkeit, das ich je gesehen habe. Wenn man die Grenze überschreitet, gibt es keine Absolution oder Erlösung. Es gibt keine Sühne für die Erbsünde des Privilegiertsein. Es gibt nur ein schwarzes Loch von Scham und Schande.[33]

Die CRT-Rhetorik kann so einschüchternd sein, dass die Angst, missverstanden zu werden, uns dazu verleitet, in der Sicherheit des Schweigens Zuflucht zu suchen. Das wäre ein Fehler. Glücklicherweise begrüßen die meisten schwarzen Leiter eine ehrliche Diskussion, ohne Menschen aufgrund ihrer Hautfarbe zu verurteilen. Und das sollte für jeden von uns gelten.

Und nun eine großartige Neuigkeit!

Am Fuße des Kreuzes bekennen wir, dass es eine gemeinsame Basis zwischen all der rassischen und ethnischen Vielfalt in der Welt gibt.

Das Evangelium tut, was die *CRT* nicht kann. Die Gemeinde hat einen Vorteil, den die *CRT* nicht hat: Wir glauben, dass die Grundursache des Bösen nicht nur äußere Systeme sind, sondern vielmehr die Sünde, die in jedem menschlichen Herzen ist. Deshalb streben wir nach Gemeinsamkeiten zwischen den Rassen, statt die Unterschiede zu betonen. Am Fuße des Kreuzes bekennen wir, dass es eine gemeinsame Basis zwischen all der rassischen und ethnischen Vielfalt in der Welt gibt. Wir stehen als Sünder zusammen und bekennen unser gemeinsames Bedürfnis nach persönlicher Erlösung. Wir sehen die Quelle des Bösen nicht außerhalb von uns, sondern in uns. Wir erkennen an, wie jemand gesagt hat, dass wir kein *Haut*problem haben, sondern ein *Sünden*problem.

Wir bekennen, dass wir Gottes Vergebung und die Verwandlung unserer Herzen – auch bekannt als Wiedergeburt – empfangen haben.

Wir bekennen, dass das Evangelium nicht das ist, was wir für Jesus tun können, sondern was Jesus für uns getan hat. Martin Luther hat es ganz einfach ausgedrückt: „Du, Herr Jesus, bist meine Gerechtigkeit, ich aber bin deine Sünde."[34]

Und was jetzt? Die evangelikale Gemeinde muss für ihre Passivität, ihre Gleichgültigkeit gegenüber Rassenunterschieden Buße tun. Mir gefällt, was Tony Evans sagt: Wir müssen Freundschaften mit Menschen knüpfen, die anders sind als wir; wir müssen uns bewusst als Familien und Partner verbinden. Wir müssen zeigen, dass wir bereit sind, uns selbst um der anderen willen zu benachteiligen. Jesus legte Privilegien und Macht ab, um uns zu erlösen. Er ist unser Vorbild für Demut und Opferbereitschaft. Ein guter Ausgangspunkt ist, zu fragen: Wie kann ich persönlich die Bedürfnisse meiner Brüder und Schwestern über meine eigenen stellen?

Wir müssen uns nicht über Zäune hinweg gegenseitig anschreien. Wir können uns zusammensetzen, reden, zuhören und uns gegenseitig helfen, die Einheit widerzuspiegeln, die bereits durch Christus hergestellt wurde. Dieses demütige Anerkennen ist der Kern jeder sinnvollen Versöhnung.

Im ersten Jahrhundert nach Christus saß die Feindseligkeit zwischen Juden und Heiden tief. Aber bemerkenswerterweise hat Christus das alles geändert. „Denn er ist unser Friede. Er hat aus beiden eins gemacht und die Zwischenwand der Umzäunung, die Feindschaft, in seinem Fleisch abgebrochen ... um die zwei – Frieden stiftend – in sich selbst zu einem neuen Menschen zu schaffen und die beiden in einem Leib mit Gott zu versöhnen durch das Kreuz, durch das er die Feindschaft getötet hat" (Epheser 2,14-16). In Christus stimmen wir mit Martin Luther King Jr. überein, dass wir nicht nach der Farbe unserer Haut, sondern nach der Beschaffenheit unseres Charakters beurteilt werden sollen.

Tötet die Feindseligkeit!

Christus hat etwas Neues geschaffen: Die Gemeinde ist nicht eine Ansammlung von Individuen mit einem gemeinsamen Interesse, sondern eine Gruppe von Menschen, die ein gemeinsames *Leben* teilen. Im Kolosserbrief zählt Paulus Menschen mit rassischen, ethnischen, kulturellen und gesellschaftlichen Unterschieden auf. Anstatt sie jedoch in verschiedene Kategorien einzuteilen, sieht er sie als in Christus vereint. „Da ist weder Grieche noch Jude, Beschneidung noch Unbeschnittenheit, Barbar, Skythe, Sklave, Freier, sondern Christus alles und in allen" (Kolosser 3,11). Wirklich radikal.

Aus Platzgründen werde ich der Versuchung widerstehen, den Rest der Lehre des Paulus über die Einheit, die durch das Evangelium bewirkt wird, zu erläutern. Es genügt zu sagen, dass wir nicht nur denselben Erlöser haben, sondern dass wir dasselbe Leben teilen und Steine in demselben Tempel sind (1. Petrus 2,5).

Jetzt, da Christus uns versöhnt hat, müssen wir uns fragen: Wie können wir einander helfen? Wir beginnen mit dem Zuhören. Schwarze Amerikaner sehen Dinge, die weißen Amerikanern entgehen; jeder von uns betrachtet das Leben durch seinen eigenen Blickwinkel, seine eigene Herkunft, seine eigenen Familienerfahrungen und sicherlich auch seine eigenen Auffassungen. Als Weißer kann ich mich nicht adäquat in die Lage meiner schwarzen Brüder und Schwestern versetzen und verstehen, wie es ist, in einer weiß dominierten Gesellschaft schwarz zu sein. Nur ein ehrliches Gespräch – ohne Angst, abgestempelt zu werden – wird es uns ermöglichen, Stereotypen und Missverständnisse zu überwinden. Wir haben eine Menge voneinander und übereinander zu lernen.

Wir müssen alle Privilegien, die wir haben, zum Nutzen derjenigen einsetzen, die nicht in die gleichen wirtschaftlichen, rassischen und kulturellen Möglichkeiten hineingeboren wurden wie andere. Wir fragen uns: Was können wir tun, um gemeinsam für mehr Gleichheit und Chancen zu sorgen?

Von den vielen Diensten zur Überwindung rassistischer Hetze in unseren Gemeinden, auf die ich verweisen könnte, möchte ich Ihnen einen vorstellen, der in vier der bedürftigsten Stadtteile Chicagos einen dauerhaften und strategischen Unterschied macht. Er ist ein wunderbares Beispiel dafür, was passieren kann, wenn Menschen, die mit den entsprechenden finanziellen Mitteln gesegnet sind, ihre Ressourcen investieren, um das Leben von Tausenden von Kindern zu verändern und einen nachhaltigen Einfluss auf die nächste Generation zu nehmen.

D. L. Moody ist schon lange tot, aber Gott hat eine neue Generation erweckt, die sein Erbe in der Stadt Chicago weiterführt. Eines unserer Mitglieder, Donnita Travis, hat sich in Verbindung mit der *Moody Church* freiwillig gemeldet, um Schülern aus einem berüchtigten Wohnprojekt bei ihren Hausaufgaben zu helfen.

Erfüllt von ihrer Liebe zu den Kindern, fühlte sie sich darin bestärkt, ein ganzheitliches außerschulisches Programm zu starten – mit der Vision, Kindern aus Chicagos gefährdeten, innerstädtischen Vierteln zu helfen, das Leben in Fülle zu erfahren, das Jesus versprochen hat (Johannes 10,10). Im Jahr 2001 gründete sie das, was heute als *By The Hand Club For Kids* bekannt ist. Angefangen mit 16 Schülern, ist der Dienst auf fast 1600 Kinder aus vier der am stärksten unterversorgten und von Kriminalität geprägten Stadtteile angewachsen.

Donnita und ihre Mitarbeiter sowie Hunderte von Freiwilligen nehmen Kinder buchstäblich und symbolisch an die Hand und begleiten sie von der Einschulung bis zum College. *By The Hand* verfolgt einen ganzheitlichen Ansatz für die Entwicklung von Kindern und kümmert sich um deren Geist, Körper und Seele. Jedes Kind wird von einem Mentor betreut und erhält Nachhilfe. Die Arbeit ist so erfolgreich, dass 83 Prozent der Erstklässler von *By The Hand* ihren Abschluss an der High School machen. Und 87 Prozent der High School-Absolventen wiederum haben sich an einem College oder einer technischen Hochschule eingeschrieben – im Vergleich zu 68 Prozent der Chicagoer Schüler insgesamt. Viele haben Christus als ihren Erlöser und Herrn angenommen. Bitte machen Sie sich mit dieser unglaublichen Arbeit vertraut, indem Sie sich die Website ansehen: https://bythehand.org.

Während des Ersten Weltkriegs brachten einige französische Soldaten den Leichnam eines Kameraden zur Beerdigung auf einen Friedhof. Der Priester sagte ihnen freundlich, dass dies ein römisch-katholischer Friedhof sei, also müsse er fragen, ob das Opfer ein Katholik gewesen sei. Sie verneinten; er sei es nicht gewesen. Der Priester war sehr traurig, aber wenn das der Fall sei, könne er die Beerdigung auf dem Friedhof nicht erlauben. Also nahmen die Soldaten den Leichnam ihres Freundes und begruben ihn gleich außerhalb des Zauns vor dem Friedhof.

Am nächsten Tag kehrten sie zurück, um das Grab zu markieren, aber zu ihrem Erstaunen konnten sie es nicht finden. Sie wussten, dass sie ihn direkt neben dem Zaun begraben hatten, aber die frisch ausgehobene Erde war nicht mehr da. Als sie gerade gehen wollten, sah der Priester sie und sagte ihnen, dass ihn sein Gewissen geplagt hätte, weil er ihnen nicht erlaubt hatte, ihren Freund auf dem Friedhof zu begraben.

Er war so beunruhigt, dass er am frühen Morgen den Zaun versetzen ließ, um das neue Grab doch noch innerhalb der Grenzen des Kirchhofs einzuschließen.

Ich erzähle diese Geschichte nicht, um die Unterschiede zwischen Protestanten und Katholiken herunterzuspielen, sondern um zu zeigen, dass wir als Gemeinde bereit sein müssen, „die Zäune zu verrücken", die uns so leicht trennen. Nicht die lehrmäßigen Zäune, die unseren Glauben definieren (in der Tat ist die Beseitigung solcher Zäune eines unserer größten Probleme), sondern die kulturellen und rassischen Zäune, die den Leib Christi dauerhaft spalten. Edwin Markim schrieb in seinem Gedicht „Überlistet"„:

Er zog einen Kreis, der mich ausschloss –
einen Ketzer und Rebell,
ein verachtenswertes Wesen.
Aber die Liebe und ich hatten den Willen zu gewinnen:
Wir zeichneten einen Kreis, der ihn aufnahm!

Die Schwachen müssen geschützt, die Misshandelten geheilt, die Abgelehnten angenommen werden. Und die größten Sünder müssen eingeladen werden, die Vergebung Christi zu empfangen. Nur durch das Kreuz können wir der Welt zeigen, wie Versöhnung aussieht. Die Welt kann alles tun, was die Gemeinde tun kann, außer einer Sache: Sie kann keine Gnade zeigen. Und ich möchte hinzufügen, dass sie keine Gnade zeigen kann, weil sie sich nicht vor dem Kreuz verneigt, wo Sündern Gnade zuteilwird. Die Welt kann Einheit haben, aber keine Einmütigkeit; Eigennutz, aber keine Selbstlosigkeit.
Christus hat uns berufen, den Weg zu zeigen.

Ein Gebet, das wir alle beten müssen

Vater, lehre uns die volle Bedeutung der Worte Jesu in Johannes 17,20-22:

Aber nicht für diese allein bitte ich, sondern auch für die, welche durch ihr Wort an mich glauben, damit sie alle eins seien, wie du, Vater, in mir und ich in dir, dass auch sie in uns eins seien, damit die Welt glaube, dass du mich gesandt hast.

Und die Herrlichkeit, die du mir gegeben hast, habe ich ihnen gegeben, dass sie eins seien, wie wir eins sind ...

Wir danken Dir, dass Du uns bereits vereinigt hast; lehre uns, was das für uns als Einzelne und für uns als Gemeinde bedeutet. Und möge uns kein Opfer zu groß sein, um Deine Worte mehr und mehr Wirklichkeit werden zu lassen.

In Jesu Namen, Amen.

KAPITEL 4

Meinungsfreiheit für mich, aber nicht für dich

Viele von uns haben sich kritisch mit der Gemeinde im Deutschland der Nazizeit auseinandergesetzt. Wir haben uns gefragt, warum die Christen sich nicht gegen die Propaganda des Dritten Reiches erhoben haben. Aber müssen wir jetzt nicht nach den Unruhen, die auf den Mord an George Floyd folgten, mehr Verständnis für das Schweigen der Gemeinde haben? Es ist schwierig, das Wort zu ergreifen in einer Kultur, die von einer Mob-Mentalität mitgerissen wird: Unterwerft euch, oder sonst ...

Wie beginnen Revolutionen?

Revolutionen beginnen mit einem kulturellen Moment, einem Vorwand, der die wahre Agenda verbirgt, um die Revolution zu rechtfertigen. Man braucht (1) den Triumph einer Ideologie über Wissenschaft, Vernunft und bürgerliche Freiheiten. Dann rekrutiert man (2) Menschen, die bereit sind, die Revolution der Anarchie im Namen von Gerechtigkeit und Gleichheit voranzutreiben. Und schließlich (3) müssen alle abweichenden Stimmen zum Schweigen gebracht werden. Die Unterwerfung unter die Ideologie wird entweder durch Beschimpfung, durch Gesetze oder einfach durch Ausschluss (Exklusion) erzwungen, wie zum Beispiel durch Entlassung Andersdenkender im Berufsleben.

Da dies ein Kapitel über die Meinungsfreiheit ist, werde ich nur auf den letzten der drei Faktoren eingehen, die ich oben erwähnt habe: In einer Revolution müssen unliebsame Stimmen zum Schweigen gebracht werden.

Betrachten Sie diese Schlagzeile vom 6. Juni 2020: „Stan Wischnowski tritt als Chefredakteur des *Philadelphia Inquirer* zurück."

Dort heißt es:

Stan Wischnowski, der leitende Redakteur des *Philadelphia Inquirer*, hat seinen Rücktritt angekündigt – einige Tage nachdem unter den Mitarbeitern der Zeitung wegen der Überschrift einer Kolumne [veröffentlicht am 2. Juni] über die Auswirkungen der zivilen Unruhen nach der Tötung von George Floyd durch die Polizei in Minneapolis Unmut aufgekommen war.[1]

Was war sein Vergehen? Er erlaubte die Veröffentlichung eines Artikels mit dem Titel „Auch Gebäude zählen"*, geschrieben im Ressort Architektur der Zeitung. Die Autorin begann mit der Aussage, dass Leben wichtiger sei als Gebäude; aber dann fuhr sie fort, einige der Plünderungen zu beschreiben, die in Philadelphia während der Unruhen stattfanden, und die damit einhergehende Verunstaltung von Architektur. Die Zeitung erhielt so viel Gegenwind, dass sie eine Entschuldigung schrieb und den Titel des Artikels erst in „Das Leben schwarzer Menschen zählt. Zählen Gebäude auch?"[2] umbenannte und dann noch einmal in „Das Demolieren von Gebäuden schadet gerade denjenigen Menschen ungemein, welche die Demonstranten zu unterstützen versuchen."[3] Aber das reichte den Radikalen immer noch nicht. Allein die Andeutung, dass die Unruhen aufgrund der materiellen Zerstörung, die sie auslösten, irgendwie illegitim gewesen sein könnten, war zu viel für die Mob-Mentalität, die im ganzen Land herrschte. Ihr Top-Redakteur der vergangenen 20 Jahre musste gehen. Alles im Namen der Vielfalt.

Drew Brees, Quarterback der *New Orleans Saints*, machte folgende Aussage gegenüber *Yahoo Finance*:

> Ich werde niemals damit einverstanden sein, dass jemand die Flagge der Vereinigten Staaten von Amerika oder unser Land respektlos behandelt. Lassen Sie mich Ihnen

---

*   Engl.: „Buildings Matter, Too"; in Anlehnung an das Motto „Black lives matter". (Anm. d. dt. Hg.)

einfach sagen, was ich sehe oder was ich fühle, wenn die Nationalhymne gespielt wird und wenn ich die Flagge der Vereinigten Staaten betrachte. Ich stelle mir meine beiden Großväter vor, die im Zweiten Weltkrieg für dieses Land gekämpft haben ... Beide haben ihr Leben riskiert, um unser Land zu schützen und um zu versuchen, unser Land und diese Welt zu einem besseren Ort zu machen. Also denke ich jedes Mal an sie, wenn ich mit der Hand auf dem Herzen aufstehe, auf die Flagge schaue und die Nationalhymne singe.[4]

Die Lunte war angezündet ...

Was Brees äußerte, provozierte eine solche Gegenreaktion, dass er beschloss, seine Bemerkungen auf *ESPN* näher zu erläutern: „Ich liebe und respektiere meine Mannschaftskameraden und stehe an ihrer Seite, wenn es darum geht, für Rassengleichheit und Gerechtigkeit zu kämpfen."[5] Mit seiner Überzeugung, die Flagge zu respektieren, hatte er den Bogen in den Augen der Gedankenpolizei überspannt. Er entschuldigte sich für diese Aussage nicht nur ein Mal, sondern zwei Mal; unabhängiges Denken und freie Meinungsäußerung waren nicht erlaubt.

Ich könnte noch mehrere solcher Beispiele aufzählen, die mir zu Ohren gekommen sind. Ich bin sicher, Sie haben von den vielen Menschen gelesen, die gefeuert oder beschimpft wurden, weil sie eine andere Meinung als der Mob geäußert haben. Die Radikalen haben wenig Interesse an einer rationalen Diskussion. Freie Meinungsäußerung ist das, was sie sich selbst zugestehen, aber nicht anderen. Sie streben nach unangefochtener kultureller Dominanz.

So funktioniert die Storno-Kultur: Sie sagt: Ja, Ihnen gilt der erste Zusatzartikel der Verfassung. Sie können Ihre Meinungsfreiheit ausüben. Aber wenn Sie das tun, werden wir dafür sorgen, dass Sie gefeuert werden. Sie werden verleumdet und geächtet. Abgesägt. Storniert.

Klingt diese Storno-Kultur nach einem Land, das auf dem Weg zur Blüte ist, oder nach einer Nation im Niedergang? Denken wir daran: Der Mob kann nur zerstören, er kann nicht aufbauen. Und jeder Sieg spornt zu weiteren Forderungen an. Viele Politiker und Unternehmen unterstützten die Radikalen und pumpten Millionen von Dollar in deren Sache – zweifellos ein untrüglicher Nachweis, dass sie frei von Rassismus waren und hofften, dass der Mob nicht auch hinter ihnen her sein würde.

Churchill soll gesagt haben: „Ein Beschwichtiger ist jemand, der ein Krokodil füttert – in der Hoffnung, dass es ihn ganz zum Schluss frisst."

Und was, wenn man schweigt, weil man sich nicht dem Mobgeist beugen will? Die Transparente sagten alles: „Schweigen ist Gewalt." Beuge die Knie, oder sonst …

Wie sind wir hierhergekommen? Die großen Bastionen der Toleranz sind intoleranter geworden, als es ein religiöser Fundamentalist je wagen könnte zu sein. Intoleranz von linksradikalen Säkularisten ist kein neues Phänomen.

1997 hielt der Psychologe Nicholas Humphrey die *Oxford-Amnesty*-Vorlesung, deren Zweck es war, „für Zensur und gegen Meinungsfreiheit zu argumentieren"; konkret ging es um die Zensur von „moralischer und religiöser Erziehung", insbesondere der Erziehung, die ein Kind zu Hause erhält.

> Kinder haben ein Recht darauf, dass ihr Verstand nicht durch Unsinn vernebelt wird. Und wir als Gesellschaft haben die Pflicht, sie davor zu schützen. Deshalb sollten wir Eltern genauso wenig erlauben, ihren Kindern beizubringen, dass sie zum Beispiel an die buchstäbliche Wahrheit der Bibel glauben oder dass die Planeten ihr Leben bestimmen, wie wir Eltern erlauben sollten, ihren Kindern die Zähne auszuschlagen oder sie in einen Kerker zu sperren.[6]

Ernsthaft?

Kindern die Wahrheit der Bibel beizubringen soll gleichbedeutend damit sein, ihnen die Zähne auszuschlagen? Oder sie in einen

Kerker zu sperren? Die schärfsten Kritiker der Meinungsfreiheit sind die säkularen Linken, die sich mit ihrer angeblichen Toleranz brüsten. Angeblich sind sie diejenigen, die für Inklusion und nicht für Exklusion plädieren, für Pluralismus und nicht für Engstirnigkeit. Das stimmt aber natürlich nur, wenn man mit ihrer Weltanschauung übereinstimmt.

Der Wert der freien Meinungsäußerung

Erinnern wir uns daran, was der erste Zusatzartikel besagt:

> Der Kongress soll kein Gesetz erlassen, das eine Einrichtung einer Religion zum Gegenstand hat oder deren freie Ausübung beschränkt, oder eines, das Rede- und Pressefreiheit oder das Recht des Volkes, sich friedlich zu versammeln und an die Regierung eine Petition zur Abstellung von Missständen zu richten, einschränkt.[7]

Die Meinungsfreiheit war einst ein Recht, das die radikale Linke beklatschte. Die Meinungsfreiheits-Bewegung *(Free Speech Movement)*, wie sie genannt wurde, war ein beträchtlicher und langwieriger Protest in der *University of California*, Berkeley, während des Studienjahres 1964-1965. Die Studenten protestierten gegen ein administratives Verbot, das politische Aktivitäten auf dem Campus untersagte, und forderten, dass die Universität ihr Recht auf freie Meinungsäußerung anerkennt. Diese Bewegung wurde von den linksgerichteten sozialen Aktivisten der damaligen Zeit unterstützt und gab sowohl der Bürgerrechts- als auch der Antikriegsbewegung Auftrieb.

Meine Frau und ich lebten 1977 in Skokie, Illinois, als die *National Socialist Party of America* in diesem Vorort aufmarschieren wollte – wo Hunderte von Juden lebten, die Hitlers Konzentrationslager überlebt hatten. Zunächst wurde diesen Nazi-Anhängern die Genehmigung verweigert, ihren Marsch zu veranstalten und ihren

Hass gegen die Juden zu verbreiten. Aber sie wurden von der ACLU verteidigt, die darauf bestand, dass Meinungsfreiheit nun einmal Meinungsfreiheit sei, egal wie offensiv sie sei. Der Oberste Gerichtshof der USA fällte sein Urteil im sogenannten Streitfall *National Socialist Party of America v. Village of Skokie* und stellte fest, dass die Neonazis das Recht hatten, zu demonstrieren und Reden zu halten.[8] Dieser Präzedenz-Fall der freien Meinungsäußerung wird oft gelehrt oder in Verfassungsrechtskursen zitiert.

So war es damals; so ist es jetzt.

Institutionen, die einst die freie Meinungsäußerung befürworteten, schränken nun die Meinungsfreiheit ein und argumentieren, dass dieses Recht unfair, ungerecht und unsensibel sei. Sie fordern, dass die Meinungsfreiheit für einige Gruppen erlaubt sein sollte, für andere aber nicht.

Fast die Hälfte der Millennials glaubt, dass Hassreden verboten werden sollten.[9]

Heutzutage wird jedoch oft die Rede des politischen Gegners als Hassrede definiert, mit der man nicht einverstanden ist. Wenn Sie zum Beispiel für die Sicherung der US-Grenzen sind, kann das von denen, die glauben, dass die USA offene Grenzen haben sollten, als rassistische Hassrede angesehen werden. Oder die Aussage, dass es nur zwei Geschlechter gibt, wird als beleidigend und damit als Hassrede angesehen (mehr dazu im nächsten Kapitel).

Der Slogan derjenigen, die eine Meinung unterdrücken wollen, die ihrer eigenen entgegensteht, lautet: „Wenn du sie nicht besiegen kannst, dann verbiete sie zumindest."

Argumente für das Verbot der freien Meinungsäußerung

Beginnen wir mit dem marxistischen Philosophen, den wir bereits kennengelernt haben, Herbert Marcuse, der in den 1960er-Jahren sehr einflussreich war und dessen Erbe weiter besteht. Er führte alle Übel der Gesellschaft auf den Kapitalismus zurück, weil er glaubte, dass eine kleine wohlhabende Elite die Produktionsmittel kontrollierte. Die von den Kapitalisten beschäftigten Arbeiter arbeiteten härter, als sie müssten; wissentlich oder unwissentlich fütterten sie einfach die Gier der Kapitalisten.

Der Marxismus, glaubte er, würde diese Ungerechtigkeiten beseitigen. Aber wie soll der Marxismus herbeigeführt werden? Nicht durch Meinungsfreiheit, die, wie er behauptete, „vorbelastet ist und von den bestehenden Eliten beherrscht wird, die die Debatte zugunsten ihrer Position verdrehen."[10] Es sei kein faires Spiel, sagte er, weil die Kapitalisten den Vorteil haben, die Massen mit ihrer Rhetorik zu täuschen, was zu Gewalt, Rassismus und Unterdrückung verschiedener Art geführt habe. Solange der Kapitalismus überlebt, wird den Menschen die Unterscheidungskraft fehlen, um zu wissen, was wirklich wahr ist.

Was also ist zu tun?

Marcuse beklagte: „Die Toleranz wird auf Regeln, Bedingungen und Verhaltensweisen ausgedehnt, die nicht toleriert werden sollten – weil sie die Chancen, eine Existenz ohne Angst und Elend zu schaffen, behindern, wenn nicht gar zerstören"[11] (das heißt: den utopischen marxistischen Staat).

Um es mit einfachen Worten auszudrücken: Meinungsfreiheit erlaubt den Kapitalisten, an der Macht zu bleiben; daher sollte Meinungsfreiheit nicht toleriert werden. Nicht-Marxisten Meinungsfreiheit zu erlauben, würde bedeuten, die Möglichkeit, dass der Marxismus sich durchsetzt, zu verzögern, wenn nicht gar zu verhindern. Welche Einschränkungen sollten nach Marcuses Meinung der Meinungsfreiheit auferlegt werden?

Sie [die Beschränkungen] würden beinhalten, den Gruppen und Bewegungen, die eine aggressive Politik, Aufrüstung, Chauvinismus, Diskriminierung aufgrund von Rasse und Religion befürworten oder die sich gegen die Ausweitung öffentlicher Dienstleistungen, sozialer Sicherheit, medizinischer Versorgung usw. wenden, jegliche Toleranz zu entziehen.[12]

Falls Sie also an Aufrüstung und Diskriminierung gegründet auf Religion und Rasse glauben, haben Sie kein Recht auf freie Meinungsäußerung, um Ihre Ansichten zu verteidigen. Wenn der Marxismus erst einmal fest etabliert ist, kann die Freiheit wiederhergestellt werden, aber einige Einschränkungen werden fortbestehen. Marcuse schrieb:

Darüber hinaus kann die Wiederherstellung der Gedankenfreiheit [nachdem der Marxismus fest etabliert wurde] neue und rigide Einschränkungen der Lehren und Praktiken in den Bildungseinrichtungen erfordern, die – durch ihre eigenen Methoden und Konzepte – dazu dienen, den Geist innerhalb des etablierten Universums von Diskurs und Verhalten hineinzuzwingen.[13]

Was sollten wir daraus schließen?

Jeffery A. Tucker, Redaktionsleiter am *American Institute for Economic Research*, kommentiert:

Marcuse sagt, wenn Sie Strategien wie soziale Sicherheit oder Obamacare ablehnen, sollten Ihnen die Rede- und Versammlungsfreiheit verweigert werden. Sie sollten zum Schweigen gebracht und verprügelt werden.

Der Weg zur wahren Freiheit geht mit einer massiven Unterdrückung in der realen Welt einher. *Wenn Sie die falschen Ansichten haben, haben Sie keine Rechte.*[14]

Bringen wir das Ganze auf den Punkt. Marcuse war frustriert, dass sich der Marxismus noch nicht durchgesetzt hatte und gab der kapitalistischen Opposition die Schuld. Deshalb müsse man den Kapitalisten die Meinungsfreiheit verweigern. Tucker kommentiert mit einem Hauch von Sarkasmus: „Da er und seine Freunde offenbar zu einer Art Priesterschaft der Wahrheit gehören, sollten sie da nicht einfach zu den Siegern erklärt und gegenteilige Ansichten unterdrückt werden?"[15] Schließlich „ist die Unterdrückung der Regressiven [Politik und Meinungen] eine Voraussetzung für die Stärkung der Progressiven,"[16] wie Marcuse sagte.

Was ist mit dem Liberalismus, der für die Freiheit eintrat? Marcuse schrieb, dass wir „dem liberalen Credo der freien und gleichen Diskussion" ein Ende setzen und „militant intolerant" sein müssen.[17] Die Politik der Meinungsfreiheit des Liberalismus muss angeprangert werden.

Die radikale Linke sollte militant intolerant sein!

Wer sollte die Unterscheidung zwischen den fortschrittlichen Ansichten des Marxismus und den repressiven Ansichten des Kapitalismus treffen? Die Antwort ist: die wahrhaft aufgeklärten Intellektuellen wie Marcuse und seine Freunde. Marcuse beschreibt die Person, die entscheiden sollte, wer sprechen darf, als jemanden, der „sich in Bezug auf seine Fähigkeiten als menschliches Wesen im Zustand der Reife befindet"[18]

Ist Ihnen klar, was das heißt? Die Nicht-Marxisten unter uns sind unreif; daraus folgt, dass diejenigen, die bestimmen, was gesagt werden kann und was nicht, diejenigen sind, „die in ihren Fähigkeiten gereift" sind. Lassen Sie es mich noch einmal sagen: Marcuse glaubte, dass Marxisten Meinungsfreiheit haben sollten und Kapitalisten nicht. Marxisten sind für ihn reife Denker; deshalb sollten wir nicht mit ihnen streiten. Wenn die radikale Linke spricht, will sie nur das Echo ihrer eigenen Stimme hören.

Ideen bleiben nicht ohne Folgen.

Die meisten Dozenten und Studenten an unseren Universitäten haben Herbert Marcuse wahrscheinlich nie gelesen. Aber sein

Einfluss hat sich einen Weg in die akademische Welt gebahnt. Um Jeffrey Tucker noch einmal zu zitieren: „Das bedeutet nicht, dass die Leute Marcuse wirklich lesen oder gar, dass ihre Professoren das getan haben. Philosophie funktioniert so. Schlechte Ideen sind wie Termiten: Man kann sie kaum sehen, und plötzlich fällt das ganze Haus ein."[19]

Tucker hat recht. Repressive Termiten sind überall in der Wissenschaft gegenwärtig und erlauben nur progressive Ideen. Denken wir nur daran, wie schwierig – wenn nicht unmöglich – es ist, einen Konservativen an einer Universität sprechen zu lassen. Wir erkennen demütig an, dass Herbert Marcuse die Auseinandersetzung gewonnen hat. Und er nutzte die Meinungsfreiheit dafür.

Das Aushebeln der freien Meinungsäußerung

Nun, ich habe nichts dagegen, dass Universitäten vernünftige Regeln haben, damit die Leute nicht einfach alles sagen können. Das alte Sprichwort, dass man in einem überfüllten Theater nicht „Feuer" rufen darf – es sei denn, es brennt tatsächlich –, ist nur ein Beispiel dafür, wo „Meinungsfreiheit" vernünftigerweise eingeschränkt ist. Universitäten mögen Regeln haben, die Beleidigungen, Beschimpfungen und die Verspottung anderer usw. verbieten. Aber diese Richtlinien sollten nicht so restriktiv sein, dass angeblich beleidigende Äußerungen verboten werden; der Begriff „beleidigend" kann schließlich so weit ausgedehnt werden, dass er jeden einschließt, z. B. auch den, der mit der Agenda der Säkularisten in Bezug auf Rasse, Geschlecht und Politik nicht übereinstimmt. Wir leben in einer Generation, in der sich viele einfach durch legitime gegenteilige Standpunkte angegriffen fühlen.

Professoren für soziale Gerechtigkeit, die von der *Critical Race Theory* durchdrungen sind, sind bereit, die Ansichten von Marxisten wie Herbert Marcuse zeitgemäß anzuwenden. Wie George Orwells Gedankenpolizei sind sie die Torwächter, die darüber wachen und bestimmen, wer sprechen darf und wer zuhören muss. In den Augen der Radikalen sollte man den Unterdrückern keine Sympathie entgegenbringen. So beschreibt David Horowitz die radikale Linke: „Die Rechte der Unterdrücker zu respektieren heißt, ihre ungerechten Taten zu unterstützen.

Wenn soziale Gerechtigkeit erreicht werden soll, muss man die Verursacher von Ungerechtigkeit unterdrücken, indem man sie ihrer Rechte beraubt. Das ist der Grund, warum Progressive – Kulturmarxisten – so intolerant sind und versuchen, die Meinungsfreiheit derjenigen zu unterdrücken, die sich ihnen widersetzen."[20] Lassen Sie mich Ihnen Stanley Fish vorstellen, den Autor von *There's No Such Thing as Free Speech, and It's a Good Thing, Too* („Es gibt so etwas wie Meinungsfreiheit, und das ist auch gut so"). Er schreibt:

Individualismus, Fairness, Verdienst – diese drei Worte sind ständig im Mund der unserer etablierten, engstirnigen Zeitgenossen, die gelernt haben, dass sie keine weiße Kapuze aufsetzen oder den Zugang zur Wahlurne versperren müssen, um ihre Ziele zu erreichen.[21]

Lesen Sie das, falls nötig, noch einmal. Diejenigen, die an Meinungsfreiheit glauben, werden mit dem Ku-Klux-Klan verglichen und als engstirnig bezeichnet. Stephen R. C. Hicks fasst den Gedanken folgendermaßen zusammen: „Um das Machtungleichgewicht auszugleichen, wird von der postmodernen Linken also unmissverständlich und schamlos explizite und unverblümte Doppelmoral eingefordert."[22]

Doppelmoral wird unmissverständlich und schamlos gefordert! Das ist der Grund, warum die radikale Linke ihre Position von der Befürwortung der Meinungsfreiheit zu einem Verbot derselben geändert hat und nur „unterdrückten" Gruppen erlaubt, ihre Stimme zu erheben. Das Argument ist, dass Minderheiten – wie zum Beispiel die LGBTQ-Gemeinschaften – diskriminiert wurden; und deshalb müssen wir, um die gleichen Ausgangsbedingungen zu schaffen, die soziale Macht der dominanten Gruppe eindämmen, die die Meinungsfreiheit zu lange benutzt hat, um ihre Machtposition aufrechtzuerhalten. Gegen Rassismus und Sexismus muss man energisch vorgehen,[23] und eine Möglichkeit dazu ist, bestimmten Gruppen das Rederecht zu verweigern. Ihnen bleibt jetzt nur noch das Recht, zu schweigen.

Der Philosoph Stephen Hicks glaubt an die Meinungsfreiheit und fasst die gegenwärtigen Argumente gegen die Meinungsfreiheit treffend wie folgt zusammen: „Sprache ist eine Waffe im Konflikt zwischen ungleichen Gruppen."[24]

Deshalb, so argumentiert die radikale Linke, sei es notwendig, die schwächeren Gruppen vor den dominanten Gruppen (Weiße, Männer und Kapitalisten) zu schützen, die die Macht der Worte zu ihrem Vorteil auf Kosten von Minderheiten und Frauen ausnutzen würden.

Zur weiteren Erläuterung: „Das postmoderne Argument impliziert: Wenn alles erlaubt ist, gibt dies den dominanten Gruppen die Erlaubnis, weiterhin die Dinge zu sagen, die die untergeordneten Gruppen an ihrem Platz halten. Liberalismus [Meinungsfreiheit] bedeutet also, das Schweigen der untergeordneten Gruppen zu unterstützen."[25] Aus der Perspektive der radikalen Linken sind also Richtlinien, die darauf abzielen, konservative Stimmen zu zensieren, keine Zensur, sondern „Formen der Befreiung" für die unterdrückten Gruppen, weil ihre Stimme die einzige sein wird, die man hört. Gegensätzliche Ansichten zu Fragen der sozialen Gerechtigkeit stehen nicht zur Diskussion; sie müssen zum Schweigen gebracht werden. Mit anderen Worten: *Je mehr ich unterdrückt bin, desto mehr habe ich das Recht, Sie zum Schweigen zu bringen.*

Einige argumentieren gegen die freie Meinungsäußerung auf der Grundlage des „emotionalen Wohlbefindens" unterdrückter Gruppen. „Beleidigende Rhetorik" umfasse „rassistische" Bücher wie die von Plato, Aristoteles, John Locke usw. Diese Bücher, die zur westlichen Tradition gehören, würden angeblich dazu führen, dass sich Minderheiten unterdrückt fühlen. Deshalb wurden sie aus vielen Kursen in Literatur oder Philosophie gestrichen. Kürzlich strich die Yale University ihren hoch bewerteten Kurs „Einführung in die Kunstgeschichte: Von der Renaissance bis zur Gegenwart", weil er die europäische Kunst auf Kosten anderer Kunsttraditionen auf ein Podest stelle. Stattdessen werden nun Minikurse zu „‚Kunst und Politik', zu Fragen von ‚Geschlecht, Klasse und Rasse' und zum Verhältnis von Kunst, Kapitalismus und Klimawandel"[26] angeboten. Verschwunden sind die reichen Traditionen und Beiträge der europäischen Geschichte, darunter die von Leonardo da Vinci, Michelangelo und Rembrandt. Und Dutzende von anderen. Und die Auswirkungen sind von ungeheurer Tragweite.

Einschüchterung auf dem Campus

Nach Ansicht der radikalen Säkularisten muss eine nicht genehmigte Rede unterbunden werden – notfalls auch mit Gewalt. Im März 2017 weigerte sich ein Mob am *Middlebury College* in Vermont, den Sozialwissenschaftler Charles Murray sprechen zu lassen. Die protestierenden Studenten schrien, schlugen gegen die Wand und lösten sogar einen Feueralarm aus. Sie wurden gegen eine Professorin handgreiflich, die eine Gehirnerschütterung erlitt; und Murray selbst wurde beinahe verprügelt. Seine Forschung zog Schlussfolgerungen über Rasse, das Sozialhilfesystem und die amerikanische Lebensweise, die nicht den Kriterien der Gedankenpolizei entsprach.

Ich habe Murrays Schriften nicht gelesen, also ist es nicht meine Absicht, seine Ansichten zu verteidigen. Mein einziger Punkt ist, dass es ihm erlaubt sein sollte, über seine Forschungen zu informieren – nicht zuletzt deshalb, weil er von einer Gruppe von Studenten eingeladen wurde, dies zu tun. Warum nicht wenigstens bereit sein, seine Ansichten zu diskutieren?

Nur für den Fall, dass Sie denken, die Middlebury-Veranstaltung sei ein Einzelfall von Gewalt gegen die Meinungsfreiheit gewesen: 177 Professoren im ganzen Land unterzeichneten einen offenen Brief, in dem sie das *Middlebury College*, nicht die Studenten, für das Chaos verantwortlich machten.. Die Anwesenheit von Murray sei eine „Bedrohung für die Studenten" gewesen. Und der Protest wurde als „aktiver Widerstand gegen Rassismus, Sexismus, Klassismus, Homophobie, Transphobie, Ablehnung von Behinderten,

Ethnozentrismus, Fremdenfeindlichkeit und alle anderen Formen ungerechter Diskriminierung"[27] beschrieben.

Meine Ansicht ist: Wenn man nicht mit Murray einverstanden ist, warum lässt man ihn nicht erst einmal für sich selbst sprechen und widerlegt dann seine Argumente mit anderweitigen Studien? Diejenigen, die mit dem, was er zu sagen hatte, nicht einverstanden waren, hätten sich entscheiden können, einfach nicht hinzugehen. Sie hätten sogar andere vor seinen Ansichten warnen können. Oder noch besser, sie hätten als Entgegnung auf seinen Vortrag danach einen anderen Redner einladen können. Aber nein – Murrays Rede musste mit Gewalt beendet werden. Eine Widerlegung seiner vorgeschlagenen Theorien ist nicht erforderlich; Gewalt wird als akzeptabler Ersatz für rationales Denken angesehen.

Bei Vorfällen wie diesen gibt die Hochschule oder Universität in der Regel eine Erklärung ab, die mit den Worten beginnt: „Wir glauben an das Recht auf freie Meinungsäußerung, aber ..." – und führt dann eine Liste von Gründen für das Verbot der freien Meinungsäußerung an.

Dann geht die Verwaltung fast immer auf die Proteste der Studenten ein, egal wie empörend diese sind, und man erklärt, dass „wir im Gespräch bleiben müssen".

Der Verlust unserer Freiheiten kann eine ungewöhnliche Wendung nehmen. Der Rechtsstreit *Christian Legal Society v. Martinez* kam dadurch zustande, dass die Universität von Kalifornien, *Hastings College of the Law*, darauf bestand, die *Christian Legal Society* könne von ihren Leitern nicht verlangen, sich an eine bestimmte Reihe von Überzeugungen und Verhaltensweisen zu halten – sondern müsse für alle Studenten offen sein, ohne Diskriminierung. Das bedeute zum Beispiel, dass ein Atheist Präsident der *Christian Legal Society* an dieser Universität werden könne. Diese Aktion seitens der Universität war eine Verweigerung der Versammlungsfreiheit und der freien Religionsausübung. Die Vorstellung, dass Studentengruppen an der Universität keine religiösen, politischen oder moralischen Anforderungen an die Leitung haben dürfen, widerspricht dem gesunden Menschenverstand und macht den eigentlichen Zweck solcher Gruppen zunichte.

Was ist der Kern dieser universitären Intoleranz? Heather Mac Donald schreibt: „Im Zentrum steht eine Weltsicht, die die westliche Kultur als alteingesessen rassistisch und sexistisch betrachtet. Das übergeordnete Ziel des Bildungsestablishments ist es, jungen Menschen innerhalb der immer länger werdenden Liste offizieller Opferklassifizierungen beizubringen, sich selbst als existenziell unterdrückt zu betrachten. Ein Resultat dieser Lehre ist das gewaltsame Unterdrücken von konträren Äußerungen."[28]

Sie werden feststellen, dass die Argumente gegen Meinungsfreiheit im Grunde die gleichen sind, welche die Kommunisten während ihrer Schreckensherrschaft in Russland und Osteuropa verwendet haben. Das Argument ist simpel: Meinungsfreiheit untergräbt die Rechte der Unterdrückten und Armen, denen der Staat jedoch helfen will. Die freie Meinungsäußerung müsse zum Wohle des Volkes verboten werden damit die Rechte *aller* Menschen gleichermaßen vertreten werden könnten. Kapitalisten sollte nicht länger erlaubt werden, gegen die Sozialisten zu argumentieren;

Christen sollten den Atheismus nicht in Frage stellen. Und Freidenker haben nicht das Recht zu argumentieren, dass es Wege gebe, wie der Staat der Bevölkerung besser dienen könnte. Freie Meinungsäußerung würde die kommunistische Vision stören, allen Gruppen „Gleichheit" zu bringen. Diese würde die Einheit des Gemeinwesens stören.

Hören Sie genau hin: Ich sage sehr wohl, dass den Schülern beigebracht werden *sollte*, verschiedene Rassen und unterschiedliche Ansichten über Rasse, Sexualität und politische Zugehörigkeit zu respektieren. Freie Meinungsäußerung darf nicht bedeuten, dass wir Menschen beschimpfen, erniedrigen und Obszönitäten verwenden. Aber man sollte die Menschen auch nicht so verhätscheln, dass ihre Egos so zerbrechlich werden, dass schon lediglich eine alternative Sichtweise – selbst wenn sie legitim und durchdacht vorgetragen wird – unter keinen Umständen mehr angehört werden darf.

Zu oft haben Beschimpfung und Schuldzuweisung das Zuhören und Argumentieren ersetzt.

Die Auswirkungen von Intoleranz

Seit den 1970er-Jahren hat die radikale Bewegung eine politische Basis in unseren Universitäten etabliert, indem sie konservative Dozenten und Texte säuberte und wissenschaftliche Disziplinen in politische Trainingskurse verwandelte. Diese linken Indoktrinierungsprogramme wurden im vorigen Kapitel als Studien von Unterdrückung, Studien zur sozialen Gerechtigkeit, feministische Studien, Studien zum Weißsein und dergleichen beschrieben.

Eigentlich stimme ich ja nur selten mit Andrew Sullivan überein – einem prinzipientreuen Liberalen und prominenten Aktivisten. Aber kürzlich sah selbst er sich veranlasst, Alarm zu schlagen. Er wies darauf hin, dass diese radikale Bewegung eine existenzielle Bedrohung für die amerikanische Ordnung des Pluralismus und der individuellen Freiheit darstelle:

Wenn Eliteuniversitäten ihr gesamtes Weltbild weg von der liberalen Bildung, wie wir sie seit Langem kennen, hin zu den Imperativen einer identitätsbasierten „sozialen Gerechtigkeits-Bewegung" verlagern, besteht die Gefahr, dass auch die breite Masse der Bevölkerung von der liberalen Demokratie abdriftet.

Wenn die Eliten glauben, dass die Kernwahrheit unserer Gesellschaft ein System ineinandergreifender und unterdrückender Machtstrukturen sei, die auf unveränderlichen Merkmalen wie Rasse oder Geschlecht oder sexueller Orientierung gründen, dann wird sich dies eher früher als später in unserer Kultur insgesamt widerspiegeln. Was in diesen Ausbildungsstätten am meisten zählt – die Zugehörigkeit zu einer Gruppe, die in eine Hierarchie der Unterdrückung eingebettet ist –, wird bald das sein, was in der Gesellschaft insgesamt zählt.

Sullivan fuhr fort zu beschreiben, wie diese Vorstellung einen Angriff auf das grundlegende amerikanische Prinzip der Freiheit und Gleichheit der Individuen darstellt:

Das ganze Konzept eines Individuums, das unabhängig von der Gruppenidentität existiert, entgleitet dem Diskurs. Die Idee des individuellen Verdienstes – im Gegensatz zu verschiedenen Formen unverdienter „Privilegien" – ist zunehmend verdächtig. Die Prinzipien der Aufklärung, die das Fundament des amerikanischen Modells bildeten – freie Meinungsäußerung, rechtsstaatliche Verfahren, individuelle Rechte (statt Gruppenrechte) –, werden jetzt routinemäßig als bloße Masken für die Macht des „weißen Mannes" verstanden, als Codewörter für die Unterdrückung von Frauen und Nicht-Weißen. Alle Unterschiede im Ergebnis für verschiedene Gruppen können nur eine Auswirkung von „Hass" sein und entspringen nicht etwa der Natur oder der Wahl oder der Freiheit oder des individuellen Handelns.. Und jeder, der diese Behauptungen in Frage stellt, gehört offensichtlich selbst zur weißen Vorherrschaft.[29]

Es ist in der Tat seltsam, dass wir in diesem Jahrhundert ernsthaft die Meinungsfreiheit verteidigen müssen – ein Recht, das hart erkämpft wurde, sogar bis hin zum Blutvergießen. Wenn uns die Aufklärung etwas gelehrt hat, dann ist es die Tatsache, dass die Meinungsfreiheit deshalb zustande kam, weil Leute, die zwar gegensätzliche Standpunkte vertraten, dennoch bereit waren, sich auf Auseinandersetzungen, Diskussionen und hitzige Debatten einzulassen.

Argumente für die Meinungsfreiheit

Wir leben in einer „beleidigten Generation". Uns wird gesagt, dass jedermanns Recht auf freie Meinungsäußerung beschnitten werden sollte, um niemanden zu beleidigen. Beleidigende Worte, egal wie höflich oder vernünftig sie geäußert werden, sollen unterbunden werden.

Der Islam treibt dies auf die Spitze und unterdrückt die freie Meinungsäußerung, wo immer sie vorherrscht. Seit 2008 will die *Organization of Islamic Countries* (OIC) ein Gesetz von den Vereinten Nationen verabschieden lassen, dass jede Kritik am Islam zu einem Verbrechen macht. Sogenannte „Blasphemiegesetze" kriminalisieren in vielen muslimischen Ländern jegliche Beanstandung des Islam und behandeln solche Kritik oft als Kapitalverbrechen.[30] Es sei sogar Blasphemie, einfach nur ein stiller Christ zu sein – weil Christen an die Dreieinigkeit und die Sohnschaft Jesu Christi glauben. Zur Zeit ist keine Religion auf der ganzen Welt so repressiv wie der Islam. Traurigerweise gilt es sogar in westlichen Nationen als politisch inkorrekt, und man wird verurteilt, wenn man den Islam kritisiert.

Niemand weiß mehr über die Intoleranz des Islams als Salman Rushdie, der Romanautor, der unter eine Fatwa gestellt wurde – das heißt, unter ein muslimisches Todesurteil. Sein Verbrechen: das Schreiben über die sogenannten „Satanischen Verse", die im Koran zu finden sind. Zehn Jahre nach Bekanntgabe der Fatwa wurde diese zwar aufgehoben, doch bis heute zeigt sich Rushdie in der Öffentlichkeit nur unter Begleitung seiner Leibwache.

Rushdies Verteidigung der Meinungsfreiheit ist ein Klassiker; er argumentiert zu Recht, dass Meinungsfreiheit auch das Recht bedeute, andere zu beleidigen. „Die Idee, dass irgendeine Art von freier Gesellschaft konstruiert werden kann, in der Menschen niemals beleidigt oder gekränkt werden, ist absurd."

Er fährt fort:

> Es muss eine grundlegende Entscheidung getroffen werden: Wollen wir in einer freien Gesellschaft leben oder

nicht? Demokratie ist kein Kaffeekränzchen, bei dem die Leute herumsitzen und höfliche Gespräche führen. In Demokratien regen sich die Menschen extrem übereinander auf. Sie argumentieren vehement gegen die Positionen des jeweils anderen.

Man beachte seine scharfsinnigen Überlegungen:

Menschen haben das grundsätzliche Recht, eine Auseinandersetzung bis zu dem Punkt zu führen, an dem jemand durch das, was sie sagen, beleidigt wird. Das ist kein Trick, jemandes Meinungsfreiheit zu unterstützen, dem man zustimmt oder dessen Meinung einem gleichgültig ist. Die Verteidigung der freien Meinungsäußerung beginnt an dem Punkt, an dem jemand etwas sagt, das Sie nicht ertragen können. Wenn Sie sein Recht, genau das zu sagen, nicht verteidigen können, dann glauben Sie nicht wirklich an die Meinungsfreiheit. Sie glauben nur solange an die Meinungsfreiheit, wie sie Ihnen nicht auf die Nerven geht.[31]

Diese Aussage sollte über den Eingangsflur jedes Colleges und jeder Universität geschrieben werden: *Sie glauben nicht an die Meinungsfreiheit, es sei denn, Sie geben anderen das Recht, Sie mit dem, was sie sagen, zu beleidigen.*

Die Argumente für die freie Meinungsäußerung gehen auf die Reformation zurück, als Martin Luther sich gegen rund 1000 Jahre kirchlicher Kontrolle stellte und sein Recht geltend machte, Päpsten und Konzilien zu widersprechen. Die biblische Lehre vom Priestertum aller Gläubigen öffnete die Tür zur Gewissens- und Meinungsfreiheit. Diese Ideen wurden in der Aufklärung erweitert. Männer wie John Locke argumentierten, dass die Vernunft wesentlich für die Erkenntnis der Realität und Teil dessen sei, was wir als Individuen sind. Die Freiheit zu denken, zu interagieren, zu kritisieren und zu diskutieren ist für das Gemeinwohl unerlässlich. Und wenn man die Studien betrachtet, die speziell dazu gedacht sind, unser Wissen zu erweitern – die wissenschaftlichen, philosophischen und religiösen Studien – dann steht außer Frage, dass die Meinungsfreiheit essentiell ist. Die Meinungsfreiheit ist die Grundlage für unsere anderen Freiheiten.

George Orwell, den wir alle lesen sollten, hat es am besten formuliert: „Wenn Freiheit überhaupt etwas bedeutet, dann ist es das Recht, den Leuten eben das zu sagen, was sie nicht hören wollen."[32] Das ist es wert, wiederholt zu werden: *Wenn Freiheit überhaupt etwas bedeutet, dann ist es das Recht, den Leuten eben das zu sagen, was sie nicht hören wollen.*

Offensichtlich verachtet die radikale Linke diese Freiheit. Die Möglichkeit, etwas Beleidigendes oder etwas zu hören, das nicht mit ihren liebgewonnenen Überzeugungen übereinstimmt, lässt sie sich an „sichere Orte" zurückziehen, wo sie sich mit dem auseinandersetzen können, was sie als Marginalisierung ihrer selbst und ihr nicht gewürdigtes Opferdasein ansehen. Sie sehnen sich nach einer Echokammer*, in der sie nur den Klang ihrer eigenen Stimmen und Beschwerden hören.

Welch eine Ironie: Die Zensoren – die Radikalen, die nur allzu bereit sind, denen, die nicht mit ihnen übereinstimmen, die Freiheit zu verweigern – werden in unserer Kultur als tolerant wahrgenommen, während diejenigen, die an christlichen oder traditionellen Ansichten festhalten wollen, als intolerant gelten. Mit anderen Worten – die Philosophie der Linken ist die folgende: *Toleranz predigen, aber unflexible Intoleranz gegen jeden praktizieren, der den Mut hat, einen anderen Standpunkt zu vertreten.*

Herbert Marcuse und Stanley Fish nutzten beide die Meinungsfreiheit, als sie ihre Bücher gegen eben diese Meinungsfreiheit

---

*   Ausdruck für einen metaphorischen Raum, in dem Aussagen verstärkt und Störgeräusche, etwa anders lautende Meinungen, geschluckt werden. (Anm. d. dt. Hg.)

schrieben. Die Freiheit, die sie genossen, wurde um einen hohen Preis erworben. Sie wollten anderen genau das Recht verweigern, das es ihnen erlaubte, ihre Sichtweise mittels ihrer Schriften und Vorträge auszudrücken.

Die freie Meinungsäußerung war schon immer eine der am meisten geheiligten Freiheiten in Amerika. Frederick Douglass erklärte 1860, dass „die Sklaverei keine Meinungsfreiheit dulden kann. Fünf Jahre ihrer Ausübung würden die Auktionsbühne verbannen und jede Kette im Süden brechen." Douglass sagte diese Worte zu einer Zeit, als die Zeitungen ein Redeverbot für die Gegner der Sklaverei unterstützten. Nachdem er von einem Mob angegriffen worden war, warnte Douglass, dass „Freiheit bedeutungslos ist, wo das Recht, seine Gedanken und Meinungen zu äußern, aufgehört hat zu existieren. Das ist von allen Rechten das am meisten gefürchtete für Tyrannen. Es ist das eine Recht, das sie als erstes niederschlagen."[33]

Meinungsfreiheit ist der Schrecken eines jeden Tyrannen!

Die Antwort der Gemeinde

Dies ist der falsche Zeitpunkt für furchtsame Seelen.

Kühnheit fällt leicht, wenn man mitten unter Leuten ist, die mit einem übereinstimmen; sie ist schwierig, wenn man allein mitten unter solchen ist, die einem den Untergang wünschen. Kühnheit auf der Kanzel ist eine Sache, Kühnheit in einer Stadtratssitzung eine andere. Kühnheit zeigt sich am deutlichsten, wenn man die Brücke abgebrochen hat, die es ermöglicht hätte, sich in Sicherheit zu bringen.

Es gibt zwei Arten, wie die gegenwärtige Kultur Christen einzuschüchtern versucht. Die eine beinhaltet, das zu kriminalisieren, was sie sagen oder tun; und die andere, sie zu beschimpfen. Vielen Christen wird man ihren Glauben nicht ausreden können, aber sie werden aufgrund ihres Glaubens verspottet werden. Scham wird viele Christen dazu bringen, sich schweigend zurückzuziehen.

Gesetze gegen Hassreden werden unser Zeugnis illegal erscheinen lassen. Wenn sich Christen gegen die Kultur aussprechen, wird das als Hassrede bezeichnet werden – und Hass hat keinen Platz in einer öffentlichen Debatte. Kanada hat bereits Gesetze gegen Hassreden erlassen. Christlichen Pastoren ist es verboten, im Fernsehen gegen die gleichgeschlechtliche Ehe zu predigen, und ein Mann, Mark Harding, wurde von einem Imam zu 340 Stunden Sensibilitätstraining verurteilt, weil er sich gegen den Islam ausgesprochen hatte.[34] Ist Meinungsfreiheit wichtig?

Ganz offensichtlich haben die Gesetze zur freien Meinungsäußerung in den westlichen Nationen die Christen dabei unterstützt, das Evangelium in der ganzen Welt zu verbreiten. Die Meinungsfreiheit ist ein besonderes Geschenk, das von uns allen unterschätzt wird. Aber historisch gesehen hat die Gemeinde fast 2000 Jahre lang ohne Meinungsfreiheit überleben müssen. Der Widerstand gegen die Meinungsfreiheit begann schon früh in der Geschichte der Gemeinde. Kurz nach der Geburt der Gemeinde wurde es als verboten angesehen, im Namen Jesu zu predigen; es galt als Hassrede, die mit Gefängnisstrafe und manchmal sogar mit dem Tod geahndet wurde.

Nehmen Sie sich Zeit, Apostelgeschichte 4 zu lesen. Petrus und Johannes vollbrachten ein Wunder im Namen Jesu und predigten, dass dies in der Kraft dessen geschehen war, der kurz zuvor, von den Juden getötet worden war.

Doch die Behörden waren nicht erfreut darüber. Daraufhin wurden die beiden verhaftet. Als sie aufgefordert wurden, sich zu verteidigen, verkündete Petrus erneut freimütig, dass das Wunder „im Namen Jesu Christi, des Nazoräers" geschehen sei, „den ihr gekreuzigt habt […] Und es ist in keinem anderen das Heil; denn auch kein anderer Name unter dem Himmel ist den Menschen gegeben, in dem wir gerettet werden müssen" (Apostelgeschichte 4,10.12).

Hier ist keinerlei politische Korrektheit zu sehen. „Durch deine Zustimmung hast du Jesus ans Kreuz geschlagen, und wenn du nicht an ihn glaubst, gibt es für dich keine Rettung!"

Die Märtyrer vor uns haben bewiesen, dass Meinungsfreiheit nicht notwendig ist, um treu sein zu können.

Als Petrus und Johannes bedroht und gewarnt wurden, nicht mehr im Namen Jesu zu reden, antworteten sie: „Ob es vor Gott recht ist, auf euch zu hören und nicht auf Gott, das müsst ihr beurteilen; denn wir können nicht anders, als von dem reden, was wir gesehen und gehört haben" (Verse 19-20). Nimm es oder lass es - deine Drohungen werden uns nicht davon abhalten, das Evangelium zu predigen! Die Märtyrer vor uns haben bewiesen, dass Meinungsfreiheit nicht notwendig ist, um treu sein zu können. Richard Wurmbrand schrieb in *Gefoltert für Christus* über Eltern, die ihren Kindern den christlichen Glauben beibrachten. „Wenn entdeckt wurde, dass sie ihre Kinder Christus lehrten, wurden sie ihnen auf Lebenszeit weggenommen – ohne Besuchsrecht."[35]

Gott demütigt uns. In den 1980er-Jahren schauten wir auf die moralische Mehrheit, um Amerikas moralischen und geistlichen Verfall aufzuhalten. Wir schauten auf die Gerichte und auf das Weiße Haus. Aber Stück für Stück bringt unsere Kultur unser Zeugnis zum Schweigen. Die Studenten an den heutigen Universitäten stehen vor Herausforderungen, die frühere Generationen nie hatten.

Ich besuchte die Universität zu einer Zeit, als wir unseren Glauben frei teilen konnten; unterschiedliche politische und religiöse Gruppen konnten sich frei auf dem Campus versammeln. Ich besuchte die Universität zu einer Zeit, in der man diejenigen, mit denen man nicht übereinstimmte, entweder ignorieren oder mit ihnen in Dialog treten konnte. Es gab eine allgemeine Bereitschaft, über Meinungsverschiedenheiten zu diskutieren. Das Sprichwort „Ich mag nicht einverstanden sein mit dem, was du sagst, aber ich werde bis zum Tod dafür kämpfen, dass du das Recht hast, es zu sagen" wurde als die Norm akzeptiert.

Diese Zeiten sind vorbei – nicht nur an unseren Universitäten, sondern auch in der Arbeitswelt, beim Militär und leider sogar in unseren Gemeinden. Und dort, wo es noch keine Gesetze gibt, welche die Meinungsfreiheit einschränken, sind wir versucht, das, was wir sagen, selbst zu zensieren. Oder zumindest gibt es viele, die bereit sind, uns anzuklagen, schuldig, lieblos und intolerant zu sein. Natürlich muss unser Reden allezeit in Gnade und mit Salz gewürzt sein. Wir schreien niemanden an (wie ich es vor Jahren in Zürich bei einem wütenden Evangelisten gesehen habe). Meinungsfreiheit bedeutet nicht, dass wir verurteilend zu unserer Nation sprechen – als ob wir frei von eigenen Schwächen und Sünden wären. Wir geben Rechenschaft über die Hoffnung, die in uns ist, mit Respekt, Sanftmut und Ehrerbietung (siehe 1. Petrus 3,16).

Einer meiner Helden ist der Reformator Hugh Latimer aus dem 16. Jahrhundert. Als er gebeten wurde, vor König Heinrich VIII. zu predigen, rang er mit dem, was er sagen sollte. Sie werden sich erinnern, dass Heinrich den Ruf hatte, die Köpfe seiner Feinde abschlagen zu lassen, darunter auch zwei seiner Frauen.

Während er sprach, kämpfte Latimer mit sich selbst: „Latimer! Latimer! Erinnerst du dich, dass du vor dem erhabenen und mächtigen König Heinrich VIII. sprichst, der die Macht hat, dich ins Gefängnis zu werfen oder dir den Kopf abschlagen zu lassen, wenn es ihm gefällt? Solltest du nicht achtgeben, nichts zu sagen, was die königlichen Ohren beleidigen könnte?" Er hielt einen Augenblick inne, dann fuhr er fort: „Latimer! Latimer!

Erinnerst du dich nicht, dass du vor dem König der Könige und dem Herrn der Herren sprichst; vor Ihm, vor dessen Thron Heinrich VIII. stehen wird; vor Ihm, vor dem auch du eines Tages Rechenschaft ablegen musst? Latimer! Latimer! Sei deinem Meister treu und verkünde das ganze Wort Gottes."[36]

Latimer verkündete Gottes Wort, und obwohl Heinrich sein Leben verschonte, ließ ihn Heinrichs Tochter, Königin Maria (Bloody Mary), auf dem Scheiterhaufen in Oxford verbrennen. Als er inmitten der Flammen starb, soll er Bischof Ridley, der ebenfalls mit ihm den Flammen übergeben wurde, zugerufen haben: „Meister Ridley, stehen Sie Ihren Mann; wir werden heute durch Gottes Gnade eine solche Kerze in England anzünden, die, wie ich hoffe, niemals ausgelöscht werden wird."[37]

Das Geheimnis der Kühnheit? Gott mehr als die Flammen fürchten. Fürchten Sie ihn mehr als Ihren Ruf. Lassen wir den kleinmütigen, lauwarmen Führungsstil hinter uns! Heute ist der Tag, an dem wir mutig und kompromisslos in Wahrheit und Liebe „unseren Mann stehen" und alles für Gott riskieren.

Wir können damit rechnen, dass Ansichten, die von denen der Gedankenpolizei abweichen, boykottiert, beschämt und bloßgestellt werden. Aber wir lassen uns nicht zum Schweigen bringen. Wir werden die Schande, den Spott und die Strafen ertragen.

Man wird uns hören, und wir beten, dass die Gemeinde mit einer Stimme spricht.

Ein Gebet, das wir alle beten müssen

Vater, wir beten Worte, die aus einer Gebetsversammlung der Urgemeinde stammen:

Herrscher, du, der du den Himmel und die Erde und das Meer gemacht hast und alles, was in ihnen ist [...] in dieser Stadt versammelten sich in Wahrheit gegen deinen heiligen Knecht Jesus, den du gesalbt hast, sowohl Herodes als ⟨auch⟩ Pontius Pilatus mit den Nationen und den Völkern Israels, alles zu tun, was deine Hand und dein Ratschluss vorherbestimmt hat, dass es geschehen sollte. Und nun, Herr, sieh an ihre Drohungen und gib deinen Knechten, dein Wort mit aller Freimütigkeit zu reden. (Apostelgeschichte 4,24.27-29)

Lass uns die Hoffnung, die in uns ist, mit Sanftmut und Ehrerbietung erklären (1. Petrus 3,15). Lass uns demütig für die Wahrheit eintreten und die Konsequenzen in Deine Hände legen. Lehre uns, wann wir reden und wann wir schweigen sollen; mögen wir „klug wie die Schlangen und einfältig wie die Tauben" sein (Matthäus 10,16).

Lass uns nicht schreien, sondern lass uns sprechen.

In Jesu Namen, Amen.

KAPITEL 5

Verkaufe es als edle Sache

Propaganda kann die Ausrichtung einer Nation ändern. In Ozeanien, dem abschreckenden totalitären Staat in George Orwells Roman *1984*, haben wir eine fesselnde Beschreibung, wie das sogenannte Ministerium für Wahrheit eine subtile, finstere Sprache, „Newspeak", zur Gehirnwäsche der Menschen verwendet. Der Slogan von Ozeanien lautet: „Krieg ist Frieden; Freiheit ist Sklaverei; Unwissenheit ist Stärke."[1] Die Gedankenpolizei war in der Lage, die Ideen zu kontrollieren, die die politischen und moralischen Ansichten der Kultur bestimmten.

Der Entzug der individuellen Freiheiten wurde der Bevölkerung als Vorteil verkauft. Die Sklaverei dem Staat gegenüber wurde als das Tor zu Freiheit und Wohlstand präsentiert. Eroberung wurde als Befreiung verkauft. Alles, was man tat, war immer zum „Wohle des Volkes". „Ich erinnere mich persönlich an den Besuch einiger von Adolf Hitlers Konzentrationslagern, die als Freiheitslager bezeichnet wurden. An den Eingangstoren prangte der Slogan „Arbeit macht frei".*

„Neusprech" (Newspeak), „Doppeldenk" (Doublethink), „Gedankenpolizei" (Thought Police), „Großer Bruder" (Big Brother)– all diese Wörter und Ausdrücke sind dank George Orwell in unseren Wortschatz eingegangen.

Seine Schriften entlarvten wie vielleicht keine anderen sonst, auf welche Weise Propaganda verwendet wird, um einen totalitären Staat zu kontrollieren. Er bot Einsichten, die wir alle lesen müssen.

Der Zweck der Propaganda ist es, die Wahrnehmung der Realität der Menschen zu verändern, sodass sie trotz zwingender Gegenbeweise ihre Meinung nicht ändern werden. Das Ziel ist es, die Leute

---

* Siehe dazu die Hinweise im Vorwort zur dt. Ausgabe. (Anm. d. dt. Hg.)

unempfänglich für Fakten, wissenschaftliche Beweise und den gesunden Menschenverstand zu machen. Natürlich sind Fakten und wissenschaftliche Beweise manchmal interpretationsbedürftig. Aber oftmals werden offensichtliche Argumente beiseitegeschoben, weil die Menschen glauben, was sie glauben wollen – selbst angesichts der zunehmenden gegenteiligen Beweise. Jemand hat gesagt, das ultimative Ziel der Propaganda sei, dass wir uns wie ein Kind die Ohren zuhalten und schreien: „Ich kann dich nicht hören!"

Und wenn die Radikalen einen Standpunkt zu hören bekommen, der ihre Überzeugungen in Frage stellt, verdammen sie oft die Person, die das sagt. Sie versuchen, einige belastende persönliche Informationen über diesen Menschen zu finden und sie dann in den Medien zu verbreiten. Dadurch wird die Notwendigkeit, sich mit den Themen zu befassen, die ihr Denken in Frage stellen, bequemerweise „aufgehoben". Mit anderen Worten: „Ich mag die Botschaft nicht, also werde ich einfach den Überbringer zerstören." Ihre Reaktion besteht eher in Empörung als in rationalen Argumenten.

Nur die Macht der Propaganda kann Bewegungen erklären, die nach der Abschaffung der Polizei schreien und Ordnungshüter als starke Bedrohung für unsere Gesellschaft verunglimpfen, während sie gleichzeitig Anarchisten entschuldigen oder sogar verteidigen. All dies geschieht in einer Zeit, in der die Kriminalitätsraten in unseren Städten in die Höhe schießen und die Menschen befürchten, dass sie sich selbst verteidigen müssen, wenn der Mob vor ihrer Tür steht. Die Zerstörung von Recht und Ordnung wird unter dem Vorwand des Fortschritts verkauft. Und natürlich dem sehr edlen Ziel der *Gerechtigkeit*.

Propaganda wird von jeder politischen Partei, egal welcher Couleur, eingesetzt. Sie und ich können auf Propaganda zurückgreifen, wenn wir versuchen, eine Idee zu verkaufen oder uns zu verteidigen. Als Gott Adam dafür verurteilte, dass er die Frucht des verbotenen Baumes gegessen hatte, gab Adam Eva die Schuld für seine Taten.

Was er sagte, war nicht ganz falsch, aber es war nicht die ganze Wahrheit. Er benutzte das Medium Sprache zu einem vergeblichen Versuch, falsche Tatsachen vorzutäuschen. *Verdrehung der Fakten.*

Im Garten lockte die Schlange Adam und Eva mit Früchten, die gut aussahen, um ihnen dann aber etwas Schreckliches zu geben. Der Teufel appellierte eher an ihre Begierden als an ihren Verstand; er wusste, dass der Appetit mächtiger sein kann als die Vernunft. Wie ein Fallensteller, der Fleisch anbietet, aber darunter eine tödliche Falle verbirgt, so lockt uns die Propaganda bis hin zu dem Glauben, dass wir etwas Bestimmtes bekommen, aber in Wirklichkeit erhalten wir natürlich etwas anderes. Hinter der Falle steht der Fallensteller, und hinter der Lüge steht der Lügner.

In diesem Kapitel werden wir uns ansehen, wie eine radikale Agenda ausgearbeitet wird, um die Menschen zu täuschen. Wir werden sehen, wie das Bizarre unter dem Deckmantel, Freiheit zu generieren, zur Normalität und wie die Realität verleugnet wird, um die Menschen dazu zu bringen, eine alternative vermeintliche „Wahrheit" zu akzeptieren.

Als Christen müssen wir besser darin werden, Propaganda zu erkennen und ihren ungeheuerlichen Gebrauch in unserer Kultur, den Medien und sozialen Netzwerken zu identifizieren. Wir sollten unser Bestes tun, um zu verstehen, wie wir unbewusst manipuliert werden, und wie wir vielleicht auch andere manipulieren. Und wir sollten bereit sein, unsere Meinung zu ändern, wenn die Beweise dies rechtfertigen.

Wie Propaganda funktioniert

Edward Bernays verteidigt in seinem Buch *Propaganda* den Einsatz von Propaganda und die Notwendigkeit der, wie er sagt, „intelligenten Manipulation" der Massen. Er erklärt: „Diejenigen, die diesen unsichtbaren Mechanismus der Gesellschaft manipulieren, bilden eine unsichtbare Regierung, die die wahre herrschende Macht in unserem Land ist."[2]

Bernays schreibt, dass „wir regiert werden, unser Verstand und unser Geschmack geformt werden sowie unsere Ideen größtenteils von Männern vorgeschlagen werden, von denen wir noch nie gehört haben ... Sie sind die Drahtzieher, welche die öffentliche Meinung kontrollieren, sich dazu die alten gesellschaftlichen Strukturen zunutze machen und neue Wege ersinnen, um die Welt zu binden und zu lenken."[3]

Schauen Sie sich seine Beschreibung genauer an: Propaganda ist „ein unsichtbarer Mechanismus", „eine unsichtbare Regierung"; sie beinhaltet „neue Wege, uns zu binden und zu lenken". Sie kontrolliert, was wir denken, *ohne dass wir wissen, dass wir kontrolliert werden*.

Propaganda nimmt viele verschiedene Formen an. Manchmal versteckt sie die Wahrheit; manchmal verwendet sie Halbwahrheiten; manchmal verzerrt sie die Wahrheit durch die selektive Verwendung von Fakten oder der Geschichte, oder sie gebraucht einseitige Behauptungen. Fast immer versucht sie, ihre Argumente darzulegen, indem sie sich auf ein höheres Ziel beruft – wie das „Gemeinwohl", „Gerechtigkeit" oder zur Begründung behauptet, dass es „um unsere Rechte" gehe. Sie beansprucht ein hohes moralisches Recht und wird als edle Sache verkauft.

Appell an ein höheres Ziel

Betrachten wir als Beispiel, wie ein Tabakunternehmen Frauen davon überzeugte, zu rauchen und dies in der Öffentlichkeit zu tun. Bis etwa 1926 galt es als unschicklich für Frauen, in der Öffentlichkeit zu rauchen. George Washington Hills *American Tobacco Company* (zu der die Marke *Lucky Strike* gehörte) engagierte Edward Bernays, um dieses unerwünschte Hindernis für ihr Geschäft aus dem Weg zu räumen. Wenn sie Frauen davon überzeugen könnten, öffentlich zu rauchen, würden sie ihren Profit fast verdoppeln können.

Bernays, der seine Philosophie von Propaganda mit Psychologie verband (Sigmund Freud war sein Onkel), kam auf eine geniale Idee: die Frauen daran zu erinnern, dass sie ja unterdrückt seien, und dann Zigaretten als ihre „Fackeln der Freiheit" zu bezeichnen.

Im Jahr 1929 versammelten sie also eine Gruppe von Frauen, die rauchend an der New Yorker Parade am Ostersonntag teilnahmen und stolz ihre „Fackeln der Freiheit" zeigten. Für Frauen wurde das Rauchen in der Öffentlichkeit nun zu einem Symbol der Nonkonformität, der Unabhängigkeit und Stärke. Es war ein Zeichen der Rebellion gegen die männliche Dominanz. Über die negativen Auswirkungen des Rauchens, sein Suchtpotenzial und den engen Zusammenhang mit Lungenkrankheiten wurde natürlich nichts gesagt (fairerweise muss man hinzufügen, dass diese Auswirkungen damals noch nicht allgemein bekannt waren). Aber als das Rauchen zu einem Symbol für Gleichberechtigung und die Befreiung der Frau wurde, erschloss sich *Lucky Strike* einen neuen und lukrativen Markt. Der Rest ist Geschichte.

Von nun an gründet Werbung nicht mehr nur auf einem *Bedürfnis*, sondern auf einem *Wunsch*. Auf diese Weise machte man die Menschen zu Konsumenten, sodass sie immer wieder das kaufen, was sie nicht brauchen. Neue Autos werden den Männern als Symbole für Männlichkeit oder Sexualität verkauft; Frauen sind bereit, sehr unbequeme Kleidung zu kaufen und sie stolz zu tragen, nur um im Trend zu liegen. Und weil sich die modischen Trends ständig wandeln, wird fortgesetzt gekauft, was man nicht braucht, nur um modisch zu sein. In der Werbung werden unablässig versteckte Wünsche ausgenutzt, um uns dazu zu bringen, dass wir etwas wollen, was wir gar nicht brauchen.

Übertragen wir dies auf unser moralisches Klima. Jede Sache kann legitim erscheinen, wenn sie mit einer edlen Idee verbunden ist. Selbst das Böse kann, wenn es richtig verpackt wird, als gut erscheinen, und das Gute kann als böse verpackt werden. Jesaja schrieb: „Wehe denen, die das Böse gut nennen und das Gute böse; die Finsternis zu Licht machen und Licht zu Finsternis; die Bitteres zu Süßem machen und Süßes zu Bitterem!" (Jesaja 5,20).

Radikale Säkularisten entwickeln eine Strategie, wie sie das, was böse ist, gut nennen können – aber selbst dann ist ihr Werk noch nicht beendet. Sie müssen nicht nur das Böse als gut bezeichnen, sondern auch das Gute als böse. Nur dann sind sie in der Lage, ihre Agenda zu verkaufen. Dies geschieht nicht durch rationale Argumente, sondern durch Appelle an menschliches Begehren. Als Edmond White, Mitautor von *Die Freuden der Schwulen. Ein Handbuch zum Leben und Lieben (The Joy of Gay Sex)*, vorschlug, dass „schwule Männer ihre sexuell übertragbaren Krankheiten wie Tapferkeitsmedaillen im Kampf gegen eine sex-negative Gesellschaft tragen sollten"[4], gab er ein Beispiel dafür, wie selbst das schmutzigste und selbstzerstörerischste Verhalten als Bereicherung verkauft werden kann. Verkaufe etwas als Befreiung, und du wirst wahrscheinlich Erfolg haben. Kontrolliere die Sprache, und du kontrollierst die Debatte.

Saul Alinsky, ein radikaler Marxist, erklärte seinen Anhängern, wie sie ihre wahre Agenda verschleiern können. In Bezug auf die aktuellen politischen Verhältnisse sagte er: „Sie haben die Waffen, und deshalb sind wir für den Frieden und für die Reformen über den Stimmzettel. Wenn wir die Waffen haben, dann werden wir sie mit Kugeln erreichen."[5]

Beachten wir die Täuschung: Lasst uns vorerst für Frieden und Reformen sein, bis wir an der Macht sind. Dann werden wir die *Wahlurnen* durch *Kugeln* ersetzen.

Verkünden Sie edle Ziele. Verbergen Sie Ihr eigentliches Vorhaben.

Mittels Schlagworten das Böse maskieren

Schlagworte werden oft benutzt, um das Böse zu verbergen.

Ein extremes Beispiel dafür war, als Hitler Kinder verhungern ließ – er nannte es „auf kalorienarme Diät setzen". Die Ausrottung der Juden wurde als „Säuberung des Landes" bezeichnet. Euthanasie wurde „die beste der modernen Therapien" genannt. Kinder, die als untauglich für die Gesellschaft galten, wurden in „Kinderfachkliniken" umgebracht. Hitlers Gefolgsleute verkündeten nicht öffentlich, dass sie Menschen töten wollten. Selbst wenn sie Pläne zur Ausrottung von Millionen schmiedeten, sprachen die Naziführer in abstrakten Begriffen wie beispielsweise der „Endlösung".

Euphemistische Ausdrücke wurden verwendet, um unaussprechliche Verbrechen zu verschleiern. Das Böse wurde in klinischen Fachwörtern beschrieben.

Radikale Muslime nennen die Schrecken der Scharia eine neue Form der Befreiung, und die Grausamkeit ihrer Armeen soll Frieden bringen. In die Sklaverei verkaufte Christen werden verharmlosend als geschütztes Volk kategorisiert. Die Vertreibung von Christen aus ihren Häusern wird als rechtmäßige Umsiedlung bezeichnet, und Folter für den Glauben an die Gottheit Christi ist um Allahs willen als ehrenhaft anzusehen.

James Lindsay sagt in einem Vortrag mit dem Titel „Die Wahrheit über kritische Methoden" über diejenigen, die soziale Gerechtigkeit propagieren, dass *das Etikett auf der Schachtel nicht zum Inhalt passt.*

Auf dem Etikett steht vielleicht „Soziale Gerechtigkeit", aber wenn man die Schachtel öffnet, findet man etwas anderes. Man entdeckt, dass es darum geht, alles in der Gesellschaft zu dekonstruieren und zu versuchen, die bestehende Ordnung aufzulösen; es geht um einen Griff nach der Macht.[6]

Während der Rassenunruhen von 2020 wurde das Schlagwort „Keine Gerechtigkeit, kein Frieden" verwendet, um Gewalt, Diebstahl und Chaos zu rechtfertigen. Man glaubte, die Sache sei gerecht, und so sagte ein Radikaler: „Wenn dieses Land uns nicht gibt, was wir wollen, dann werden wir dieses System niederbrennen ... Ich will nur die Befreiung der Schwarzen und die schwarze Souveränität – mit allen Mitteln, die dazu nötig sind."[7]

Schlagworte werden von den Abtreibungsbefürwortern aktiv genutzt, um ihre Sache voranzutreiben. Diejenigen, die gegen die Abtreibung sind, werden als solche beschrieben, die „mit den Frauen auf Kriegsfuß" stehen. Abtreibungsbefürworter hingegen „schützen die Gesundheit der Frauen" und unterstützen das „Gesetz zur reproduktiven Gesundheit". Damit soll das „Recht der Frau, ihre eigenen Entscheidungen zur Gesundheitsfürsorge zu treffen" bis zum Zeitpunkt der Geburt des Kindes geschützt werden.

„Reproduktive Gesundheitsfürsorge" oder „reproduktive Gerechtigkeit" oder „Schwangerschaftsabbruch" – all das sind Code-Wörter für die Ermordung ungeborener Kinder. Politiker sprechen davon, dass sie für „das Recht der Frau, zu wählen ..." einstehen, aber sie vervollständigen den Satz eher selten. Irgendwie ist es zu ehrlich, zu klar – und zu *abschreckend* – zu sagen, dass sie für das vermeintliche Recht der Frau einstehen, ihr ungeborenes Kind zu töten.

Als die Regierung in Australien beschloss, die Abtreibung zu legalisieren, tat sie dies, indem sie einfach behauptete, dies sei nicht länger eine rechtliche, sondern eine gesundheitliche Angelegenheit. Die Beamten setzten einfach um, was sie als reproduktive Gerechtigkeit bezeichneten. Doch den Ungeborenen wurde keine Gerechtigkeit zuteil, denn sie sind machtlos; sie können nicht wählen. Ungeborene Kinder werden als entbehrlich angesehen, wenn sie den Lebensstil der Mutter und des Vaters des Kindes stören. In der heutigen Wegwerfkultur muss alles, was der sexuellen Freiheit und der persönlichen Bequemlichkeit des Menschen im Wege steht, entsorgt werden, und mit Hilfe von Schlagworten kann dies *legal* getan werden.

Wenn ein Spätgeborenes den Abtreibungsversuch dennoch überlebt und zur Welt kommt, wird es mit einer sog. „Komfort-Therapie" versorgt, während man es verhungern lässt. Hitler hätte es vorsichtiger ausgedrückt: „Wir werden das Baby einfach auf eine kalorienarme Diät setzen."

Im Folgenden mehr über den Mann, der das Machtmittel Propaganda nahezu perfekt beherrschte.

Hitler*, Propaganda und die Macht des Hasses

Bitte beachten Sie, dass ich die radikalen Säkularisten *nicht* als Nazis bezeichne (zu oft ist *Nazi* ein Etikett, das jedem verpasst wird, mit dem wir eine Meinungsverschiedenheit haben). Aber ich möchte

---

* Siehe dazu die Hinweise im Vorwort zur dt. Ausgabe. (Anm. d. dt. Hg.)

mich auf Hitlers Auffassung von Propaganda beziehen, weil homosexuelle Aktivisten zugeben, dass ihre Ideen, wie man Propaganda einsetzt, von ihm entlehnt sind. Zum Beispiel schreibt Eric Pollard, der Gründer von *ACT-UP (AIDS Coalition to Unleash Power)*, dass Lüge eine Taktik war, die von homosexuellen Aktivisten benutzt wurde, und er bezieht sich auf Hitlers Buch *Mein Kampf* als ein Modell, das Strategien für die Gruppe lieferte.[8] Hitler selbst sagte: „Durch geschickten und ausdauernden Einsatz von Propaganda kann dem Volk sogar der Himmel als Hölle dargestellt werden, und umgekehrt das elendigste Leben als Paradies."[9]

Ja, es gibt Möglichkeiten, den Himmel als Hölle und die Hölle als Himmel darzustellen. „Das deutsche Volk muss in die Irre geführt werden, wenn die Unterstützung der Massen erforderlich ist"[10], sagte Hitler.

Halten wir inne und diskutieren Hitlers strategischen Propaganda-Einsatz in Deutschland. Alle Studien, die ich gelesen habe, deuten darauf hin, dass die Menschen in Nazi-Deutschland normale Bürger waren, sehr wohl fähig, Sympathie zu empfinden und ihren Nachbarn zu helfen. Sie schienen nicht anders zu sein als die Menschen, die in den *Flyover-Gebieten** der Vereinigten Staaten leben. Es gab nur einen Weg für Hitler, wenn er diese Menschen mobilisieren wollte, sich seiner Sache anzuschließen. *Hass* würde tun, was die Vernunft nicht konnte. Und *Angst* würde dafür sorgen, dass alle im Gleichschritt gehen.

„Hass", sagte Hitler, sei „beständiger als Aversion [Abneigung]."[11] Er sagte, er benutze Emotionen (Hass), um die Massen aufzuwiegeln, während die Vernunft nur einigen wenigen vorbehalten war. Hitler wusste, dass Propaganda wichtig war, um die Menschen auf etwas viel Drastischeres vorzubereiten – nämlich auf eine Revolution, die sie auf einen anderen Weg leiten würde. „Der durchschlagendste

---

* Bundesstaaten oder Gebiete in den Vereinigten Staaten, die zwischen denen an der Ost- bzw. Westküste liegen, fernab von den Machtzentren der Politik. (Anm. d. dt. Hg.)

Erfolg einer Revolution", so schrieb er, „wird immer dann erreicht werden, wenn die neue Lebensphilosophie möglichst allen Menschen beigebracht *und, wenn nötig, später aufgezwungen wird.*"[12] Ja, was als Weitergabe von Informationen begann, wurde den Menschen schließlich aufgezwungen. Und diejenigen, die sich widersetzten, wurden entweder ins Gefängnis geworfen, getötet oder zum Schweigen gebracht.

Einen Feind (die Juden) ins Visier zu nehmen, vereinte die Deutschen, die sich dann Hitler als ihrem wirtschaftlichen und politischen "Retter" zuwandten. So wurden den Deutschen Gründe gegeben, die Juden, die Demokratie und überhaupt jeden zu hassen, der nicht mit ihnen übereinstimmte. Einzelne Geschichten über jüdischen Einfluss wurden verwendet, um sie in das schlechteste Licht zu stellen, das möglich war. Juden wurden als Verräter, Ungeziefer und Untermenschen beschrieben. Es wurde behauptet, dass ihr Verrat dazu führte, dass Deutschland den Ersten Weltkrieg verlor. Außerdem beschuldigte Hitler sie fälschlicherweise, dass sie sich verschworen hätten, in Deutschland zur dominierend Wirtschaftsmacht zu werden.

Sobald die Juden als verhasster Feind gesehen wurden, konnte der Völkermord sowohl als notwendig wie auch als wünschenswert verkauft werden. Hass konnte tun, was die Vernunft nicht konnte. „Er, der die Worte Jesu sprach", sagte Robert Waite, „hasste die ganze Menschheit."[13] Wenn der Hass die Menschen nicht auf Linie hielt, dann tat es die Angst. Menschen, die es wagten, selbständig zu denken und für sich zu sprechen, war es zugedacht, ihren Job zu verlieren, aus der Schule entlassen zu werden oder ins Gefängnis zu kommen.

Kurzum: Der Nationalsozialismus schuf ein Paralleluniversum, das feindliche Ziele identifizierte – namentlich den Kommunismus und die Juden –, die als die wahren Gründe für Deutschlands Nöte angesehen wurden. Dann wurde die Wissenschaft rekrutiert, um zu zeigen, dass die Juden Untermenschen waren. Angetrieben von Schlagworten und Symbolismus, wurde die nationalsozialistische

Agenda vorangebracht. Alles wurde für ein edles Ziel getan: „zum Wohle des Volkes".

Hitler wusste, dass die Menschen die Vernunft zugunsten eines irrationalen Nationalstolzes beiseiteschieben würden, dessen Höhepunkt schließlich der Zweite Weltkrieg war. Wie mächtig ist Propaganda? William Shirer, der als Korrespondent in Deutschland lebte, schrieb dies in seinem Klassiker *The Rise and Fall of the Third Reich* (dt. *Aufstieg und Fall des Dritten Reiches*):

Ich sollte selbst erleben, wie leicht man in einem totalitären Staat auf eine verlogene und zensierte Presse und einen zensierten Rundfunk hereinfällt. Obwohl ich im Gegensatz zu den meisten Deutschen täglich Zugang zu ausländischen Zeitungen hatte, besonders zu denen aus London, Paris und Zürich, die am Tag nach ihrem Erscheinen eintrafen, und obwohl ich regelmäßig die BBC und andere ausländische Sendungen hörte, erforderte meine Arbeit, dass ich täglich viele Stunden damit verbrachte, die deutsche Presse zu durchforsten, den deutschen Rundfunk zu überprüfen, mich mit Nazifunktionären zu beraten und zu Parteiversammlungen zu gehen. Es war überraschend und manchmal bestürzend festzustellen, dass trotz der Gelegenheiten, die ich hatte, die Fakten zu kennen, und trotz des angeborenen Misstrauens gegenüber dem, was man aus Nazi-Quellen erfuhr, eine ständige Diät von Verfälschungen und Verzerrungen über die Jahre hinweg auf meinen Verstand einwirkte und ihn oft in die Irre führte ... Ich traf auf die haarsträubendsten Behauptungen von scheinbar gebildeten und intelligenten Personen. Es war offensichtlich, dass sie irgendeinen Unsinn nachplapperten, den sie im Radio gehört oder in der Zeitung gelesen hatten. Manchmal war man versucht, etwas dazu zu sagen, aber ... man erkannte, wie nutzlos es war, auch nur zu versuchen, mit einem Geist in Kontakt zu treten, der umgedreht worden war und für den die Tatsachen des Lebens zu dem geworden waren, was Hitler und Goebbels mit ihrer zynischen Missachtung der Wahrheit daraus machten.[14]

Beachten Sie: „Man erkannte, wie nutzlos es war, zu versuchen, mit einem Geist in Kontakt zu treten, der umgedreht worden war und für den die Tatsachen des Lebens zu dem geworden waren, was Hitler und Goebbels mit ihrer zynischen Missachtung der Wahrheit daraus machten."

Einen kulturellen Mainstream kreieren

William Sargant schrieb 1957 in seinem Buch *Battle for the Mind: A Physiology of Conversion and Brain-Washing* (dt. *Der Kampf um die Seele: Eine Physiologie der Konversionen)*, dass Menschen ein „vorübergehend beeinträchtigtes Urteilsvermögen" und einen „Herdentrieb" aufweisen, der am deutlichsten in „Kriegszeiten, schweren Epidemien und in allen ähnlichen Perioden allgemeiner Gefahr zu sehen ist, welche die Angst und die individuelle Massensuggestion erhöhen."[15]

Sargant hatte Recht. Er identifizierte eine Pandemie korrekt als eine der Zeiten, in denen Menschen ein „vorübergehend gestörtes Urteilsvermögen" offenbaren. Während der COVID-19-Krise waren die Menschen bereit, ihre privaten medizinischen Daten an unbekannte „Nachverfolger von Kontaktpersonen" weiterzugeben, damit sie darüber informiert werden konnten, ob sie sich in der Nähe von jemandem aufgehalten hatten, der positiv auf das Virus getestet wurde. Das Ziel ist, diese Informationen irgendwann so weit anzureichern, dass die Behörden sogar Kenntnis davon haben, auf welchem Platz man während eines Kinobesuchs saß und wer gerade in der Nähe war. Natürlich versichern uns die Behörden gleichzeitig, dass sie unsere Privatsphäre schützen, aber so beginnt

Massenüberwachung. Die Chinesen haben ein noch viel detaillierteres Überwachungssystem mit Informationen darüber, was Sie glauben, wohin Sie gehen und wer Ihre Freunde sind. Und das Mitmachen ist vorgeschrieben.

Zum jetzigen Zeitpunkt, während ich dieses Buch schreibe, gibt es noch kein Heilmittel für COVID-19. Was wird passieren, wenn ein Impfstoff zur Verfügung steht. Wird er für alles vorgeschrieben sein, und wird man unsere persönlichen Informationen in einer riesigen Datenbank speichern? Wir werden es sehen.

Laut einem Artikel mit dem Titel „ID2020 führt technisches Prüfzeichen ein" gibt es eine Organisation, die verschiedene Tech-Unternehmen mit Ökonomen zusammenbringt, die darauf bestehen, dass jeder Mensch ein „digitales Zertifikat" als rechtsgültiges Dokument erhält, um sicherzustellen, dass jede Person korrekt identifiziert werden kann.

Dieses Zertifikat soll alle relevanten Informationen zu Ihrer Person aufzeichnen – einschließlich Ihrer Ausbildung, Ihres Berufs und Ihres eventuellen Vermögens. Man behauptet, dies würde die sozialistische Vision verwirklichen, dass die Reichen den Armen helfen und die Ausgeschlossenen in die Weltgemeinschaft aufgenommen werden. Ein digitaler Chip wird dazu benutzt, alle Ihre finanziellen Transaktionen zu verfolgen, um nachzuweisen, dass Sie sich an die neue Wirtschaftsordnung halten. Und natürlich können wir ziemlich sicher sein, dass ein solcher Chip nachweisen würde, dass Sie Ihre COVID-19-Impfung erhalten haben.

Und was sonst noch? Lassen Sie mich zitieren: „Mit den für das Zertifizierungszeichen entwickelten Anwendungsprozessen werden wir genug Daten und Input haben, um eine ziemlich gute Momentaufnahme zu erhalten. Und wenn wir jemals von einer Nichteinhaltung oder einem Foulspiel erfahren (oder dies vermuten), behalten wir uns das Recht vor, die Zertifizierung zu widerrufen."[16] Mit anderen Worten: „Entweder Sie willigen ein, oder wir können für nichts mehr garantieren …" Mit einem Computer kann man nicht streiten. Wird uns die Angst dazu zwingen, uns registrieren zu lassen – trotz der offensichtlichen Gefahr durch die drohende Überwachung?

Wir haben auch gesehen, wie ein „Herdentrieb" während der COVID-19-Pandemie deutlich wurde, als Gesundheitsexperten ihre Meinung über den relativen Wert des menschlichen Lebens im Verhältnis zu rassistischen Demonstrationen änderten. Monatelang warnten die Gesundheitsexperten und forderten dazu auf, sich in Quarantäne zu begeben, denn wir würden das Leben anderer Menschen in Gefahr bringen, wenn wir ohne Maske nach draußen gingen und kein *Social Distancing* praktizierten. Wir waren in der Tat potenziell des Mordes schuldig.

Aber sobald die Unruhen begannen, triumphierte die Ideologie über die öffentliche Gesundheit. Gesundheitsexperten kamen mit einer anderen Botschaft. Ein CNN-Artikel vom 5. Juni 2020 trug die Überschrift „Mehr als 1000 Gesundheitsexperten unterzeichnen einen Brief, in dem es heißt: Verhindert die Proteste nicht, indem ihr Coronavirus-Bedenken als Vorwand benutzt."[17]

Einige politische Führer, die uns monatelang über *Social Distancing* belehrten, schlossen sich den Protesten an und beugten öffentlich das Knie in Gegenwart der Radikalen, ohne Masken zu tragen und *Social Distancing* zu praktizieren.

Sie signalisierten tugendhaft, dass sie bei den Protesten mit an Bord waren – die allem Anschein nach wichtiger waren als die Sicherheit der Menschen angesichts eines zerstörerischen Virusʻ.

Eine Bevölkerung im Panikmodus ist leicht zu führen. Oder besser gesagt, zu verführen.

Hitler wusste, dass eine Massenbewegung ein gestörtes Urteilsvermögen und Herdentrieb hervorrufen konnte. Und ihm war bekannt, dass Zweifler, die nicht überzeugt waren, sich als Minderheit inmitten einer fanatischen Mehrheit wiederfinden. Eine solche

Massenbewegung würde Zweifler dazu bringen, dem zu erliegen, was er „den magischen Einfluss dessen, was wir als ‚Massensuggestion' kennen"[18], nannte. Und die wenigen Stimmen, die es wagen, sich gegen diesen „magischen Einfluss" der Massensuggestion auszusprechen, werden entweder abgewiesen oder, was noch bedrohlicher ist, verleumdet. Oder für immer zum Schweigen gebracht. Eine Bevölkerung im Panikmodus ist leicht zu führen. Oder besser gesagt, zu verführen.

Die Macht der kollektiven Dämonisierung

China, Russland, Deutschland und viele andere Länder haben kulturelle Strömungen erlebt, die durch Propaganda angeheizt wurden und sowohl Hass als auch Angst schürten.

Izabella Tabarovsky, die aus Russland in die USA eingewandert ist und den Marxismus nur zu gut kennt, schreibt: „Kollektive Dämonisierung prominenter Kulturschaffender waren ein integraler Bestandteil der sowjetischen Kultur der Denunziation, die jeden Arbeitsplatz und jedes Wohnhaus durchdrang." Sie fährt dann fort, über all diejenigen zu sprechen, die der sowjetische Staat einsetzte, um die Schriftsteller und Intellektuellen mit Hilfe erfundener Anklagen zu dämonisieren:

„Einige der größten Namen der sowjetischen Kultur wurden zur Zielscheibe kollektiver Verurteilungen." Ob die Menschen mit dem Staat übereinstimmten oder nicht – was sie sagten, musste mit dem Diktat der Partei übereinstimmen, andernfalls würden sie Schande, Demütigung oder Schlimmeres erleiden.

Tabarovsky gibt dann ein Beispiel für diese kollektive Dämonisierung, die gerade hier in den Vereinigten Staaten stattfindet. Sie verweist auf das Fiasko bei der *New York Times*, als James Bennett, leitender Redakteur für das Ressort „Meinungen", zurücktreten musste, weil er die Veröffentlichung eines Artikels zuließ, der von dem amtierenden konservativen Senator Tom Cotton verfasst worden war.[19]

Tabarovsky kommentierte diesen Vorfall mit den Worten: „Wenn ...
der Preis für Nonkonformität darin besteht, öffentlich gedemütigt
zu werden, aus der Gemeinschaft der ‚Menschen guten Willens' (ein
weiteres sowjetisches Klischee) ausgeschlossen und von Einkom-
mensquellen abgeschnitten zu werden, müssen die Machthaber weniger hart daran arbeiten, ihre Regeln durchzusetzen."[20]
Meinungsvielfalt wird verteufelt. James Bennett musste gehen.
Hitler und seinesgleichen gingen noch weiter und perfektionierten
die kollektive Dämonisierung der Juden und alle anderen wahrge-
nommenen Feinde. Das bahnte den Zugang zu den Tiefen menschlichen Hasses und flößte denjenigen, die sich seiner Bewegung nicht
anschlossen, Angst ein. All dies geschah in einer Atmosphäre des
euphorischen Nationalismus. Eine Frau, die diese Zeit miterlebt hat,
sagte zu mir: „Ihr Amerikaner werdet die Euphorie, die Hitler er-
zeugte, nie verstehen. Die Leute haben zu ihm gebetet." Die Leute
gingen als Skeptiker zu den Nazikundgebungen in Nürnberg und
kehrten mit den Worten zurück: „Unser Vater Adolf, der du bist in
Nürnberg, dein Drittes Reich komme."

Zweifellos hat sich Freud in vielen Dingen geirrt, aber er hatte
Recht, als er sagte, dass Menschen ihre Entscheidungen nicht immer
auf der Grundlage von Vernunft treffen, sondern auf der Grundlage
von *Begehren*; wer die meisten Leidenschaften schürt, gewinnt. Ein
verzweifeltes Volk wird sich an wahnhafte Versprechen klammern.
Und am besten sollte man auf den fahrenden Zug aufspringen.

Die vielleicht nachhaltigste Lehre aus Nazi-Deutschland ist diese: Wenn Propaganda eingesetzt wird, um einen Feind ins Visier
zu nehmen und falsche Versprechungen zu machen, dann können
gewöhnliche Menschen Teil einer bösen kulturellen Bewegung werden, die die Vernunft zugunsten irrationaler Hoffnungen und verborgenen Verlangens beiseiteschiebt. Hass und Angst können Wunder bewirken.

Fragen Sie nur Dietrich Bonhoeffer oder Martin Niemöller, wie
viel es kostet, eine Kulturrevolution inmitten eines Volkes auszuhal-
ten, das bereit ist, die Vernunft aufzugeben, um einer kollektiven

Dämonisierung zu entgehen. Propaganda kann vollbringen, was die Vernunft nicht imstande ist zu tun. Und heutzutage werden die sozialen Medien genutzt, um jeden zu diffamieren, der aus der Reihe tanzt.

Propaganda und die sexuelle Revolution

Wie erwähnt, geben die Radikalen zu, Hitlers Handbuch in Auszügen zu kopieren.

In Anlehnung an Hitler glaubt die radikale Linke daran, dass Hass mächtiger sei als bloße Abneigung. Sie sagen nicht: „Du bist anderer Meinung als ich und ich denke, du hast Unrecht", sondern: „Du bist anderer Meinung als ich und du bist böse." Dank der sozialen Medien ist jeder über etwas oder jemanden empört. Jeder hat einen Missstand, der gelöst werden muss. George Orwell wird der Ausspruch zugeschrieben: „Je weiter sich eine Gesellschaft von der Wahrheit entfernt, desto mehr wird sie diejenigen hassen, die sie aussprechen."

1987 veröffentlichten die homosexuellen Aktivisten Marshall Kirk und Hunter Madsen einen Artikel mit dem Titel The Overhauling of Straight America („Die Generalüberholung des heterosexuellen Amerikas"), und 1989 brachten sie das Buch After the Ball – How America Will Conquer Its Fear and Hated of Gays in the 90s („Nach dem Ball: Wie Amerika seine Angst und seinen Hass auf Schwule in den 90er-Jahren überwinden wird") heraus. Eine Zusammenfassung ihrer Strategie findet sich in dem hervorragenden Buch The Homosexual Agenda („Die homosexuelle Agenda") von Alan Sears und Craig Osten. Hier sind einige der Details, wie sie planten, die Einstellung der Menschen zur Homosexualität zu ändern.

Lügen war wesentlicher Bestandteil ihrer Agenda zur „Generalüberholung des heterosexuellen Amerikas".

Sie schrieben, dass Homosexuelle immer in einem positiven Licht dargestellt werden müssen, und sagten: „Es macht keinen

Unterschied, dass die Anzeigen [die Homosexuelle als Ikonen der Normalität darstellen] Lügen sind – jedenfalls nicht für uns ... und auch nicht für Scheinheilige."[21]

Desensibilisierung war entscheidend, um die Meinung der Amerikaner zu ändern. Homosexuelle sollten so laut und so oft wie möglich über Schwule und Schwulsein sprechen. Kirk und Madsen schrieben: „... fast jedes Verhalten beginnt normal auszusehen, wenn man in der Nähe und im Bekanntenkreis genug davon zu sehen bekommt."[22]

Einschüchterung und Opferrolle waren wesentlich. Homosexuelle sollten als Opfer dargestellt werden, nicht als aggressive Herausforderer; eine Strategie, die darauf ausgelegt war, mit dem Verlangen der meisten Amerikaner nach Fairness und der Bereitschaft zu spielen, für die Unterdrückten einzutreten. Kirk und Madsen führen weiter aus: „Eine Medienkampagne, die Schwule als Opfer der Gesellschaft darstellt und Heteros dazu ermutigt, ihre Beschützer zu sein, muss es denjenigen, die darauf reagieren, leichter machen, dies zu behaupten und ihre neue Sichtweise zu erklären."[23]

Als nächstes kam die Verunglimpfung derjenigen, die mit ihnen nicht einverstanden waren. Kirk und Madsen schrieben: „Wir beabsichtigen, die Gegner des Schwulseins so böse aussehen zu lassen, dass der durchschnittliche Amerikaner sich von solchen Typen distanzieren will."[24]

Hier ist eines der ältesten Schemata der Propaganda: Die Radikalen ignorieren, was diejenigen, die nicht mit ihnen übereinstimmen, tatsächlich sagen. Sie machen es sich leicht damit, sie einfach als „Hater" abzutun. Die Radikalen selbst mögen voller Hass sein, aber ihr Hass ist gerechtfertigt, weil sie ja den wirklichen Hass *bekämpfen*. Jeder, der ihnen nicht zustimmt, hat keine stichhaltigen Argumente; er wird einfach von seinem engstirnigen inneren Zustand regiert, der hasserfüllt ist.

> Sobald ein kultureller Strom der Propaganda
> in Gang gesetzt ist – egal wie irrational –,
> haben wir alle Angst, gegen diesen Strom
> zu schwimmen.

Sobald ein kultureller Propagandastrom in Gang gesetzt ist – egal wie irrational –, haben wir alle Angst, gegen diesen Strom zu schwimmen. Diejenigen, die es wagen, anderer Meinung zu sein, werden kurzerhand zum Schweigen gebracht.

Verkaufe es als Bürgerrecht

Die meisten Amerikaner wären wahrscheinlich nicht mit der Normalisierung homosexueller Beziehungen einverstanden, wenn man sie nicht als edle Sache verkaufen würde. Die Befürworter mussten einen Weg finden, um zu suggerieren, dass sie einen hohen moralischen Anspruch haben; die Lösung bestand natürlich darin, das Anliegen der gleichgeschlechtlichen Ehe mit den Bürgerrechten zu verbinden. Indem sie die Menschen an die großen Kämpfe der schwarzen Amerikaner für gleiche Rechte erinnerten, verbanden sie die eine Sache mit der anderen.

Heute ist es der Transgenderismus, der als ein Bürgerrecht verkauft wird. In dem ausgezeichneten Buch *Als Leon zu Leonie wurde (engl. When Harry Became Sally)*, das die Agenda der Transgender-Bewegung entlarvt, schreibt Ryan T. Anderson: „Aber die politischen und kulturellen Eliten haben versucht, die Diskussion zu beenden, bevor sie überhaupt beginnen kann, indem sie der Nation eine politisch korrekte Orthodoxie auferlegt haben, eine Ideologie, in der ‚Geschlechtsidentität' sowohl eine subjektive Sache, aber auch eine Kategorie ist, die bürgerrechtlichen Schutz verdient."[25] Der Schutz von Bürgerrechten wird gefordert; das Recht eines Mannes, sich als Frau zu fühlen oder umgekehrt, wird mit dem Freiheitskampf der schwarzen Amerikaner gleichgesetzt. Nach dem gleichen Prinzip wird auch der Kampf für die „Ehe für alle" geführt.

Dies ist ein ernstes Beispiel für falsche Gleichstellung. Pastor Bill Owen aus Memphis, ein schwarzer Pastor, der mit Dr. Martin Luther King Jr. marschierte und das Leid kannte, das aus der Rassentrennung resultierte, lehnt diese Identifikation zutiefst ab. In seinem Buch *A Dream Derailed* („Ein Traum entgleist") schreibt er:

> Es ist eine Schande und eine Lüge zu sagen, dass Schwarze marschierten, damit Schwule heute das Recht haben, zu heiraten ... Ich marschierte während der Bürgerrechtsbewegung mit vielen Menschen, die genauso schockiert waren wie ich, als sie hörten, dass Schwulen- und Transgenderrechte mit den Bürgerrechten für Schwarze gleichgesetzt wurden.

> Nicht eine einzige Person, mit der ich seit den Tagen der Bürgerrechtsmärsche gesprochen habe, hat diesem Vergleich zugestimmt ... Was haben die Kämpfe schwarzer Amerikaner, als Menschen behandelt zu werden, mit Männern zu tun, die behaupten, Frauen zu sein, und die die Würde und Privatsphäre von Frauen und Mädchen im öffentlichen Raum verletzen?[26]

Homosexuelle und Transgender-Personen haben einen wichtigen Verbündeten an ihrer Seite – die Medien, die ihrer Propaganda eine Plattform bieten. Sitcoms, Filme und Dokus sind darauf ausgelegt, die Praxis der Homosexualität und des Transgenderismus als normal erscheinen zu lassen. Mit dieser Flut von Medienhype werden wir entweder gezwungen, ihr Verhalten als normal zu akzeptieren, oder wir werden des Kampfes müde und ziehen uns aus der kulturellen Debatte zurück.

Also drängen die radikalen Homosexuellen, die geschickt mit einer willigen Presse zusammenarbeiten, der Gesellschaft so viel auf, wie sie toleriert. Ja, die Geschichte hat gezeigt, dass es wahr ist, dass „fast jedes Verhalten anfängt, normal auszusehen, wenn man nur in seinem Umfeld und im Bekanntenkreis genug davon zu sehen bekommt."[27] Verkaufen Sie es als Gleichheit, Gerechtigkeit, Bürgerrechte und Liebe. Die Propaganda von heute wird die vermeintliche „Wahrheit" von morgen.

In Eden verkaufte der Teufel Adam und Eva die Sklaverei, nannte diese aber Unabhängigkeit; er verkaufte ihnen Weisheit, die sich aber als geistige Finsternis herausstellte; er stellte ihnen eine schöne Vision vor, wer sie werden könnten, aber sein Angebot war versüßtes Gift. Er versprach ihnen Erfüllung und gab ihnen Schuld. Er appellierte an ihren Stolz und brachte ihnen Verzweiflung und ein leeres Leben. Er versprach wie ein Gott, aber er bezahlte sie wie der Teufel, der er ja auch war.

Verkaufe es als Liebe und Mitgefühl

Verkaufe progressives Christentum als Liebe, und du wirst viele Anhänger gewinnen.

Eric Hoffer sagt, dass „Propaganda die Menschen nicht täuscht; sie hilft ihnen lediglich, sich selbst zu täuschen."[28] Die Menschen nehmen die Realität oft nicht so wahr, wie sie ist, sondern wie sie sie haben wollen. Indem man an ein falsches Verständnis von Liebe appelliert, ermöglicht man den Menschen, Licht als Dunkelheit und Dunkelheit als Licht zu bezeichnen. Diese Loslösung von der Realität unter dem Vorwand der Liebe ermöglicht den Menschen, das Bizarre und das Unnatürliche als normal zu betrachten.

„Wir brauchen mehr Liebe, nicht weniger!"

Das ist es, was der beliebte ehemalige Prediger Rob Bell in seiner Verteidigung der gleichgeschlechtlichen Ehe sagte. Sein Buch *Love Wins* (dt. *Das letzte Wort hat die Liebe)* schildert seine Geschichte, wie er dazu kam, das historische Christentum hinter sich zu lassen zugunsten eines vermeintlich liebevolleren, toleranteren und akzeptierenden Gottes. Wenn die Liebe das letzte Wort hat, werden Homosexuelle das Recht haben, einander zu heiraten, und die Hölle wird neu definiert werden als „das schreckliche Böse, das aus Geheimnissen kommt, die tief in unseren Herzen verborgen sind."[29] Wenn die Liebe das letzte Wort hat, werden die Tore des Himmels für ein viel größeres Publikum geöffnet als nur für diejenigen, die an Christus glauben. Was für ein glorreicher Tag für uns alle, wenn die Liebe das letzte Wort hat!

Kein Wunder, dass die Agenda der Linken so rasant voranschreitet. Sobald Sie behaupten, dass Ihre Ansichten auf dem hohen moralischen Standpunkt der Liebe gründen, muss jeder, der nicht mit Ihnen übereinstimmt, mit Hass und irrationaler Engstirnigkeit erfüllt sein.

Als Bischof Michael Curry seine Predigt bei der Hochzeit von Prinz Harry und Meghan Markle auf Schloss Windsor hielt, sagte er: „Wo wahre Liebe zu finden ist, da ist Gott selbst."[30] Aber diese „wahre Liebe" schließt für ihn unmoralische gleichgeschlechtliche Beziehungen ein. Er spricht für viele, die sich auf die Liebe berufen, um zu rechtfertigen, was Gott verurteilt.

Die Menschen erkennen nicht, dass Liebe sehr wohl sündhaft sein kann; sie kann böse sein. Als Adam und Eva im Garten Eden Gott ungehorsam waren, haben sie nicht aufgehört zu lieben. Vielmehr hörten sie einfach auf, Gott zu lieben, und wandten sich der Liebe zu anderen Dingen zu. Sie wurden Liebhaber ihrer selbst. „Denn die Menschen werden selbstsüchtig sein, geldliebend, prahlerisch, hochmütig, Lästerer, den Eltern ungehorsam, undankbar, unheilig" (2. Timotheus 3,2). Und Folgendes klingt wie ein Kommentar zu unserer Gegenwartskultur: „Sie leben nur für ihr Vergnügen und kümmern sich nicht um Gott"(3,4; NeÜ).

Wir können nicht das Wort *Liebe* nehmen und es strecken und dehnen, um sündige Begierden zu rechtfertigen, nur weil sie angenehm für uns sind. „Wenn ihr mich liebt", sagte Jesus, „so werdet ihr meine Gebote halten" (Johannes 14,15). Die Progressiven unter uns wollen Schönes in der Täuschung finden, die Vergnügungen des Fleisches könnten uns, losgelöst von Gottes Plan, Erfüllung bringen. Aber in Momenten der Ehrlichkeit geben viele zu, dass unmoralische

Beziehungen, egal wie trügerisch sie gerechtfertigt werden, zu Scham, Selbstverachtung, tiefem Schmerz und Reue führen.

Liebe und Mitgefühl können missbraucht werden, um unser Urteilsvermögen außer Kraft zu setzen. Es ist bekannt, dass Eltern ihre biblische Sicht der gleichgeschlechtlichen Ehe aufgeben, wenn ihr Kind behauptet, schwul zu sein. In der Zeit der Richter tat jeder, „was recht war in seinen Augen" (Richter 21,25). Die Moral der Leute gründete auf Liebe, Mitgefühl, Gerechtigkeit und Fairness – ihrer Auffassung entsprechend. Die moralischen Folgen waren katastrophal.

Dies veranlasst mich, eine Bemerkung zu zitieren, die Winston Churchill zugeschrieben wird: „Der Wunsch, etwas zu glauben, ist viel überzeugender als rationale Argumente."

„Gaslighting"* in unserer modernen Kultur

Gaslighting ist eine Form der Manipulation, die „versucht, die Saat des Zweifels in der Zielperson zu säen. Es wird verwendet, um jemanden dazu zu bringen, seine Erinnerung, seine Wahrnehmung und seine Vernunft in Frage zu stellen." Zusammengefasst definiert *Psychology Today* es als „eine Taktik, bei der eine Person oder Organisation, ein Opfer dazu bringt, seine eigene Realität in Frage zu stellen, mit dem Ziel, mehr Macht zu erlangen."[31]

Der Begriff hat seinen Ursprung in der systematischen Manipulation einer Ehefrau durch ihren Mann im Bühnenstück *Gaslight* von 1938 (später verfilmt).

Der Zweck von *Gaslighting* ist es, Sie zu destabilisieren, damit Sie Ihr eigenes Urteilsvermögen in Frage stellen. Jemand, der *Gaslighting* betreibt, vermittelt den Eindruck, er wisse mehr als Sie. Mit anderen Worten: die gesendeten Botschaften zielen darauf ab, das Normale und das Rationale zu verbiegen – ja, sogar wissenschaftliche

---

* dt.: Vernebelung, Verblendung (Anm. d. dt. Hg.)

Beweise, von denen Sie intuitiv dachten zu wissen, dass sie wahr seien. Als Folge davon werden jahrzehntelange Beobachtungen und Forschungen zugunsten der modernen ideologischen/kulturellen Orthodoxie verworfen.

Ich habe zum Beispiel eine Werbung gesehen, in der ein Junge im Teenageralter behauptete, er habe „seine Periode". Also fragte er eine Verkäuferin nach entsprechenden Produkten für Frauen. Coca-Cola schaltete in Argentinien eine Sprite-Werbung, die Mütter feierte, die ihren Kindern halfen, sich als das jeweils andere Geschlecht zu verkleiden.[32] Denken Sie daran, was Kirk und Madsen sagten: „Jedes Verhalten fängt an, normal auszusehen, wenn man nur genug davon aus nächster Nähe mitbekommt."[33]

Die ACLU verschickte am 19. November 2019 folgenden Tweet:

> Es gibt nicht den einen Weg, ein Mann zu sein. Männer, die ihre Periode bekommen, sind Männer.
> Männer, die schwanger werden und gebären, sind
> Männer. Trans- und nicht-binäre Männer gehören dazu.
> #InternationalMensDay[34]

Wie viele Wahnvorstellungen denkt man sich eigentlich noch aus, die wir glauben sollen?

Die *Gaslighter* wissen, dass sie am effektivsten sind, wenn sie auf überzeugende Weise Unsinn erzählen können. Debbie Mirza beschreibt *Gaslighter* so:

> [Sie] werden Ihnen starke Aussagen entgegenschleudern, die absolut keinen Sinn ergeben und keine Grundlage in der Realität haben, aber sie sprechen auf eine so starke und überzeugende Weise, dass Sie Dinge in Betracht ziehen, die doch eigentlich so offensichtlich falsch sind. Ihre Anschuldigungen gegen Sie sind fast so lächerlich wie die Behauptung, dass Sie allein für das Fehlen einer bezahlbaren Gesundheitsversorgung oder das Schmelzen

der Eiskappen verantwortlich sind, und Sie stellen sich für einen Moment tatsächlich die Frage, ob sie wohl Recht haben könnten. Sie tun dies, weil Sie schon sehr lange manipuliert worden sind. Sie wurden einer Gehirnwäsche unterzogen, und es braucht Zeit, um alles wieder zu entwirren.[35]

Absurdität ist nicht länger ein Argument gegen einen Standpunkt. Wenn man wirklich fortschrittlich ist, muss man sich von der Realität lösen und selbstgerecht das Bizarre umarmen. Das ist die Welt der alternativen Fakten und der Preis, den man zahlen muss, um das Böse als gut und das Gute als böse zu betrachten.

Kein Wunder, dass George Orwell behauptete, dass „es eines ständigen Kampfes bedarf, um zu sehen, was einem vor die Nase gesetzt wird."[36] Heute ist es uns nicht erlaubt, das Offensichtliche zu sehen. Wir sollen gute Bürger sein, die von einer Herdenmentalität mitgerissen werden; man erwartet von uns, dass wir eine Realität akzeptieren, die so verbogen wird, dass sie zu einer Ideologie passt.

Wie man Sprache zur Zerstörung des Geschlechts verwendet

Zachary Evans schreibt:

Merriam-Webster hat sein Wörterbuch mit einer zusätzlichen Definition von „sie" *(they)* aktualisiert, was die zunehmende Verwendung des Wortes als Pronomen in Bezug auf diejenigen widerspiegelt, die sich weder als männlich noch als weiblich verstehen, teilte das Unternehmen am Montag auf Twitter mit. Das Wort „sie" *(they)* hat jetzt vier Definitionen ...[37]

Die Absicht ist natürlich, die Sprache zu benutzen, um das Geschlecht zu zerstören; Veränderungen solcher Art sollen tief verwurzelte biblische Wahrheiten über die Schöpfung sowie die Wissenschaft dekonstruieren. Bedenken wir: Propaganda ist in der Lage, den Himmel zu nehmen und ihn wie die Hölle aussehen zu lassen und die Hölle wie den Himmel.

Peggy Noonan schrieb einen ausgezeichneten Artikel darüber, wie Pronomen manipuliert werden, um in den kulturellen Strom der Transgender zu passen. Sie beginnt mit dem Hinweis darauf, dass Robespierre, einer der Führer der Französischen Revolution, ein Soziopath gewesen sei, der Gewalt einsetzte, um seine blutigen Ziele zu erreichen. Gewalt war eine Quelle kollektiver Energie der Anführer der Revolution. Robespierre sah die Französische Revolution als Chance für die moralische Belehrung der Nation. Also politisierte er die Realität, indem er sie umbenannte.

Dann erwähnt Noonan die „Inclusive Communications Task Force" an der Colorado State University, die einen Sprachleitfaden erstellt hat. Nennen Sie Menschen nicht einfach „Amerikaner", heißt es darin: „Das löscht andere Kulturen aus." Sagen Sie auch nicht, jemand sei verrückt oder ein Irrer, nennen Sie sie „ungezähmt/wild" oder „traurig". „Eskimo", „Neuling" und „illegaler Ausländer" sind out. „Ihr Jungs" sollte durch „alle/ Leute" ersetzt werden. Sagen Sie nicht „männlich" oder „weiblich"; sagen Sie „Mann", „Frau" oder „nicht-binäres Geschlecht".

Wie Noonan betont, gibt es einen besonderen Aspekt der „Selbstverliebtheit, der Arroganz, wenn man den Leuten sagt, sie müssten die gemeinsame Sprache neu ordnen, damit sie zu den eigenen ideologischen Vorlieben passt. Es hat etwas Verrücktes, zu denken, man müsse die Namen der Dinge kontrollieren. Oder sollte ich sagen: etwas Ungezähmtes/Wildes." Letztlich geschieht dies alles in einem Tonfall von „Ich bin dein Morallehrer. Weil du nicht fähig bist, feinfühlig zu sein, werde ich dir helfen, du Tölpel. Ich werde mit der Sprache beginnen, die du sprichst." Noonan spricht von der Forderung, dass jeder geschlechtsneutrale Pronomen verwenden solle. Unternehmen und Schulen sind gezwungen, sich mit der korrekten Verwendung von Sie, Ihr, Du, Er, Sie,

Es etc. auseinanderzusetzen. Es wird empfohlen, „ihr" und „sie" zu verwenden, weil diese Begriffe geschlechtsneutral sind – auch, wenn ein solcher Gebrauch in einem Satz grammatikalisch falsch sein könnte.

Infolgedessen werden die Menschen dazu gedrängt, mit den sich ständig ändernden Erwartungen der Progressiven, was unsere Kultur betrifft, Schritt zu halten und auswendig zu lernen, was angemessen oder unangemessen ist – je nach den neuesten Festlegungen von Gruppen, die sich selbst als bedrängt wahrnehmen.[38]

Ändern der Sprache zur Senkung der Kriminalitätsrate

Haben Sie sich schon einmal gefragt, warum progressive Politiker die Polizei bitten, nicht einzugreifen, wenn es zu umfassenden Ausschreitungen, Plünderungen, Zerstörungen und Brandstiftungen kommt?

Diese sogenannten Progressiven – die radikale Linke – glauben, wenn man nur nett zu Kriminellen sei, dass sie dann auch nett zu einem selbst sein würden.

San Francisco hat eine der höchsten Verbrechensraten der 20 bevölkerungsreichsten Städte Amerikas,[39] und die Gedankenpolizei hat einen Weg gefunden, die Kriminalität zu reduzieren: Man muss sie einfach bei einem anderen Namen nennen. Die Idee ist, wenn wir aufhören, Straftäter als Kriminelle zu bezeichnen, werden sie sich viel besser verhalten.

Die Stadt drängt auf eine neue Sprache im gesamten Strafrechtssystem. Im August 2019 lautete eine Schlagzeile des *San Francisco Chronicle*: „SF-Vorstand der Aufsichtsbehörde bereinigt die Sprache des Strafrechtssystems". Und die Schlagzeile eines Artikels auf der Website von *Law Enforcement Today* lautete: „San Francisco: Keine ‚verurteilten Verbrecher' mehr". Sie heißen jetzt „von der Justiz erfasste Personen".[40]

Die Gedankenpolizei ist lebendig und kreativ. Von nun an wird ein verurteilter Schwerverbrecher als „ehemals inhaftierte Person" bezeichnet oder als „Person, die mit der Justiz zu tun hat".

Ex-Häftlinge sind einfach „zurückkehrende Anwohner". Drogen-abhängige und Suchtkranke haben einfach eine „Geschichte des Suchtmittelgebrauchs" (nicht des Missbrauchs) hinter sich. Ein auf Bewährung Entlassener ist eine „Person unter Aufsicht"; ein Straffälliger ist jetzt „eine Person, die vom Justizsystem erfasst ist". Schließlich könnte man dann wohl einen Dieb so bezeichnen: ein „zurückkehrender Anwohner, der mit der Justiz zu tun hatte, der-zeit unter Aufsicht steht und eine gewisse Vorgeschichte mit Sucht-mittelgebrauch hat."

Wozu das alles?

Es geht um ein edles Ziel: Kein Krimineller soll stigmatisiert werden. „Wir wollen nicht, dass Menschen für Dinge, die sie getan haben, auf ewig abgestempelt werden", sagt der Matt Haney, einer der Verantwortlichen. „Wir wollen vielmehr, dass sie letztendlich zu mitwirkenden Bürgern werden – und sie als Schwerverbrecher zu bezeichnen, ist doch wie ein Stigma ..."[41]

Die Idee ist, dass sich Kriminelle besser fühlen, und die Hoffnung ist, dass sie nicht mehr als Kriminelle bezeichnet werden können, wenn die Sprache die Gesetzesbrecher entkriminalisiert. Die Hoff-nung ist, dass sie dann beginnen, sich selbst in einem besseren Licht zu sehen und produktive Bürger werden.

Die Naivität einer solchen Argumentation übersteigt jegliche Vorstellungskraft. Eine sehr ernste Folge solcher Sprachspiele ist, dass sie den Mann, der eine Frau vergewaltigt, auf die gleiche mora-lische Ebene stellt wie die unschuldige Frau, deren Leben er zerstört hat. Beide sind am Ende Menschen, die „mit der Justiz zu tun haben".

Es gibt eine weitere verheerende Konsequenz: Diese Sprache der Entkriminalisierung impliziert, dass die Ursache für Kriminalität in der Gesellschaft liegt. Mit anderen Worten: Menschen tun Böses auf-grund äußerer Einflüsse; es gibt kein Böses in ihnen. In der Vergan-genheit hat die Sprache, die wir verwendet haben, die Individuen zu Recht als verantwortlich für ihre Handlungen bezeichnet. Aber die neue Terminologie legt die Schuld auf die Person, die einen Straftä-ter als Kriminellen oder Schwerverbrecher bezeichnet.

Die radikale Linke versucht ernsthaft, die Kulturdebatten zu gewinnen, indem sie die Sprache, die wir verwenden, „säubert" – aber das macht einen ehrlichen Dialog schwierig, wenn nicht gar unmöglich. Ihre neu übernommenen Begriffe zwingen jeden, sich ihrer Denkweise anzupassen – und auf diese Weise erreichen sie ihre Ziele im Kulturkampf.

Die Antwort der Gemeinde

Werden wir uns den kulturellen Strömungen beugen, die von der Propaganda unserer mediengesteuerten, rassistisch aufgeladenen und politisch korrekten Kultur gespeist werden? Wird der Druck für uns zu groß sein, um zu widerstehen?

Militärische Führer sagen, dass das Nazi-Regime hätte besiegt werden können, wenn Frankreich 1939 in Hitler-Deutschland eingefallen wäre. Aber das französische Militär war nicht in der Stimmung, sein Land zu verteidigen. Ein beliebtes Sprichwort zu dieser Zeit war: „Es ist besser, Deutsch sprechend zu knien, als Französisch sprechend getötet zu werden."

Wir wissen, was geschah. Ein Jahr später überfiel Deutschland Frankreich, und ja, viele in Frankreich knieten vor ihren deutschen Eroberern nieder. Sie akzeptierten ihre Erniedrigung, aber trotz ihrer Unterwerfung unter die Nazis wurden viele von ihnen getötet.

Rückblickend bin ich mir sicher, dass sich viele wünschten, sie wären lieber französisch sprechend gestorben, als kniend deutsch zu sprechen.

Werden wir uns beugen, wenn unser Ruf, unsere Berufung und unser Wohlstand auf dem Spiel stehen? Wenn es uns Verleumdung, Geldstrafen und sogar Gefängnisstrafen kostet? Wir müssen diese Frage als Einzelne und gemeinsam als Gemeinde beantworten.

Wir müssen die Lügen in unserer rassistisch überladenen, aufgebrachten und sexuell getriebenen Kultur erkennen. Können wir die Wölfe unter den Schafen erkennen und das Falsche vom Wahren unterscheiden, sogar innerhalb der Gemeinde? Fragen Sie sich selbst: Werde ich manipuliert, um eine unbiblische Sichtweise anzunehmen? Gründet meine Meinung auf Fakten und Wahrheit, oder gründen meine Überzeugungen auf Emotionen und einem falschen Verständnis von Mitgefühl? Habe ich Angst, für die Wahrheit einzustehen? Gleichzeitig müssen wir unsere Verpflichtung zur Integrität in unserem persönlichen Leben und in unserem Dienst erneuern. Der deutsche Theologe Helmut Thielicke, so heißt es, erzählte die Geschichte, wie er als Student mit dem Fahrrad durch Deutschland fuhr. Eines Morgens, nachdem er das Frühstück ausgelassen hatte, fuhr er an einem Laden vorbei, an dem dieses Schild hing: „Frische Brötchen zu verkaufen". Er stellte sein Rad ab, ihm lief vor Hunger schon das Wasser im Mund zusammen. Doch zu seiner Enttäuschung stellte er fest, dass er in einer Druckerei gelandet war. Es gab keine heißen Brötchen – das Schild war im Schaufenster ausgestellt, um zu zeigen, welche Art von Beschriftungen der Laden anbot.

Irreführende Werbung.

Unsere Gemeinden mögen für das Evangelium werben, aber wenn Sie erst einmal dazu gehören sind, finden Sie vielleicht nichts weiter als eine Weiterführung der Kultur um uns herum. Sie hören vielleicht positive Botschaften über die Tugenden der Liebe und der Integration oder über unsere Tugend und wie man ein besserer Mensch wird. Sie sehen vielleicht helle Lichter und fröhliche Musik; Sie sehen vielleicht Video-Clips und eine gelungene Moderation. Aber was Sie vielleicht nicht hören, ist ein Wort Gottes.

Sie hören vielleicht viel über Gnade, aber nichts über Sünde; Sie hören vielleicht, wie man von Gott gesegnet wird, aber kein Wort darüber, wie man dem kulturellen Druck widersteht, der unsere Kinder zerstört und unser Zeugnis zum Schweigen bringt.

Wahrheit und Liebe
müssen immer zusammengehalten werden.

Die Menschen kommen in die Gemeinde auf der Suche nach heißen Brötchen, aber manchmal finden sie nur die Krümel eines gut verpackten Gottesdienstes. Sie gehen mit unbeantworteten Fragen nach Hause und ihre Herzen sind genauso leer wie vor dem Besuch der Gemeinde. Man präsentiert ihnen Meinungen aber keine Überzeugungen, eher Phrasen als Wahrheiten. Es wird ihnen kein klarer Weg aufgezeigt, auf dem sie voranschreiten können.

Paulus schrieb: „Wir gehen nicht mit Arglist um, verfälschen auch das Wort Gottes nicht, empfehlen uns vielmehr durch die Offenbarung der Wahrheit jedem Gewissen der Menschen vor Gott" (2. Korinther 4,2b; Menge 2020). Wahrheit und Liebe müssen immer zusammengehalten werden.

Wir müssen Wahrheit von Irrtum und Halbwahrheiten von der Lüge unterscheiden. Jeder von uns muss sich fragen, was wir tun, um die Wahrheit voranzubringen, nicht nur in unseren Gemeinden, sondern auch bei unseren Freunden inmitten dieser Kultur, die in die Irre geführt werden. Wir müssen nicht nur die Wahrheit kennen, sondern uns fragen: „Bin ich bereit, sie auch auszusprechen und danach zu handeln?"

Aus Platzgründen kann ich das hier nicht tun, aber ich könnte ein ganzes Kapitel über die Worte aus dem Buch der Sprüche schreiben: „Kaufe Wahrheit und verkaufe sie nicht …!" (Sprüche 23,23).

Wenn wir die Wahrheit gefunden haben, würden wir sie dann verkaufen, wenn der Preis stimmt?

Ein Gebet, das wir alle beten müssen

Vater, in einem Zeitalter der Wut, der Übertreibung und der Täuschung, hilf uns, dass wir uns nicht nach rechts oder links wenden. Lehre uns, wann wir reden und wann wir schweigen sollen. Gewähre uns einen festen Platz, um zu stehen und zu reden und uns nicht zu schämen, diese Kultur daran zu erinnern, dass Jesus gesagt hat: „Ich bin der Weg und die Wahrheit und das Leben. Niemand kommt zum Vater als nur durch mich" (Johannes 14,6).

Lasst uns mit Paulus bekräftigen: Wir „haben uns von allen schändlichen Heimlichkeiten losgesagt; denn wir gehen nicht mit Arglist um, verfälschen auch das Wort Gottes nicht, empfehlen uns vielmehr durch die Offenbarung der Wahrheit jedem Gewissen der Menschen vor Gott" (2. Korinther 4,2; Menge 2020).

Vergib uns, dass wir in den ideologischen Strömungen unserer Kultur mitschwimmen, was uns zu einem Leben voller Niederlagen, Leere und Verlust führt. Vergib uns, wenn unser Leben der Wahrheit, die wir bekennen, nicht gerecht wird. Gewähre uns den Mut eines Nathan, der David die Wahrheit sagte, und den Mut eines Jeremia, der dem König die Wahrheit sagte und dafür in eine Grube geworfen wurde. Uns fehlt dieser Mut. Aber hilf uns, zu erkennen, dass wir die Menschen dann am meisten lieben, wenn wir ihnen die Wahrheit sagen. Denn es ist die Wahrheit, die Menschen freimacht.

Denken wir daran, dass wir Jesus Christus, unserem Herrn, Rechenschaft schuldig sind.

Wir beten dies in Jesu Namen, Amen.

KAPITEL 6

Sexualisierung der Kinder

Eltern – und ich schließe hier die meisten christlichen Eltern ein – erziehen ihre Kinder nicht mehr. Vielmehr tut dies die Kultur – vor allem durch das Internet. Wie eine Mutter zu mir sagte: „Ich wusste nicht, dass ich meiner dreizehnjährigen Tochter genauso gut ihren ersten Schuss Heroin hätte geben können, als ich ihr ein Handy gab." Als Nation haben wir unseren Verstand elektronischen Geräten unterworfen, die nun unser Denken formen und endlose Unterhaltung bieten.

Im Jahr 2004 zeigten *Pew Research*-Umfragen, dass 60 Prozent der Amerikaner gegen die gleichgeschlechtliche Ehe waren. Heute haben sich diese Zahlen umgekehrt, nur noch 40 Prozent der Amerikaner sind dagegen. Warum der Wandel? Der mit dem Pulitzer-Preis ausgezeichnete Kolumnist der *New York Times* Thomas Friedman bemerkte, dass das iPhone von Apple im Jahr 2004 auf den Markt kam. Und das ist noch nicht alles. Die Social-Media-Apps Facebook und Twitter wurden auf den Markt gebracht. Google kaufte YouTube und führte sein Android-Betriebssystem ein. Amazon brachte seinen Kindle E-Reader heraus. Und es gab nun mehr als eine Milliarde Menschen, die Zugang zum Internet hatten. So ermöglichte die Technologie den kulturellen Wandel schneller, als es sich irgendjemand je hätte vorstellen können.[1]

Das Handy in der Hand eines Teenagers prägt seine Weltanschauung mehr als eine Stunde Sonntagsschule oder die Ermahnungen der Eltern. Wir versäumen es, unseren Glauben an die nächste Generation weiterzugeben, weil sie Gefangene der Kultur, der sozialen Medien, ihrer Altersgenossen und der Indoktrination durch die öffentlichen Schulen sind. Eltern kleiden ihre Kinder, ernähren sie und schicken sie zur Schule, aber die Herzen ihrer

Kinder werden von einer Welt, die viele von uns nicht verstehen, gestohlen und geformt.

Eltern sind fassungslos, wenn ihre Kinder von der Schule nach Hause kommen und sagen, dass sie glauben, sie seien nicht das Geschlecht, das ihnen bei der Geburt „zugewiesen" wurde. Kürzlich erzählte ein Mädchen im Teenageralter ihren Eltern, dass sie sich die Brüste abnehmen lassen wolle, weil sie glaubt, ein Junge zu sein; ein anderes Mädchen erzählte ihren Eltern, dass sie eine „wuschelige" Katze sei. Gemäß der heutigen Kultur ist man das, als das man sich fühlt. Manche Kinder haben in der Schule ein anderes Geschlecht als zu Hause. Ein christlicher Lehrer schickte mir eine SMS und fragte, wie er mit den Anweisungen seines Schulleiters umgehen solle, den Eltern, wenn sie zum Elternabend kommen, *nichts* davon zu sagen, dass ihr biologisch männlicher Sohn Bert sich in der Schule als Mädchen namens Berta identifiziert.

Und wenn Sie denken, dass dies in christlichen Familien nicht passiert, leben Sie in einer Blase, die jeden Tag immer kleiner wird. Immer mehr Kinder kommen nach Hause und erzählen ihren Eltern, dass sie schwul oder transgender sind.

Vielleicht sehen wir das Wirken Satans in Amerika nirgendwo so deutlich wie in der Sexualisierung von Kindern – die Zerstörung ihrer Identität, die Verwirrung ihres Geschlechts und das Erzeugen von ungelöster Schuld und Selbsthass. Jesus warnte: „Wenn jemand ein solches Kind aufnehmen wird in meinem Namen, nimmt er mich auf. Wenn aber jemand eines dieser Kleinen, die an mich glauben, zu Fall bringt, für den wäre es besser, dass ein Mühlstein an seinen Hals gehängt und er in die Tiefe des Meeres versenkt würde" (Matthäus 18,5-6).

Dieses Kapitel berührt, vielleicht mehr als jedes andere in diesem Buch, das Herz Jesu.

Der verderbliche Einfluss unserer öffentlichen Schulen

Peter Hitchens schreibt in seinem Buch *The Rage Against God* („Die Wut gegen Gott"), dass „die Jugendbewegungen Nazi-Deutschlands und des kommunistischen Russlands verblüffend ähnlich waren. Jeder ideologische oder revolutionäre Staat muss immer die Jugend von ihren vorrevolutionären Eltern entfremden, um in den nächsten Generationen zu überleben."[2] Hitchens sollte es wissen, denn als Korrespondent in Moskau sah er aus erster Hand, wie der Kommunismus funktionierte. Was Nazi-Deutschland betrifft, hatte Hitler recht: „Nur wer die Jugend besitzt, gewinnt die Zukunft."[3]

Und durch Gesetze und Zwang wird die Erziehung der amerikanischen Jugend aus den Händen der Eltern genommen und in die Hände säkularer Pädagogen gelegt. Wie MSNBC-Moderatorin Melissa Harris-Perry sagte: „Wir müssen mit unserer privaten Vorstellung brechen, dass Kinder zu ihren Eltern oder Kinder zu ihren Familien gehören, und erkennen, dass Kinder zu ganzen Gemeinschaften gehören."[4] Und damit Kinder zu „ganzen Gemeinschaften" gehören, ist es notwendig, sie mit bestimmten Grundüberzeugungen über die Welt im Allgemeinen und die Sexualität im Besonderen zu indoktrinieren.

Bildung zu benutzen, um die Weltanschauung der Kinder zu verändern, war schon immer das Ziel des kulturellen Marxismus. Der amerikanische kommunistische Parteiführer William Z. Foster legt in seinem Buch *Toward Soviet America* („Auf dem Weg nach Sowjet-Amerika" die Agenda des Sozialismus dar. Er spricht zuversichtlich von einer kommenden „amerikanischen Sowjetregierung".

Zu den elementaren Maßnahmen, die die amerikanische Sowjetregierung zur Förderung der Kulturrevolution ergreifen wird, gehören folgende: „Die Schulen, Hochschulen und Universitäten werden koordiniert und unter dem Nationalen Bildungsministerium zusammengefasst ...

Das Studium wird revolutioniert, indem es von religiösen, patriotischen und anderen Merkmalen der bürgerlichen Ideologie gereinigt wird."[5]

Geben wir genau acht: Das nationale Bildungsministerium, nicht die Eltern, wird die Tagesordnung festlegen und bestimmen, was gelehrt wird. Durch den geschickten Einsatz von Lehrplänen wird es unsere Schulen von religiösen und patriotischen Einflüssen säubern. Und der beste Weg, dies zu tun, ist der Sexualkundeunterricht. Das heikle Thema der Sexualität und des Geschlechts kann das Tor dazu werden, sich der „Gleichheit" aller im Staat lebenden Menschen zu rühmen. Wie wir bereits gesagt haben, wird das alles unter dem Vorwand einer edlen Sache verkauft werden.

Ohne die Zustimmung der Eltern wird in vielen Schulen der Lehrplan für *umfassende Sexualerziehung* eingeführt. Dieser Lehrplan wurde von *Planned Parenthood* und dem *Sexual Information and Education Council of the United States* (SEICUS) erstellt, der von einem eifrigen Anhänger Alfred Kinseys (einem heute umstrittenen Forscher, der glaubte, dass Kinder von Geburt an sexuell empfinden können) gegründet wurde.

Der Schwerpunkt liegt darauf, wie man sexuellen Genuss entweder mit Partnern oder allein haben kann. Lisa Hudson beschreibt, was gelehrt wird: „Schülern im Alter von vier oder fünf Jahren wird beigebracht, dass sich Teile ihres Körpers gut anfühlen, wenn sie berührt werden ... dies wird Masturbation genannt, und dass sie immer im Privaten masturbieren sollten ... In der zweiten Klasse lernen sie, dass das auch mit einem Partner gemacht werden kann."[6] Kurz gesagt, alle Formen von Sex – solange sie einvernehmlich geschehen – sind normal und sollten genossen werden.

Jungen wird beigebracht, wie man mit Kondomen umgeht, und Mädchen wird beigebracht, wie man Kondome auf Plastiknachbildungen männlicher Genitalien überstreift. Ihnen werden anschauliche Bilder verschiedener Art gezeigt, die zeigen, wie man sexuelles Vergnügen erleben kann. Durch all dies wird die elterliche Autorität konsequent untergraben.

Was nicht gelehrt wird, ist das, was wir bereits wissen: Diese Art von Erziehung stimuliert die Wünsche der Kinder und leitet zu verschiedenen Praktiken von Sexualität an, die am Ende ihre Seelen zerstören und beschmutzen.

"The Effect of Early Sexual Activity on Mental Health" („Die Auswirkung früher sexueller Aktivität auf die psychische Gesundheit") ist ein Bericht aus dem Jahr 2018, der 28 Studien der medizinischen Fachliteratur von 1966 bis heute ausgewertet hat. Die Forscher fanden heraus, dass „frühes sexuelles Erwachen das Risiko für Depressionen, Selbstmordgedanken, aggressivem Verhalten, psychischer Belastung, Angst, Stress, Einsamkeit, schlechtem Wohlbefinden, Bedauern und Schuldgefühlen erhöhte. Es erhöhte auch negatives Sozialverhalten wie den Missbrauch von Suchtmitteln und riskantes Sexualverhalten."[7]

Das Ziel der Säkularisten ist klar: Angriff auf jede Form von Anstand, Heiligkeit oder normale sexuelle Beziehungen:

Verwirren Sie die Kinder, indem Sie sexuelle Wünsche wecken, die Erwachsenen vorbehalten sind, und zerstören Sie das Konzept der traditionellen Familie vollständig. Ermutigen Sie Kinder zu vielfältigen sexuellen Erfahrungen. Und ernten Sie dabei die Konsequenzen: mehr Abtreibungen, mehr antireligiösen Eifer und vor allem mehr zerrüttete Familien. Wenn Kinder außerehelich geboren werden, sind sie umso anfälliger dafür, nach marxistischen Prinzipien geformt zu werden.

Verkaufen Sie den neuen Lehrplan als „Suche nach Respekt für alle Formen der Sexualität". Verkaufen Sie ihn als „Inklusion statt Exklusion" und „Mitgefühl statt Mobbing". Verkaufen Sie es als „menschliche Entfaltung", nicht als sexuelle Unterdrückung. Verkaufen Sie es als „Erwachsenwerden in sexueller Hinsicht". Aber vor allem: *Verkaufen* Sie es!

Und nennen Sie alle, die gegen diese Maßnahmen sind, Heuchler, Hasser und rechte religiöse Fanatiker! ...

Zu Martin Luthers Zeiten standen Bildungseinrichtungen zwar unter der Kontrolle einer christlichen Kultur, aber schon damals fürchtete Luther um die Kinder: „Ich fürchte sehr, dass die Universitäten sich als die großen Pforten der Hölle erweisen werden, wenn sie nicht fleißig daran arbeiten, die Heilige Schrift zu erklären und sie in die Herzen der Jugend einzuprägen."[8]

Demnächst auch in ihrer High School

Es gibt etwas, das wir wissen sollten:

Planned Parenthood leistet Pionierarbeit bei einem neuen Modell reproduktiver Gesundheitsdienste für Jugendliche im Bezirk Los Angeles, indem sie 50 Kliniken an High Schools in der Umgebung eröffnen ...

Das Programm ... wird für schätzungsweise 75.000 Teenager eine ganze Reihe von Verhütungsmöglichkeiten, Tests und Behandlungen gegen sexuell übertragbare Infektionen und Schwangerschaftsberatung, aber keine Abtreibung, anbieten. Das Programm wird auch Hunderte von Teenagern zu „Vertrauensschülern" ausbilden, die helfen, Informationen über sicheren Sex und Beziehungen zu vermitteln ...

Die Schüler können in die Kliniken gehen oder Termine vereinbaren und dürfen dafür den Unterricht verlassen. Die Informationen über die Termine werden in geschützten medizinischen Daten gespeichert, die für Schulbeamte nicht zugänglich sind. Nach kalifornischem Recht können Minderjährige in bestimmte medizinische Leistungen einwilligen, z. B. Empfängnisverhütung oder psychologische Beratung, und die Dienstleister dürfen Eltern nicht ohne die Erlaubnis des Minderjährigen informieren.[9]

Hier sehen wir die Strategie der radikalen Linken: Erschaffen Sie ein Problem, dann richten Sie eine Agentur ein, um auf das Problem zu reagieren. Wieder einmal wird ein Brandstifter losgeschickt, um die Flammen des Feuers zu löschen, das er selbst gelegt hat; die Linken haben die „Antwort" auf das Problem, das sie geschaffen haben.

Betrachten wir das Szenario: Zuerst führt man junge Kinder in alle Formen abweichender Sexualität ein, ermutigt sie, mit ihren sexuellen Wünschen zu experimentieren, und das Ergebnis wird ein garantierter Anstieg von Teenager-Schwangerschaften und sexuell übertragbaren Krankheiten sein. Dann installieren Sie eine Klinik neben der Schule und verkünden, dass dies eine Strategie zur Bekämpfung des alarmierenden Anstiegs von sexuell übertragbaren Krankheiten bei jungen Menschen in dieser Region sei. Dann nennt man die Kliniken „Wohlfühl-Zentren", weil sie mehr tun werden als nur einfache medizinische Dienste anzubieten. Wie Barbara Ferrer, die Direktorin des *Los Angeles County Department of Public Health*, sagte:

> „Wir wollen ihr allgemeines Wohlbefinden unterstützen – in den Höhen und Tiefen ihres Teenagerdaseins."[10]

Was in Kalifornien beginnt, wird sich im ganzen Land ausbreiten.

Christliche Colleges unterwerfen sich LGBTQ-Werten

Und wie sieht es mit Fragen der Sexualität an christlichen Colleges aus?

In einem Artikel mit dem Titel "Christian Higher Ed Can't Win," („Christliche Hochschulbildung kann nicht gewinnen") argumentiert David P. Gushee, der einst die traditionelle Auffassung von Sexualität vertrat, dass Evangelikale die LGBTQ-Debatte auf ihren christlichen Universitäten nicht gewinnen können. Sie müssen sich den Ansichten der Kultur über Sexualität anpassen und sich dem Zeitgeist beugen. Der Artikel besagt, dass Schulen einen „Ausbruch" der LGBTQ-Politik haben und sich in den nationalen Schlagzeilen wiederfinden werden. LGBTQ-Studenten seien „nicht bereit, irgendeinen Hetero zu akzeptieren, der ihnen erklärt, dass sie nicht gleichzeitig christlich und schwul sein können; sie werden keinen Status zweiter Klasse auf dem Campus tolerieren."[11] Gushee sagt, dass Studenten – sogar christliche Studenten –, die auf dem

Campus ankommen, Toleranz, Inklusion und volle Akzeptanz von LGBTQ-Studenten erfahren haben.

Egal, was das Lehrbekenntnis und die Richtlinien der Hochschule für den Lebensstil aussagen, das Argument ist, LGBTQ-Rechte seien ein Grundwert in unserer Kultur und die Schulen können (oder wollen) dem Druck nicht standhalten. Die Quintessenz: Christliche Colleges und Hochschulen werden Kompromisse mit dem historischen christlichen Verständnis von Sexualität und Geschlecht eingehen müssen oder hoffnungslos ins Hintertreffen geraten. Sie werden ihre Stimme und Glaubwürdigkeit verlieren. Sie werden auf „der falschen Seite der Geschichte" stehen.

Es gibt bereits einen Ruf nach einer Gesetzgebung, die allen Hochschulen, die finanzielle Darlehen erhalten, die weitere Finanzierung verweigert, wenn sie nicht das gesamte Spektrum der LGBTQ-Rechte akzeptieren.[12] Infolgedessen beugen sich viele christliche Colleges dem Druck, indem sie Campus-Selbsthilfegruppen für LGBTQ-Studenten zulassen und den Studenten vermitteln, dass die Schule ein sicherer Ort für sie ist, um mit ihrer Sexualität umzugehen.

Der nächste logische Schritt ist die Einstellung von konformen Mitarbeitern durch die Hochschulen, die sich für die Rechte der gleichgeschlechtlichen und Transgender-Studenten einsetzen wollen. Aber das wird nicht genügen. Sobald die Verwaltung einer Hochschule diesen Weg eingeschlagen hat, gibt es kein Halten mehr, bis das gesamte Spektrum der LGBTQ-Agenda pflichtbewusst umgesetzt wird.

Die gleiche Art von Druck wird auch auf christliche Dienstleister, Unternehmen und sogar Gemeinden ausgeübt. Das US-Repräsentantenhaus hat am 20. Mai 2019 das Gleichstellungsgesetz (H. R. 5) verabschiedet:

Die umfassende Gesetzgebung wird das Bürgerrechtsgesetz von 1964 dahingehend ändern, dass sexuelle Orientierung und Geschlechtsidentität als geschützte Persönlichkeitsmerkmale aufgenommen werden ... Unter dem Deckmantel des Antidiskriminierungsschutzes definiert das Gesetz das Geschlecht neu, um die Geschlechtsidentität einzu-schließen, untergräbt die Religionsfreiheit, gibt Männern, die sich als Frauen identifizieren, das Recht auf den Zugang zu Bereichen, die bisher Frauen vorbehalten waren, und schafft einen gefährlichen politischen Präzedenzfall für die Medikalisierung von geschlechtsverwirrten Jugendlichen.[13]

Es gibt keinen Ort mehr, um sich zu verstecken. Werden unsere Familien, Gemeinden und Hochschulen treu bleiben? Oder werden wir, wie die Gemeinde im antiken Sardes (Offenbarung 3,1-6), bequemerweise die heidnische Sexualität übernehmen?

Die Großkultur wird wach

Eine Transgender-Puppe!
Die sexuelle Revolution schreitet voran und reißt alles mit sich. Mit ihrer Ächtung von Biologie, Wissenschaft und Anstand beabsichtigt sie, das Konzept von Männlichkeit und Weiblichkeit bereits im frühesten Kindesalter zu zerstören. Die soziale Gerechtigkeit verlangt es.

In dem Time-Artikel "It Can Be a Boy, a Girl, Neither or Both" („Es kann ein Junge, ein Mädchen, oder keines von beidem oder beides sein") schreibt Eliana Dockterman über die Umstellung der Produktion auf geschlechtsneutrale Puppen.

Dort heißt es: „Mattel, der Hersteller der Barbie-Puppen, hofft, Tabus zu brechen und eine Generation anzusprechen, die soziale Gerechtigkeit von Marken fordert." Sie beschreibt die neue Puppe so: „Sorgfältig entworfene Gesichtszüge verraten kein offensichtliches Geschlecht: Die Lippen sind nicht zu voll, die Wimpern nicht zu lang und flatternd, der Kiefer nicht zu breit. Es gibt keine typischen Barbie-Brüste oder die für Ken bisher charakteristischen breiten Schultern."

Der Artikel fährt fort: „Die Zahl der jungen Menschen, die sich als nicht geschlechtsspezifisch identifizieren, wächst ... [eine

Umfrage zeigt], dass sich 27 % der kalifornischen Teenager als nicht geschlechtskonform identifizieren."[14]

Es besteht kein Zweifel, dass die Transgender-Revolution eine Modeerscheinung ist; sie ist eine weitere Option, wie Teenager ihr Gefühl von Unabhängigkeit finden können, und sie appelliert an den natürlichen Wunsch eines jungen Menschen, gegen den Status quo zu rebellieren. Eine Mutter erzählte mir, dass ihre Tochter sagt: „Wenn du nicht trans bist, bist du sonderbar."

Begrüßen Sie eine „Drag Queen"* in Ihrer Bibliothek

Wie kann man Kinder korrumpieren? Wie wir oben gesehen haben, normalisiert man das Bizarre.

In öffentlichen Bibliotheken in ganz Amerika veranstalten *Drag Queens* Vorlesestunden für Kinder. Bei diesem Phänomen, das die ganze Nation erfasst hat, lesen erwachsene Männer in reißerischen Outfits und mit exzessivem Make-up Kindern im Alter von drei Jahren Bücher vor, die die LGBTQ-Agenda unterstützen.

Fortschritt in die falsche Richtung ist nichts, was man feiern sollte – vor allem dann nicht, wenn er gegen die natürliche Schöpfungsordnung oder gegen die etablierten Fakten der Wissenschaft verstößt.

Diese Veranstaltungen werden dazu benutzt, kleine Kinder zu indoktrinieren, Transgenderismus zu akzeptieren, sie zu ermutigen, sich wie das andere Geschlecht zu kleiden, und andere abweichende Verhaltensweisen und Glaubenssysteme zu fördern.

---

* Bezeichnung für einen Mann, der in künstlerischer oder humoristischer Absicht durch Aussehen und Verhalten eine Frau darstellt. (Anm. d. dt. Hg.)

Dylan Pontiff, auch bekannt als *Santana Pilar Andrews*, wenn er in Frauenkleidern auftritt, benutzt seinen Künstlernamen sowohl in Clubs für Erwachsene, in denen er sexuelle Handlungen vollzieht, als auch in der öffentlichen Bibliothek von Lafayette, wenn er mit kleinen Kindern zusammen ist.

Mit seinen eigenen Worten verrät er seine Absichten: „Ich bin hier, um Ihnen mitzuteilen, dass diese Veranstaltung etwas ist, das sehr schön sein wird. Denn die Kinder und die Menschen, die sie unterstützen, werden erkennen, dass dies die Erziehung (engl. *grooming*) der nächsten Generation ist."[15]

Grooming ist hier natürlich ein Wort, das verwendet wird, um das Bemühen zu beschreiben, Kinder für den sexuellen Missbrauch von Erwachsenen zu desensibilisieren. Das ist die Kultur, in der wir uns befinden. Eltern, die dagegen protestieren, werden als engstirnig bezeichnet.

Fortschritt in die falsche Richtung

Bereits 1958 sprach Richter Earl Warren von den „sich im Zuge der Evolution verändernden Normen des Anstands."[16] Dies impliziert, dass Veränderung ein Fortschritt ist, wenn es um Moral geht (einschließlich sexueller Angelegenheiten). Aber Fortschritt in die falsche Richtung ist nichts, was man feiern sollte – vor allem, wenn er gegen die natürliche Schöpfungsordnung oder die etablierten Fakten der Wissenschaft verstößt. Wer hätte jemals gedacht, dass man, um wirklich „wach" zu sein, glauben muss, dass Männer Babys zur Welt bringen oder ihre Periode haben, oder dass es fair ist, wenn von Frauen verlangt wird, im Sport mit biologischen Männern zu konkurrieren, die sich als weiblich identifizieren? Ein radikaler Säkularist zu sein, bedeutet heute, Chaos, Irrationalität und Absurdität zu akzeptieren.

Michael Brown formulierte es treffend: „Der große Feind der radikalen Transgender-Bewegung ist die Wissenschaft. Biologische Realitäten können hartnäckig sein, und kein noch so großes Maß an menschlicher Manipulation kann diese Realitäten ändern."[17]

Realitäten hin oder her, die Radikalen halten an ihrer Agenda fest – egal, wie irrational sie ist.

Wie geht es weiter?

Im November 2019 war ich einer der Sprecher bei der Konferenz „Wahrheit für eine neue Generation" in Cincinnati, Ohio. Eine weitere Rednerin war Anne Paulk, eine ehemalige Lesbe, die inzwischen diesen Lebensstil verlassen hat, verheiratet und Mutter ist. In ihrem Vortrag sagte sie: „Als Gott noch nicht in meinem Leben war, hatte ich keinen Grund, zu irgendetwas Nein zu sagen." Sie hat Recht. Ohne Gott gibt es für niemanden einen Grund, nein zu den perversesten, bisher unvorstellbaren sexuellen Beziehungen zu sagen.

Nachdem die gleichgeschlechtliche Ehe vom Obersten Gerichtshof der USA im Jahr 2015 legalisiert wurde, ist der Transgenderismus durch das Land gefegt – entstanden scheinbar wie aus dem Nichts. Es war der nächste Dominostein, der fiel. Und die moralische Talfahrt geht weiter.

Der neue wachsende Trend ist das „Throuple", eine Beziehung zu dritt. Diese Beziehung kann aus einer beliebigen Kombination von drei Personen bestehen. Aber wenn drei nicht genug sind, könnte durchaus auch Polyamorie Ihr Ding sein – das heißt, mehrere Beziehungen gleichzeitig mit mehreren anderen in einer offenen oder in einer „Poly"-Ehe. Schließlich ist die traditionelle Ehe einfach nicht mehr zeitgemäß. Wie Janie B. Cheaney in der Zeitschrift *World* feststellt, haben „sich verschiebende Normen [hin zu gleichgeschlechtlichen und/oder Poly-Ehen] das Stigma von nicht-traditionellen häuslichen Arrangements ausgewaschen."[18]

Darüber hinaus gibt es Forderungen, Pädophilie als eine legitime und gesunde Art von Beziehung zu betrachten. Im Jahr 2002 schrieb Judith Levine ein Buch mit dem Titel *Die Gefahren des Schutzes von Kindern vor Sex*, in dem sie die Idee vertritt, dass „einvernehmlicher"

Sex mit kleinen Kindern nicht schädlich für diese sei. Die Autorin Sharon Lamb schrieb eine Rezension zu diesem Buch, in der sie feststellte: „Wir müssen die Frage des Einverständnisses aus einer psychologischen Perspektive betrachten, nicht nur aus einer rechtlichen; und dass nicht jeder, der missbraucht wurde, am Ende ein Leben lang traumatisiert ist."[19]

Es mag schwer sein zu glauben, dass Pädophilie jemals legalisiert werden könnte, aber die Grundlagen dafür sind bereits vorhanden. Die Propaganda ist bereits in den Werbebotschaften zur Sexualerziehung enthalten, die abweichendes Verhalten normalisiert, und die Verwendung des Deckmantels der Bürgerrechte dient als Vorwand, um solches Verhalten zu schützen. „Gruppenräume vom Kindergartenalter bis zur Sekundarstufe werden zu Laboratorien, in denen Kinder programmiert werden, um solchen [politischen] Agenden zu dienen", sagt Stella Morabito. „In den Argumenten, um die soziale Akzeptanz von Sex zwischen Erwachsenen und vorpubertären Kindern voranzutreiben, finden Sie eine fast exakte Parallele zu den Argumenten für alle möglichen ‚fortschrittlichen' Anliegen – natürlich einschließlich den LGBT-Präferenzen."[20] Man muss wohl davon ausgehen, dass Gesetze, die vermeintlich „einvernehmliche" sexuelle Beziehungen zwischen Erwachsenen und Kindern schützen, der nächste Dominostein sein werden, der fällt.

Bereits 2003 sagte Tammy Bruce, die eine Befürworterin der linken Agenda war (aber inzwischen zu einer Kritikerin der Bewegung geworden ist), der Grund, warum die Radikalen versuchen, Kinder zu sexualisieren, sei der, dass auf diese Weise die Kontrolle über zukünftige Generationen gewährleistet sei. Sie schreibt: „Es verheißt auch künftige sexsüchtige Konsumenten, auf die sich die Pornoindustrie verlässt. Indem sie deren Leben zerstören, versetzen sie der Familie, dem Glauben, der Tradition, dem Anstand und dem Urteilsvermögen den endgültigen Schlag."[21]

Was nun?

Der nächste logische Schritt ist, jeden zu verbieten, der es wagt, denjenigen Hilfe anzubieten, die aus eigener Initiative den Wunsch haben, den homosexuellen oder transsexuellen Lebensstil zu verlassen.[*] Wenn Sie durch die Kommentare scrollen, die man unter den Artikeln findet, werden Sie eine Menge Leute sehen, die Christen der Grausamkeit und Engstirnigkeit beschuldigen – zum Nachteil für jeden, der Rat sucht, um mit den sehr realen Kämpfen klarzukommen, die aus transsexuellen oder gleichgeschlechtlichen Beziehungen resultieren.

Wenn es illegal wird, Homosexuellen und Transsexuellen, die eine biblische Sexualität anstreben, zu helfen, dann ist davon auszugehen, dass wir nicht mehr lange warten müssen, bis die „Evangeliums-Ideologie" ebenfalls illegal wird. Der Kultur zufolge liegt das Problem nicht in der Abweichung von der sexuellen Norm, sondern im Christentum und der Bibel. Wenn das zutrifft, was hält die Regierung dann noch davon ab, das Christentum als gefährliche psychologische Neurose zu brandmarken, die den Menschen schadet?

Tatsächlich sagte C.S. Lewis bereits 1949 voraus: „Wenn diese spezielle Neurose der Regierung lästig wird, was sollte sie dann daran hindern, sie zu ‚heilen'?"[22]

In der Tat. Ohne Gott gibt es keinen Grund, zu irgendetwas Nein zu sagen.

Die dämonische Natur dessen, was im Transgender-Phänomen vor sich geht

Wenn es um die Transgender-Bewegung geht, werden die Rechte der Eltern abgelehnt. Zur Verzweiflung der Eltern, bei deren Kind man eine oder mehrere Störungen diagnostizieren könnte, werden solche Kinder oft von Gleichaltrigen und zuständigen Personen in öffentlichen Schulen davon überzeugt, dass sie transgender seien. Eltern

---

[*] Im Juni 2020 wurde in Deutschland ein Gesetz zum Schutz vor Konversionsbehandlungen erlassen. Siehe https://www.gesetze-im-internet.de/konvbehschg/BJNR128500020.html. (Anm. d. dt. Hg.)

werden dafür kritisiert, nicht „zustimmend" zu sein und zu starr in traditionellen Normen zu verharren.

„Eltern wird gesagt, dass Pubertätsblocker und geschlechtsübergreifende Hormone der einzige Weg sein können, um ihre Kinder vor Selbstmord zu bewahren."[23] Und doch zeigen Studien über Geschlechtsdysphorie, dass 80 bis 95 Prozent derjenigen, die sich irgendwann als Transgender identifizieren, sich am Ende dann doch mit ihrem körperlichen Geschlecht identifizieren.[24] Wie einige gesagt haben: Biologie ist keine Bigotterie!

In New Jersey schlägt die Webseite zu Kindesmissbrauch und -vernachlässigung sowie vermissten Kindern vor, dass das Pflegepersonal ermutigt werden sollte, solche Eltern zu melden, die mit der Einschätzung, ihr Kind durchlaufe einen Transitionsprozess, nicht einverstanden sind.[25] Die Eltern haben auch Angst vor eigenen Meinungsäußerungen, weil sie befürchten, vom LGBTQ-Mob angegriffen zu werden. Mittlerweile können Kinder in Oregon nicht nur ihre eigenen Entscheidungen bzgl. ihrer bevorzugten sexuellen Identität treffen, sondern auch staatlich subventionierte Operationen zur Geschlechtsumwandlung ohne elterliche Zustimmung erhalten.[26]

Fragen Sie einfach Jay Keck, der in der Nähe von Chicago lebt, im Hinblick auf die Untergrabung der elterlichen Rechte. Seine 14-jährige Tochter war davon überzeugt, ein Junge zu sein, und das Lehrpersonal an ihrer Schule unterstützte ihre Wahnidee – ganz im Gegensatz zu ihren Eltern.

Ihre Tochter im Teenageralter hatte bislang keine Neigung zu Geschlechtsdysphorie gezeigt, aber nun erklärte sie, ein Junge zu sein, nachdem sie mit einem anderen Mädchen Zeit verbracht hatte, das sich als Junge bezeichnete.

Die Schule akzeptierte eine Namensänderung, ohne die Eltern zu benachrichtigen; als die Eltern dies entdeckten und darauf bestanden, dass sie bei ihrem gesetzlichen Namen genannt werde, wurden ihre Wünsche ignoriert.[27]

Die *National Education Association* hat sich mit der *Human Rights Campaign* und anderen Gruppen zusammengetan, um Materialien zu produzieren, die eine automatische Bestätigung von Identitäten, Namensänderungen und Pronomen unabhängig von den Bedenken der Eltern befürworten. In 18 Bundesstaaten und dem *District of Columbia,* einschließlich meines Heimatstaates Illinois, gelten Verbote der „Konversionstherapie", die es Therapeuten untersagen, die Geschlechtsidentität eines Kindes in Frage zu stellen.[28]

Kinder in unseren Schulen werden faktisch dazu animiert, sich als Transgender zu verstehen.

Stellen Sie sich folgendes Szenario vor: Ein Junge im Teenageralter beschließt, dass er eigentlich ein Mädchen sei und erhält eine Hormontherapie, um die Umwandlung vorzunehmen. Er lässt sogar eine körperverändernde Operation an sich durchführen, die bis zu 140.000 Dollar kosten kann.[29] Dieses „Mädchen" wächst nun heran und ist dann eine „Frau". Angenommen, ein Mann (vielleicht Ihr Sohn) verliebt sich in diese „Frau", die die DNA eines Mannes hat. Fühlt sich Ihr Sohn zu einem Mann oder einer Frau hingezogen? Wenn sie heiraten, werden sie keine gemeinsamen Kinder haben können. Und wer wird die steigenden Kosten für die Hormone bezahlen, die diesen biologischen Mann künstlich wie eine Frau aussehen lassen?

Kann man das als Fortschritt bezeichnen?

Ein Wort meinerseits an die Eltern: Seien Sie sehr misstrauisch gegenüber den öffentlichen Schulen.[*] Bedauerlicherweise haben die Radikalen die Medien, die progressiven Politiker und die Eliten, die

---

[*] Diese Empfehlung ist für die Situation in Deutschland so nicht zu geben. Zwar ist auch hier mit der Möglichkeit zu rechnen, dass eine neue Gesetzgebung zukünftig zu Entwicklungen führt, die christlichen Eltern ihre Erziehungsbefugnis einschränken. Doch ein genereller Aufruf zu Misstrauen erscheint zum gegenwärtigen Zeitpunkt nicht als angemessen. (Anm. d. dt. Hg.)

die Lehrpläne schreiben, erobert. Wir sollten unsere Kinder nicht einer Kultur preisgeben, die antichristlich ist, das Naturrecht verachtet und Wissenschaft und Anstand ablehnt.

Wir sollten unsere Kinder nicht denen ausliefern, die versuchen, das Bizarre zu normalisieren und unsere Kinder zu „groomen", was sie anfällig für sexuellen Missbrauch durch Erwachsene macht.

Wir sind hier, um Licht in diese dunkle Kultur zu bringen.

Alle christlichen Eltern müssen beten und nach den besten Erziehungsmöglichkeiten für ihre Kinder suchen. Ich erinnere mich, dass Tony Evans sagte, er und seine Frau hätten das, was ihre Kinder gelernt hatten, besprochen, wenn sie von der Schule nach Hause kamen, und sie von allen falschen Ideen, die ihnen beigebracht wurden, „deprogrammiert". Inzwischen wird Homeschooling durch die Netzwerke und Lehrpläne, die entwickelt wurden, immer mehr verbreitet. Christliche Bekenntnisschulen sind ebenfalls eine Option, wobei einige von ihnen sogar finanzielle Hilfe für diejenigen anbieten, die sich das Schulgeld nicht leisten können.

Wir müssen die Warnung derjenigen beherzigen, die die Wahrheit aussprechen und sich nicht von kulturellem Denken einschüchtern lassen. Hören wir uns Dr. med. Will Malone an: „Man kann nicht im falschen Körper geboren werden – es ist unser Verstand, der therapiert werden muss, nicht unser Geschlecht. Die psychiatrischen Kliniken werden auf diese Ära [der amerikanischen Geschichte] als ein weiteres dunkles Kapitel in der Behandlung von Menschen mit psychischen Problemen zurückblicken."[30]

Wir sind hier, um Licht in diese dunkle Kultur zu bringen.

Wo ist die Gemeinde?

Wenn wir unsere Kinder nicht beschützen, warum nennen wir uns dann Nachfolger Christi? Jesus war nicht neutral, wenn es um Kinder ging. Für all diejenigen, die eines dieser Kleinen zur Sünde verleiten würden, hatte er eine klare Ansage: „Wenn jemand ein solches Kind aufnehmen wird in meinem Namen, nimmt er mich auf. Wenn aber jemand eines dieser Kleinen, die an mich glauben, zu Fall bringt, für den wäre es besser, dass ein Mühlstein an seinen Hals gehängt und er in die Tiefe des Meeres versenkt würde" (Matthäus 18,5-6).

Ich liebe den Titel des Buches *Raising Lambs Among Wolves* („Lämmer unter Wölfen großziehen"), das von meinem verstorbenen Freund Mark Bubeck geschrieben wurde. Obwohl das Buch überarbeitet und unter einem anderen Titel neu aufgelegt wurde, kehre ich zu den Worten des Originaltitels zurück, die von dem Bild der Schafe und den Wölfe abgeleitet sind, das Jesus verwendete.

Was die Kinder betrifft, die denken, dass sie transgender seien: Wir müssen ihnen zuhören, ihre Sorgen ernst nehmen und ihnen einen sicheren Ort bieten, an dem sie sich frei fühlen, ihre Gefühle und Wünsche auszudrücken. Wir müssen sie vor körperverändernden Operationen warnen, die im Namen der „Authentizität" durchgeführt werden. Es gibt eine wachsende Zahl an Geschichten von Menschen, die sich diesen Operationen unterzogen haben und feststellen, dass dies nicht ihre Dysphorie geheilt oder das erwartete Wohlbefinden herbeigeführt hat. Ihre Selbstmordrate liegt bei bis zu 41 Prozent.[31]

Es ist gefährlich, unsere Schäflein in öffentliche Schulen zu geben, wenn sie mit heidnischer Sexualität indoktriniert werden – in der vermeintlichen Normalität abweichenden Verhaltens und in der Verhöhnung von Gottes Absichten für Männer und Frauen. Ich erinnere mich an die Worte Jesu: „Lasst die Kinder, und wehrt ihnen nicht, zu mir zu kommen! Denn solchen gehört das Reich der Himmel" (Matthäus 19,14). Dann lesen wir, dass er sie in seine Arme nahm und sie segnete.

Ich kann mir nicht vorstellen, dass Jesus anschließend die Kinder nimmt und sie in die Obhut von Heiden gibt, die nur darauf warten, sie zu lehren, dass man zwei Mamas oder zwei Papas oder irgendeine Kombination davon haben kann. Ich kann mir nicht vorstellen, dass er die Kinder denen übergibt, die sie dazu ermutigen, mit ihrer Sexualität zu experimentieren und sich für eines von beliebig vielen „Geschlechtern" zu entscheiden – je nachdem, welches sie sein wollen.

Damals, in den frühen 1970er Jahren, pflanzte ich einen Baum vor unserem Haus, das uns von der Gemeinde, in der ich Pastor war, zur Verfügung gestellt wurde. Ich wusste damals, dass der Stamm ein wenig krumm war. Nachdem ich ein Loch gegraben und ihn in die Erde gepflanzt hatte, richtete ich ihn, so gut ich konnte, aus und wünschte ihm das Beste. Jetzt, fast 50 Jahre später, fahre ich ab und zu an dem Haus vorbei und ich sehe, dass der Baum, der jetzt vielleicht 30 Fuß hoch ist, in seinem Stamm immer noch diese Krümmung aufweist.

Wir müssen zum Schöpfungsbericht zurückkehren, um uns daran zu erinnern, dass Gott nur zwei Geschlechter geschaffen hat: männlich und weiblich. Ohne den Glauben an Gott als Schöpfer gibt es wenig Hoffnung, unserem Leben und den Rollen, die uns in der Ehe, der Familie und natürlich der Sexualität zugedacht sind, einen Sinn zu geben. Um noch einmal Michael Brown zu zitieren: „Wir wollen sehen, wie Menschen von ihrem inneren Schmerz befreit werden. Wir wollen sehen, wie sie eine Lösung für die emotionale Qual finden, die sie erleben ... Aber keine noch so große Menge an Mitgefühl kann die biologischen und chromosomalen Realitäten ändern. Das ist der Grund, warum die Transgender-Bewegung anfängt, gegen die Wand zu fahren. Die Wissenschaft ist gegen sie."[32]

Gottlosigkeit und abweichende Sexualität gehen immer Hand in Hand:

„Daher gibt es keine Entschuldigung für sie, weil sie Gott zwar kannten, ihm aber doch nicht als Gott Verehrung und Dank dargebracht haben, sondern in ihren Gedanken auf nichtige Dinge verfallen sind und ihr unverständiges Herz in Verfinsterung haben geraten lassen. Während sie sich ihrer angeblichen Weisheit rühmten, sind sie zu Toren geworden und haben die Herrlichkeit des unvergänglichen Gottes mit dem Abbild des vergänglichen Menschen und der Gestalt von Vögeln, von vierfüßigen Tieren und kriechendem Gewürm vertauscht. Daher hat Gott sie in den Begierden ihrer Herzen in die Unreinheit dahingegeben, sodass ihre Leiber an ihnen selbst geschändet wurden; denn sie haben die Wahrheit Gottes mit der Lüge vertauscht und Verehrung und Dienst dem Geschaffenen dargebracht anstatt dem Schöpfer, der da gepriesen ist in Ewigkeit." (Römer 1,20b-25; Menge 2020)

Haben wir den Mut, uns gegen diesen Angriff auf unsere Kinder zu stellen? Oder werden die Tyrannen den Kampf um die nächste Generation gewinnen? Verführerische Wahnvorstellungen sind in unserer mediengesteuerten, politisch korrekten Kultur auf dem Vormarsch.

Wir müssen auf die Radikalen vorbereitet sein, die uns mit hasserfüllten Namen beschimpfen werden, während sie gleichzeitig behaupten, dass sie moralisch die Oberhand gewonnen haben.

Wachen wir auf und erkennen wir, dass es viele Menschen gibt, die mit ihrer Geschlechtsidentität kämpfen; sie sind vielleicht schwul oder trans oder haben mit sexuellen Problemen zu kämpfen. Heath Lambert von der *Association of Certified Biblical Counselors* sagt: „Um Transgender zu lieben, müssen wir uns durch die komplizierten Schichten der Sünde und des Schmerzes arbeiten – ein Prozess, der den Beziehungskontext erfordert, den Gemeinden bieten können. Es wäre der Todesstoß, wenn wir sagen: Das ist falsch, aber da können wir nicht helfen."[33] Die Leute müssen sich in ihren Schmerz hineinversetzen und nicht nach einem trügerischen Gegenmittel für ihre innere Dysphorie und ihr Leiden suchen.

Unsere Gemeinden sollten es als ein Privileg betrachten, alle Menschen willkommen zu heißen, die mit ihrer sexuellen Identität ringen, und gleichzeitig anerkennen, dass Gott sexuelle Beziehungen außerhalb der Verbindung zwischen einem Mann und einer Frau in der Ehe nicht bejaht. Was sagen wir jemandem, der behauptet: „Ich bin ein schwuler Christ", oder „Ich bin ein Trans-Christ"? Hierauf antwortet Anne Paulk sehr weise: „Satan nennt dich bei deinem sündigen Namen; Gott nennt dich einen Christen, der mit Identitätsproblemen kämpft." Die Geschlechtsidentität – das Geschlecht, mit dem man geboren wurde – ist grundlegend für die Selbsterkenntnis.

Nur wenn wir die Neigung des menschlichen Herzens zur Täuschung erkennen, können wir anderen helfen, ihre Probleme aus einer göttlichen Perspektive zu sehen. Denken wir daran, dass diejenigen, die in der Finsternis wandeln, die Dinge nicht so sehen, wie sie sind, sondern eher so, wie sie sie haben wollen. „Der Weg der Gottlosen ist wie das Dunkel; sie erkennen nicht, worüber sie stürzen" (Sprüche 4,19).

Meiner Meinung nach ist die Gemeinde die letzte Barriere gegen einen völligen Zusammenbruch der sexuellen Normalität in der heutigen Kultur. Und wenn wir uns machtlos gegenüber den Medien, den Gerichten und unseren Politikern fühlen, sollten wir uns daran erinnern, wer das Haupt der Gemeinde ist (siehe Epheser 1,21-22).

Einer Welt, die vom Schmerz geblendet ist und die Leere zu lindern sucht, gibt Jesus dieses Versprechen: „Kommt her zu mir, alle ihr Mühseligen und Beladenen! Und ich werde euch Ruhe geben. Nehmt auf euch mein Joch, und lernt von mir! Denn ich bin sanftmütig und von Herzen demütig, und ‚ihr werdet Ruhe finden für eure Seelen'" (Matthäus 11,28-29).

Jesus ist mit uns in den Schützengräben.

Ein Gebet, das wir alle beten müssen

Vater, wir alle haben die Zerbrochenheit erfahren, die Sünde immer mit sich bringt. Heute sind unsere Herzen voller Sorgen für Kinder, die in Familien mit nur einem Elternteil geboren wurden, sowie für Kinder, die missbraucht und vernachlässigt werden und die mit innerer Leere und Verwirrung kämpfen. Unsere Herzen zerbrechen, wenn wir an Kinder denken, die ihre Hand ausstrecken und versuchen, im Labyrinth moralischer und kultureller Lügen, die heute weithin akzeptiert werden, Hoffnung zu finden.

Wir lesen in Deinem Wort, dass sogar heidnische Kinder Dir gehören, und Du hast das Volk Israel beschuldigt, „meine Kinder" fremden Göttern zu opfern (Hesekiel 16,21; Menge 2020). Alle Kinder der Welt gehören Dir; und Jesus hat seine Liebe zu den Kindern vorgelebt, indem er sie in seine Arme nahm und sie segnete.

Wir bereuen, dass wir unsere Kinder von der Kultur erziehen ließen, weil wir nicht als engstirnig, lieblos oder realitätsfremd gelten wollten. Wir bereuen, dass wir unsere Kinder den fremden Göttern der sogenannten Toleranz und der ungezügelten Sinneslust überlassen haben. Wir bekennen, dass wir nicht genügend Sorgfalt walten ließen, um unsere Familien vor den kulturellen Lügen zu schützen, die durch die Technologie verbreitet werden, die in unser aller Leben Einzug gehalten hat.

Vater, gib uns die Weisheit, die wir brauchen, um Schritte zu unternehmen, die verhindern, dass die säkulare Agenda, die in den Schulen präsentiert wird, die Grundwerte unserer Kinder umformt. Wir beten, dass die Herzen unserer Kinder nicht durch kulturellen Druck und kulturelle Ansprüche geraubt werden.

Lass uns mit der Feigheit Schluss machen. Lass uns vor Deinem Wort niederknien und daran denken, was Paulus zu Timotheus sagte:

*Böse Menschen und Betrüger aber werden zu Schlim-
merem fortschreiten, indem sie verführen und verführt werden. – Du aber bleibe in dem, was du gelernt
hast und wovon du überzeugt bist, da du weißt, von
wem du gelernt hast, und weil du von Kind auf die
heiligen Schriften kennst, die Kraft haben, dich weise zu machen zur Rettung durch den Glauben, der in
Christus Jesus ist (2. Timotheus 3,13-15).*

Gott, sei uns gnädig. In Jesu Namen, Amen.

KAPITEL 7

Kapitalismus ist die Krankheit – Sozialismus die Heilung

„Menschen, nicht Profite!", rufen die Demonstranten.

Sie werden überrascht sein, wie viele Menschen, die den Sozialismus befürworten, nicht wissen, wie sie ihn definieren sollen. Für sie heißt das in wenigen Worten zusammengefasst: *freier Zugang für alle.* Der Sozialismus bietet ein *kostenloses* College, ein *kostenloses* Gesundheitssystem, ein *kostenloses* Alterseinkommen, einen garantierten Arbeitsplatz und ein anständiges Leben. Angeblich wird in einer sozialistischen Welt niemand zurückgelassen, weil die Regierung für Einkommensgleichheit sorgt. Warum sollten diejenigen, die reich sind, ihren Reichtum nicht mit den Armen, den Unterprivilegierten und den rassisch Entrechteten teilen?

Sie fragen sich vielleicht, warum ein Buch, das sich auf die Rolle der Gemeinde in unserer Kultur konzentriert, ein Kapitel über den Sozialismus enthält. Immerhin hat das Christentum bewiesen, dass es in jedem wirtschaftlichen und politischen System überleben kann. Die Gemeinde begann unter der Herrschaft der Cäsaren und überlebte dort sehr gut. Die jahrzehntelange kommunistische Herrschaft in Russland hat die Gemeinde ausgehalten, obwohl sie durch schwere Verfolgung beeinträchtigt wurde. Die Gemeinde in China überlebt noch immer, trotz weit verbreiteter Razzien und schrecklicher Verfolgung.

Die Gemeinde kann im Kommunismus und Sozialismus überleben, auch in deren schlimmsten Ausprägungen.

Mein Anliegen mit diesem Kapitel hat mit den Täuschungen des Sozialismus zu tun und damit, warum dieser, obwohl er ein attraktives System zu sein scheint, zwangsläufig die Armut zementieren, die Freiheit einschränken und auch auf andere Weise noch diejenigen demoralisieren muss, die unter ihm leben. Der Sozialismus greift von Natur aus in die Freiheit der Gemeinde ein und beraubt sie ihrer Möglichkeiten, freimütig am Evangelium zu dienen. Die Vereinigten Staaten – mit all ihren Fehlern – müssen für mehr als 400 Milliarden Dollar dankbar sein, die ihre Bürger jedes Jahr für wohltätige Zwecke geben, einschließlich Missionswerken und Hilfen für die Armen.[1] Es gibt kein einziges sozialistisches Land, das auch nur annähernd an die Großzügigkeit Amerikas heranreicht.

Die Vereinigten Staaten sind die großzügigste Nation, die anderen Ländern Hilfe leistet, wenn diese eine nationale Tragödie erleben. Es gibt einen Grund, warum unsere Lebensqualität der Neid der Welt ist. Ja, wir haben Armut in Amerika, aber das ist ein Problem, das der Sozialismus nicht lösen kann. Wie wir sehen werden, kann nur eine kapitalistische Wirtschaft den Reichtum hervorbringen, der notwendig ist, um einer größeren Anzahl von Menschen bessere Chancen zu bieten. Unsere kapitalistische Wirtschaft war in der Lage, evangelistische Dienste auf der ganzen Welt zu unterstützen, die auch medizinische Versorgung, Lebensmittelversorgung und vieles mehr beinhalten.

Was ist Sozialismus? In aller Kürze: Er ist die Vorherrschaft des Staates über das Individuum. Oder wenn Sie eine Ein-Wort-Definition wollen: Er ist Staatsmacht. D. h., die Regierung nimmt die Produktionsmittel in Besitz und verspricht, den Reichtum auf eine angeblich gerechte Art und Weise umzuverteilen. Oberflächlich betrachtet, scheint dies eine attraktive Lösung für Armut und steuerliche Ungleichheit zu sein. Wir erinnern uns an die *Occupy-Wall-Street*-Bewegung, deren Motto sich so zusammenfassen lässt: „Lasst die Wall Street zahlen!" Es scheint eine Option zu sein, die zu gut ist, um sie ungenutzt zu lassen.

Die COVID-19-Pandemie hat die Vorstellung angeheizt, dass die Regierung zahlen *kann*. Billionen von Dollar wurden genehmigt, um Unternehmen zu retten und Millionen von neuen arbeitslosen Arbeitnehmern Überbrückungsgelder zu zahlen.

Wir müssen fragen: Ist dies nicht ein gutes Beispiel dafür, dass die große Regierung die Wirtschaft zum Wohle unserer Nation übernimmt? Wir werden uns das ein wenig später in diesem Kapitel noch genauer ansehen.

Betrachten wir zunächst die philosophische Sichtweise von Karl Marx, dessen Wirtschaftstheorien uns bis heute beeinflussen. Dann werden wir das, was er lehrte, von dem „demokratischen Sozialismus" unterscheiden, der von einigen Politikern weithin befürwortet wird.

Ja, Marx regiert in der Tat aus dem Grab heraus

Karl Marx wurde als Sohn jüdischer Eltern im Rheinland geboren. Als er sechs Jahre alt war, ließ sein Vater die gesamte Familie lutherisch taufen. Während seines Studiums in Paris lernte Marx 1844 Friedrich Engels kennen, und vier Jahre später veröffentlichten sie ihr berühmtes politisches Werk *Das Kommunistische Manifest*.

Marx war besorgt über die Missstände, die er in Englands industrieller Revolution sah. Ein Überfluss an billigen Arbeitskräften ermöglichte es den Wohlhabenden, niedrige Löhne zu zahlen und gleichzeitig schlechte Arbeitsbedingungen aufrechtzuerhalten. Frauen und Kinder wurden gezwungen, lange zu arbeiten, und überfüllte Slums waren weit verbreitet. Nach Marx' Ansicht mussten diese ausgebeuteten Arbeiter (das sog. Proletariat) die Kontrolle über die Produktionsmittel erlangen.

Seine Philosophie basierte auf den Überzeugungen, (1) dass die Materie die letzte Realität ist (Materialismus) und es weder Gott gibt noch eine menschliche Seele, die den Tod des Körpers überdauert; (2) wirtschaftliche Kräfte treiben die Geschichte immer weiter vorwärts und rückwärts; und (3) Privateigentum ist die Quelle allen Übels.

Marx hasste das Christentum, das er als eine Quelle der Unterdrückung ansah. Für ihn war der Gott der Bibel ein grausamer Tyrann, der die Menschen in Ungerechtigkeit und sozialer Unterdrückung hielt; er bezeichnete Religion als „Opium des Volkes". Um wirtschaftliche Gleichheit herzustellen, müsse die Loyalität zur Gemeinde durch Loyalität zum Staat ersetzt werden. Die Kernfamilie, die seiner Meinung nach künstlich konstruiert worden war, müsse neu geordnet und die unterdrückten Mütter müssen befreit werden. Lenin wurde mit den Worten zitiert: „Wir können nicht frei sein, wenn die eine Hälfte der Bevölkerung in der Küche versklavt ist."2

Marx glaubte, dass Mütter außer Haus arbeiten sollen, damit staatlich anerkannte Schulen die Kinder erziehen können, die in Wirklichkeit dem Staat gehörten. Die Familie solle nicht mehr als eigenständige, ökonomische Einheit der Gesellschaft gesehen werden; kommunales Wohnen müsse das private Wohnen ersetzen. Das Ziel sei eine klassenlose Gesellschaft, in der es keine Könige und Diener, keine Besitzer und Arbeiter, keine Reichen und Armen, keine Ehefrauen und Ehemänner gibt, die die Weltanschauung ihrer Kinder prägen.

Das ökonomische Grundaxiom des Marxismus ist, dass die Armen nur deshalb arm sind, weil die Reichen reich sind. Die Kapitalisten sind die Unterdrücker; die Armen sind ihre Opfer. Da die Reichen ihren Reichtum nicht freiwillig teilen werden, ist der einzig gerechte Weg die Konfiszierung von Privateigentum und die Umverteilung von Reichtum und Vergünstigungen durch den Staat. Mittels strenger Kontrollen und der Überwachung der Wirtschaft können sich Gleichheit und Gerechtigkeit durchsetzen. „Jeder nach seinen Fähigkeiten, jedem nach seinen Bedürfnissen."3

Der Kapitalismus, so sagt man uns, basiert auf *Gier;* der Sozialismus basiert auf *Bedürfnissen!*

Was ist mit den Gesetzen? Marx betrachtete Gesetze als ein Mittel der Klassenunterdrückung. Lassen wir ihn selbst zu Wort kommen: „Die Gesetzgebung – ob politisch oder bürgerlich – tut nie mehr, als den Willen der ökonomischen Kräfte zu verkünden, d. h. in Worten auszudrücken."4 Aus Marx' Sicht gibt es keine festen Gesetze, die alle Kulturen überdauern; diese werden von den Herrschenden als Mittel zur Kontrolle des Proletariats erfunden. Einfach ausgedrückt: Gesetze existieren nur als Mittel zur Klassenausbeutung.

Marx lehrte, dass nach einer Revolution die Menschen vom kapitalistischen Gesetz zum marxistischen Gesetz wechseln würden, das besagt, dass es keine gottgegebenen Rechte gibt, sondern nur solche, die vom Staat gewährt werden. In der Tat: Jahre später, als Frauen im marxistischen Russland rekrutiert wurden, um als Prostituierte Spionage zu betreiben, wurde ihnen gesagt: „Dein Körper gehört nicht dir, er gehört dem Staat."

Übrigens war es diese marxistische Vorstellung von staatlich gewährten Rechten, die 1973 die Grundlage für die Entscheidung des Obersten Gerichtshofs der USA im Fall *Roe v. Wade* war, die Abtreibung zu legalisieren. Das Urteil, das einer Mutter das Recht gab, ihr ungeborenes Kind zu töten, basierte auf der Annahme, dass der Staat kein zwingendes Interesse am Schutz des Lebens von Ungeborenen habe. Es wurde nichts über das inhärente gottgegebene Recht eines ungeborenen Kindes auf Leben gesagt; vielmehr war die persönliche Situation der Mutter der entscheidende Faktor.

Wenn staatliche Rechte den Platz gottgegebener Rechte einnehmen, können wir sehr leicht von Abtreibung über Kindesmord zu Euthanasie übergehen. Auch China geht bei seinen erzwungenen Abtreibungsgesetzen von der gleichen Annahme aus – Geburten sind einfach eine Sache der staatlichen Planung, wie jede andere wirtschaftliche Entscheidung auch. Paaren sollte es nicht erlaubt sein, ein Baby zu bekommen, nur weil sie es wollen.

Da es der Staat und nicht Gott ist, der Rechte schafft, folgt daraus, dass man den Staat logischerweise nicht für Menschenrechtsverletzungen kritisieren kann. Schließlich gäbe es ohne den Staat überhaupt keine Menschenrechte. Wenn der Staat sagt, dass man kein Recht hat, den Staat zu kritisieren, dann ist das so. Der Staat gibt Rechte und nimmt sie wieder. Chesterton hat es treffend formuliert: „Nur wenn wir an Gott glauben, können wir jemals die Regierung kritisieren. Schafft man Gott ab, wird die Regierung zum Gott ... Die Wahrheit ist, dass Irreligion das Opium des Volkes ist."[5]

Obwohl die Theorien von Marx wegen ihrer rein materialistischen und gottfeindlichen Grundlage abgelehnt werden sollten, können wir dennoch die Anziehungskraft des Marxismus verstehen. In den Ländern Lateinamerikas ist die Befreiungstheologie (kultureller Marxismus) beliebt, weil das kapitalistische System korrupt ist und die Armen ausgebeutet werden.

Eine Revolution, die verspricht, dass die Reichen ihres Reichtums beraubt werden und die Armen ihren gerechten Anteil am wirtschaftlichen Kuchen erhalten, klingt fair und gerecht. Schließlich beuten die Reichen die Armen aus, die Politiker nehmen Bestechungsgelder an, die Bürokraten rauben die Staatskasse aus und bereichern sich auf Kosten der Machtlosen. Eine Revolution, in welcher der Staat diesen Wahnsinn kontrolliert, indem er auf einer Philosophie der Gleichverteilung besteht, scheint eine gute Sache zu sein. Was hat man da schon zu verlieren?

Nachdem ich Russland Mitte der 1980er Jahre (vor dem Fall der Berliner Mauer 1989) besucht hatte, verstand ich besser, warum der Marxismus für das russische Volk zunächst so attraktiv war. Es hatte unter der Führung der russischen Zaren furchtbar gelitten. Diese hatten das Volk versklavt und hart behandelt– unter bewusster Missachtung ihres Leids und ihrer bitteren Armut. Das Volk arbeitete für diese extravaganten Herrscher, deren Reichtum und Prunk keine Grenzen kannten. War es nicht sinnvoll, all diesen Reichtum und die Macht zu konfiszieren und dem Staat zu übergeben, der ihn dann mit einem gewissen Maß an Gleichheit und Fairness verteilen würde? In den Köpfen vieler kämpften die Bolschewiki für den einfachen Menschen, stellten sich auf die Seite des unterdrückten Volkes, das Anspruch auf ein gewisses Maß an ordentlichen Lebensbedingungen und Sicherheit hatte.

Aber leider war es nicht so. Die Versprechen verpufften in einer kopflastigen kommunistischen Bürokratie. Der Staat kontrollierte die Löhne, bestimmte, welche Jobs an wen vergeben wurden, und die Korruption vervielfachte sich. Wachsende Staatsmacht bedeutete, dass man Kirchen verbot, Religionsfreiheit wurde verweigert, und diejenigen, die es ablehnten, nach den staatlichen Regeln zu spielen, wurden hingerichtet. Die Löhne wurden angeglichen, aber die staatlichen Betriebe brachen unter der Last der Ineffizienz und desinteressierter Arbeiter zusammen. Und die Bürokraten, die Befreiung versprachen, wurden zu Dieben. Die vielen Millionen Menschen, die von kommunistischen Regimen getötet wurden, starben vergeblich.

Der Marxismus mit verstaatlichtem Eigentum, garantierten Löhnen und dem Primat des Staates ist gescheitert; er konnte nur hinter Stacheldrahtzäunen, verbunden mit brutaler Sanktionierung jeglichen Widerstands gegen staatliche Politik und staatliche Zensur erfolgreich sein. Und wo immer man den Kommunismus erneut bemüht, wird er scheitern. Er muss scheitern.

Aber ist der Kapitalismus wirklich besser? Der Kapitalismus wird heute von vielen in den Vereinigten Staaten und in anderen Ländern attackiert. Vor 35 Jahren beschrieb Robert Nash die Angriffe, die gegen den Kapitalismus vorgebracht werden:

> Der Kapitalismus wird für jedes Übel in der heutigen Gesellschaft verantwortlich gemacht – einschließlich der Gier, des Materialismus und des Egoismus, der Ausbreitung betrügerischen Verhaltens, der Entwertung gesellschaftlicher Konventionen, der Verschmutzung der Umwelt, der Entfremdung und *Verzweiflung* innerhalb der Gesellschaft und der enormen Ungleichheit, was den Wohlstand betrifft. Selbst Rassismus und Sexismus werden als Auswirkungen des Kapitalismus behandelt.[6]

Der Kapitalismus, so sagt man uns, ist nicht nur der Grund für die finanzielle Ungleichheit; er ist auch die Wurzel von Amerikas Sexismus, Fremdenfeindlichkeit und weißer Vorherrschaft. Einige gehen sogar so weit zu sagen, dass Amerikas kapitalistisches System der ganzen Welt geschadet hat. Manche Länder sind angeblich durch den amerikanischen Kapitalismus, der andere Staaten ausbeutet, in die Armut getrieben worden. Sie verlangen, dass der Kapitalismus demaskiert und als das Böse, das er in Wahrheit ist, entlarvt werden muss. „Der letzte Kapitalist, den wir hängen", so die Marxisten, „wird derjenige sein, der uns den Strick verkauft hat." Man sagt uns, dass es Gründe für das Scheitern des marxistischen Regimes in Russland gibt; der kulturelle Marxismus oder Sozialismus wird diese Schwächen beheben. Der Marxismus steht für die Idee, dass der Staat schrittweise Unternehmen und Vermögen übernimmt. Diese Veränderung kann demokratisch durch den Willen des Volkes herbeigeführt werden. Sobald die Menschen den „Wert" dieser Regierungsform erkennen, werden sie sie wollen.

Kulturmarxismus oder demokratischer Sozialismus

Der demokratische Sozialismus (Kulturmarxismus), verspricht, die Auswüchse marxistischer Philosophie zu beseitigen. Es ist sozusagen ein *Marxismus light*. Diese Form des marxistischen Sozialismus, so wird uns gesagt, kann mit demokratischen Werten kombiniert werden. Wenn man nur die richtigen Kandidaten ins Amt wählt, wird die *Wall Street* zur *Main Street*, da der Reichtum umverteilt wird. Warum nicht die Ressourcen umverteilen, damit jeder die Art von Privilegien genießen kann, die jetzt noch den Reichen vorbehalten sind? Ich wiederhole das marxistische Prinzip: „Jeder nach seinen Fähigkeiten, jedem nach seinen Bedürfnissen."[7]

Herbert Marcuse, den wir in den vorhergehenden Kapiteln kennengelernt haben, behauptete, dass „die traditionelle Idee der Revolution und die traditionelle Strategie der Revolution zu Ende sind. Diese Ideen sind antiquiert ... Was wir unternehmen müssen, ist eine Art von undurchsichtiger und verstreuter Destabilisierung des Systems."[8] Mit anderen Worten: der Marxismus gewinnt schrittweise sowohl an Stärke als auch an Gefolgsleuten durch politische und kulturelle Kontrolle. Letztendlich wird dies zu einer Art Utopie führen.

Die Vision des kulturellen Marxismus ist ein Amerika frei von Habgier, Rassismus und Klassenstruktur. Wie David Horowitz erklärt: „In der radikalen Sichtweise setzt sich, sobald die Menschen von institutionellen Unterdrückungen befreit sind, ihre natürliche Gutartigkeit durch und die traditionellen Dilemmas der Macht existieren nicht mehr. Es ist eine Zukunft, in der ‚soziale Gerechtigkeit' vorherrscht und in der es keine beunruhigenden Fragen über die Verteilung der Macht mehr gibt."[9] Dieser Zweck rechtfertigt jedes Mittel, um dorthin zu gelangen.

Um es noch einmal zu wiederholen: Der demokratische Sozialismus gibt vor, die individuelle Freiheit zu respektieren, obwohl der Staat schrittweise immer mehr der Produktionsmittel besitzt und daher Produkte und Dienstleistungen kontrolliert. Er wird mit der Einrichtung eines universellen Gesundheitssystems beginnen, das die medizinischen Möglichkeiten einschränkt und Löhne und Kosten für die Herstellung festlegt. Er wird die Kosten für Ausbildung bereitstellen und den Armen erhöhte Subventionen zuerkennen. Er wird die Kluft zwischen Reichen und Armen verringern und somit die Lebensweise und Lebensbedingungen der Bürger gerechter machen.

Dieser Sozialismus wäre demokratisch, aber wie wir sehen werden, wird er letztlich zu einer Form des demokratischen Totalitarismus werden.

Kann der demokratische Sozialismus halten, was er verspricht?

Wir werden den demokratischen Sozialismus noch genauer bewerten, aber lassen Sie mich zunächst für einen Moment abschweifen, damit wir über ein anderes marxistisch motiviertes Ziel sprechen können.

Die Bedeutung des Klimawandels

Der ehemalige Vizepräsident Al Gore hat die Menschen lange vor den Gefahren der „globalen Erwärmung" gewarnt. Da es aber weniger Beweise für die Erwärmung des Planeten gibt als früher behauptet, wurde der Terminus geändert auf den „Klimawandel", der eine existenzielle Bedrohung für unseren Planeten darstellen soll.

Als die Teenagerin Greta Thunberg vor der Versammlung der Vereinten Nationen stand, sagte sie: „Wir stehen am Anfang eines Massensterbens, und alles, worüber Sie reden können, ist Geld und dem Märchen vom ewigen Wirtschaftswachstum. Wie könnt ihr es wagen!"[10] Viele Menschen stimmten ihr zu und forderten: „Wir müssen jetzt etwas tun!"

Es gibt zwei Gründe, warum die radikalen Säkularisten so unnachgiebig sind, was den Klimawandel angeht. Der erste liegt in der marxistischen Vorstellung begründet, dass der Kapitalismus repressiv ist und die Natur ausbeutet, wodurch die Welt unbewohnbar wird. Stephen Hicks erklärt: „Und da der Kapitalismus so gut darin ist, Vermögen zu schaffen, muss er deshalb der Feind Nummer eins für die Umwelt sein."[11] Säkularisten sagen, dass die gesamte Natur gleichermaßen heilig ist. „Alle Arten, von Bakterien über Asseln und Erdferkel bis hin zum Menschen, sind gleichwertig in ihrem moralischen Wert."[12] Schließlich lehrt die Evolution, dass wir über die Tierwelt aufgestiegen sind; daher sind wir nur Teil eines Kontinuums des Lebens, was letztlich bedeutet, dass tierisches Leben genauso heilig ist wie das unsere. Das erklärt, warum Säkularisten, die sich sehr für die Abtreibung aussprechen, andererseits den Bau einer Pipeline ablehnen – weil sie den Lebensraum von Insekten und Tieren stört. Käfer und ungeborene Babys werden als gleichwertig angesehen.

Am *Union Theological Seminary* in New York City haben Studenten ihre Beichte vor Pflanzen abgelegt – ja, Sie haben richtig gelesen: Sie haben ihre Beichte vor *Pflanzen* abgelegt. Sie haben sogar darüber getwittert. „Gemeinsam hielten wir unseren Kummer, unsere Freude, unser Bedauern, unsere Hoffnung, unsere Schuld und unseren Kummer im Gebet fest und brachten sie den Wesen dar, die uns erhalten, deren Gabe wir aber viel zu wenig ehren." Die theologische Hochschule erklärte, dass dies Teil eines Kurses war, den man so benannte: „Extraktivismus* – eine rituell-liturgische Antwort"[13].

Als Christen sollten wir auf jeden Fall gute Verwalter der Umwelt sein. Gott hat uns die Welt der Natur und der Tiere nicht gegeben, um sie auszubeuten, sondern um sie verantwortungsvoll zu nutzen.

---

* Nutzung von Pflanzen und Tieren direkt aus der Natur, ohne sie züchterisch oder anbautechnisch zu manipulieren. (Anm. d. dt. Hg.)

Wir werden Rechenschaft über unsere Haushalterschaft ablegen müssen. Die Verwendung von Plastik zu reduzieren, Müll richtig zu entsorgen und Dutzende anderer umweltbewusster Handlungen sollten auf unserer Agenda stehen. Doch wir sollten auch zwischen dem Schöpfer und der Kreatur unterscheiden.

Und es gibt noch weit mehr zu sagen.

Ein zweiter Grund, warum Säkularisten Billionen von Dollar in die Bekämpfung des Klimawandels investieren wollen, ist, dass dies der Regierung mehr Kontrolle über die Wirtschaft geben wird. Das ist in den Augen der Kulturmarxisten immer ein Plus. Eine große Regierung ist immer besser als ein großes Unternehmen. Und da Amerika mehr von seinem Reichtum mit anderen Ländern teilt, die sich dem Kampf gegen den Klimawandel verschrieben haben, stellt dies auch eine Form von Gleichheit dar – der Unterdrücker gibt den Unterdrückten Ressourcen zurück. Schließlich werden die Übel der Welt der amerikanischen globalen Dominanz angelastet. Nehmen wir den Ausdruck *weiße Vorherrschaft* und setzen diesen Ausdruck synonym mit „amerikanischer Vorherrschaft", und wir werden die Argumentation der Kulturmarxisten besser verstehen, nach deren Vorstellung wir alle das „reiche" Amerika hassen sollten.

Amerika steht in der Schuld der ganzen Welt.

Eine Fallstudie des demokratischen Sozialismus

Könnte der demokratische Sozialismus eine Antwort auf die Armut und die rassischen Ungleichheiten in unserer Kultur sein? Eines der größten Argumente für den demokratischen Sozialismus ist, dass er Lohn- und Preiskontrollen mit sich bringt; er unterliegt nicht dem „Wettbewerb", den der Kapitalismus erzeugt. Die Regierung kann Werteinschätzungen vornehmen und verschiedene Güter subventionieren, auch wenn sie sich nicht verkaufen lassen und in einer kapitalistischen Wirtschaft vom Markt verschwinden würden. Staatliche Kontrolle bringt Stabilität in die Löhne und wird nicht zulassen, dass die Wohlhabenden (das eine Prozent ganz oben an der Spitze) mehr haben als die anderen 99 Prozent zusammen. Gleichheit macht erforderlich, dass es einen Mindestlohn am unteren Ende der Einkommensskala und einen Höchstlohn am oberen Ende geben sollte. Aber es gibt klare Anhaltspunkte dafür, dass der Sozialismus – selbst die demokratische Variante – seine Versprechen nicht lange halten kann. Auch wenn er gut gemeint ist, wird er scheitern, wenn man ihn über einen längeren Zeitraum hinweg umsetzt. Der Sozialismus baut eine Brücke zu einem Ort, den es gar nicht gibt. *Er redet von der Verteilung des Reichtums, aber er hat keine Möglichkeit, ihn zu schaffen!*

Schweden wird oft als Beispiel für einen gelungenen demokratischen Sozialismus angeführt. Aber eigentlich ist es ein Paradebeispiel für die gescheiterte Politik des Sozialismus. Der Historiker Johan Norberg hat darauf hingewiesen, dass Schweden in den frühen 1980er Jahren ein Land war, das durch Kapitalismus, eingeschränkte Regierungsgewalt und niedrige Steuern wohlhabend wurde. Es genoss einen hohen Lebensstandard. Da das Land reich war, entschloss man sich, mit dem Sozialismus zu experimentieren, indem man den Staat vergrößerte und kostenlose Güter verteilte und freie Dienstleistungen anbot, die durch höhere Steuern bezahlt wurden. Lohn- und Preiskontrollen sollten für die Einkommensgleichheit aller Bürger sorgen.

Infolgedessen begannen Unternehmen, Schweden zu verlassen, weil das Land nicht länger für innovatives Wachstum und Wettbewerb offen war. Der Lebensstandard begann zu sinken, und das durch die kapitalistische Wirtschaft und Politik angehäufte Geld begann zu schwinden. In den 1990er Jahren sah sich Schweden gezwungen, Korrekturen vorzunehmen, um den wirtschaftlichen Ruin zu vermeiden. Die Regierung förderte privates Eigentum, senkte die Steuern, reduzierte Regulierungen und privatisierte sogar teilweise die Sozialversicherung. Mit offenen Ausschreibungen im öffentlichen Bereich begann sich die Wirtschaft allmählich wieder zu erholen. Heute ist Schwedens Wirtschaft wieder weitgehend marktgesteuert.[14]

Venezuela ist ein weiteres Land, das seinen durch den Kapitalismus gewonnenen Reichtum für den Übergang zum Sozialismus nutzte. Dieses ölreiche Land wählte in einem regulären Wahlzyklus einen sozialistischen Führer. Es gab keine Notwendigkeit für eine politische Revolution; eine demokratische landesweite Wahl installierte einen Sozialisten, der das Versprechen von weitreichendem Wohlstand und Gleichheit gab. Die Menschen hielten die Versprechen des Sozialismus für zu verlockend, um sie sich entgehen zu lassen. (Diese Geschichte wird in der Ausgabe des World Magazins vom 25. Mai 2019 erzählt.[15]). 1999 führte Hugo Chávez einen Wahlkampf durch mit dem Slogan „Hoffnung und Wandel". Er verkündete den Massen, es sei ungerecht, dass die Unternehmen reich und die einfachen Leute arm seien. Wählte man ihn, würde er Leute an die Spitze stellen, die den Staat besser führen würden als die Kapitalisten, sodass endlich alle an den Gewinnen teilhaben könnten.

Zu dem Zeitpunkt als Chávez gewählt wurde, blühte Venezuela auf. Das Land hatte eine wachsende Mittelschicht und besaß wirtschaftliche Stabilität. Getreu seinem Versprechen verwandelte Chávez Venezuela langsam in ein sozialistisches Land. Schritt für Schritt übernahm seine Regierung die Kontrolle über die Produktionsmittel. Sie übernahm *FertiNitro*, einen Hersteller von Stickstoffdünger, außerdem riesige Landflächen, die britischen Unternehmen gehörten. Viele andere Unternehmen wurden verstaatlicht, wobei Chávez die Eigentümer manchmal auszahlte und manchmal die Unternehmen auch einfach so übernahm.

Zu Beginn hatte diese Nation keine Arbeitslosen mehr, bot garantierte Gehälter und eine nationale Gesundheitsversorgung. Ekstatische Sozialisten auf der ganzen Welt lobten den Wandel; sie betrachteten ihn als ein Beispiel dafür, wie demokratischer Sozialismus funktionieren kann. Der Führer der britischen *Labor Party*, Jeremy Corbyn, sagte, dass der ehemalige venezolanische Präsident Hugo Chávez „uns gezeigt hat, dass es einen anderen und besseren Weg gibt, Dinge zu tun. Man nennt ihn Sozialismus, man nennt ihn soziale Gerechtigkeit."[16] Hollywood-Stars besuchten Venezuela, um den großen Erfolg zu preisen, den der progressive Sozialismus angeblich hervorbringen könne. Doch jetzt – während ich diese Zeilen schreibe – ist die Wirtschaft Venezuelas zusammengebrochen und die Menschen betteln um Nahrung. Erwachsene können sich nur zweimal im Monat eiweißreiche Nahrung leisten; Unterernährung und Hunger sind allgegenwärtig. Kriminelle brechen in Häuser ein und suchen nach Nahrungsmitteln. Wer das Regime kritisiert, wird verfolgt oder getötet. Diejenigen, die einen Pass oder ein Visum ergattern können, verlassen ihre Heimat und ihre Verwandten, damit sie wieder ein Auskommen haben. Was lief schief in diesem Land, so reich an Öl? Der Sozialismus ist trügerisch, weil er eine Zeit lang funktioniert. Aber er kann nicht dauerhaft funktionieren. Die verstorbene Margaret Thatcher soll gesagt haben: „Das Problem mit dem Sozialismus ist, dass einem früher oder später das Geld der anderen Leute ausgeht." Olasky schreibt:

Weder Chávez noch seinem Nachfolger, Nicolás Maduro, ging das Geld aus: Wenn es knapp wurde, druckten sie einfach mehr davon. Die wirtschaftliche Todesspirale begann: Riesige Defizite, Geld drucken, Inflation, Preiskontrollen, Knappheit, Proteste, wachsende Bevormundung, mehr Kriminalität, mehr Knappheit, mehr Flüchtlinge.[17]

Venezuela ist nicht wirtschaftlich bankrottgegangen. Vielmehr druckte die Regierung mehr Geld und schuf damit eine Inflation von mehr als zwei Millionen Prozent. Sobald ein Land den Sozialismus angenommen hat, gibt es keinen einfachen Weg zurück. Das Geld geht schließlich nie aus ... Man muss lediglich mehr davon drucken. Aber wie Deutschland nach dem Ersten Weltkrieg gelernt hat, kann das Drucken von mehr Geld, um die Schulden einer Nation zu begleichen, nur eine temporäre Antwort sein, bevor die unausweichliche wirtschaftliche Katastrophe kommt. Ein deutscher Freund gab mir einen deutschen Geldschein von 1937 über zwei Millionen Mark; ich habe ihn laminiert und bewahre ihn als Erinnerung daran auf, was passiert, wenn eine Regierung Geld druckt, um ihre Schulden zu bezahlen.

Natürlich war Chávez persönlich sehr wohlhabend, ebenso wie einige Mitglieder seiner Familie. Nachdem er 2013 an Krebs gestorben war, verfügte seine Tochter Maria Gabriela über ein Nettovermögen von 4,2 Milliarden Dollar. Sein Nachfolger, Nicolás Maduro, ist ebenfalls reich geworden. Habgier und Korruption sind weit verbreitet. Den Eliten, die die Wirtschaft kontrollieren, geht es gut inmitten eines Landes, das hungert, bettelt und stirbt.

Um Olasky ein weiteres Mal zu zitieren:

> Ein Venezuelaner wundert sich, warum viele junge Amerikaner laut Umfragen den Sozialismus als das „am meisten mitfühlende System" ansehen. Er hat erlebt, wie „der Sozialismus unter der Voraussetzung funktioniert, dass ein isolierter Führer und seine Legion von Bürokraten die besten Richter darüber sind, welchen Wert ein Mensch hat. Der Sozialismus ... erstickt jeglichen Ehrgeiz im Streben nach einer einheitlichen, unerfüllbaren und willkürlichen Definition von ‚Gleichheit'. Und er tut dies alles im Namen des ‚Allgemeinwohls'."[18]

Die Bürger Venezuelas dachten, sie wählten ein Regierungssystem, das die Korruption ausrotten würde, aber in Wirklichkeit wählten sie eines, das die Korruption vergrößerte und die Wirtschaft ruinierte. Und wenn eine Wirtschaft zu kollabieren beginnt, muss die Regierung zu verzweifelten Maßnahmen greifen, um die Kontrolle über die Menschen zu behalten. Sie wird die Meinungsfreiheit, die Reisefreiheit und sogar die Religionsfreiheit einschränken. Verzweifelte Menschen handeln verzweifelt; und verzweifelte Bürokraten tun dasselbe. Um ihre Fehler zu vertuschen, regieren sie mit eiserner

Faust. Das venezolanische Volk liebte den Sozialismus, bis es zu verhungern begann.

In Hemingways Roman *The Sun Also Rises* (dt. „Fiesta") fragte Bill Mike, wie er bankrottgegangen sei. Mike antwortete: „Auf zweierlei Art. Erst allmählich und dann ganz plötzlich."[19]

In einer sozialistischen Wirtschaft geschieht der Bankrott *schrittweise* und dann *plötzlich*.

COVID-19-Rettungsaktionen und der Drang zum Sozialismus

Die Welt veränderte sich, als die COVID-19-Pandemie, die in Wuhan, China, begann, sich schnell rund um den Globus ausbreitete.

Was als Krankheit in einer Region Asiens begann, breitete sich bald exponentiell in allen Teilen der Welt aus – auch in den Vereinigten Staaten. Als Reaktion darauf wurden zahlreiche Geschäfte geschlossen (mit Ausnahme derer, die man als notwendig erachtete), Sportveranstaltungen wurden abgesagt, und Bürgermeister, Gouverneure und der US-Präsident selbst gaben die Anweisung, zu Hause zu bleiben. Unsere Metropolen wurden zu Geisterstädten. Aus Angst gaben wir unser verfassungsgemäßes Versammlungsrecht auf und kamen dem Erlass unserer Politiker nach, alle Gottesdienste ausfallen zu lassen. Obwohl viele von uns diesen Anweisungen folgten, sollten wir jedoch nie die Worte von Benjamin Franklin vergessen: „Diejenigen, die die ganz grundlegende Freiheit aufgeben, um ein bisschen vorübergehende Sicherheit zu kaufen, verdienen weder Freiheit noch Sicherheit."[20]

Auf dem Weg zum Sozialismus

Die wirtschaftlichen Auswirkungen des Shutdowns waren katastrophal. Nach viel politischem Getue verabschiedete der Kongress ein erstes Rettungspaket in Höhe von 2,2 Billionen Dollar, um die wirtschaftliche Stabilität aufrechtzuerhalten und Hoffnung zu geben – selbst als Millionen von Menschen Arbeitslosenanträge stellten. Nie zuvor hat eine Regierung so viel Geld bereitgestellt, um eine Wirtschaft über Wasser zu halten. Natürlich waren die 2,2 Billionen Dollar nur ein erster Schritt in einer Reihe weiterer ähnlicher Maßnahmen. Millionen von verzweifelten Menschen arbeiteten (oder eben *nicht!*) nun für die Regierung. So erschien eine starke Regierung, die vielen von uns wie eine Bedrohung für den Kapitalismus vorkam, nun der richtige Schritt zu sein.

Diese Rettungsaktionen waren, zumindest soweit wir das beurteilen können, notwendig. Allerdings waren sie nicht nur ein Schritt in Richtung Sozialismus, sondern geradezu ein Taumeln in Richtung Sozialismus. Einige haben argumentiert, dass die wirtschaftliche Intervention nur vorübergehend sei; wenn der Virus seinen Lauf nimmt, werde die Wirtschaft schnell wieder anziehen. Sie fügen auch hinzu, dass der Kapitalismus immer noch an der Tagesordnung sei, weil die Regierung nicht das Gesundheitssystem übernommen, Lohn- und Preiskontrollen eingeführt oder Unternehmen verstaatlicht habe.

Aber, wie ein Kommentator es ausdrückte, kann die Wirtschaft nicht einfach wie ein Lichtschalter aus- und eingeschaltet werden.[21]

Der Redakteur Gary Abernathy von der *Washington Post* schrieb am 25. März 2020 einen Artikel, in dem er andeutete, dass die Reaktion unserer Regierung auf COVID-19 schrittweise den Sozialismus herbeiführen wird, den viele befürwortet haben.

Abernathy schreibt:

Unser Marsch in Richtung Sozialismus begann schrittweise vor Jahrzehnten. Aber unsere Reaktion auf das Coronavirus wird zu seiner dauerhaften Umsetzung führen, nachdem gewählte Beamte beider Parteien Unternehmen geschlossen haben, den Bürgern befohlen haben, nicht zur Arbeit zu gehen und deutlich gemacht haben, dass weitere drakonische Maßnahmen folgen würden. Das empfindliche Gleichgewicht zwischen Freiheit und Risiko war kaum noch zu erkennen, als unsere Wirtschaft innerhalb weniger Tage ausgeweidet wurde.

Er fährt fort:

> Wir haben den Rubikon überschritten. Wenn Historiker einst diesen Moment dokumentieren werden, in dem die US-Wirtschaft von der kapitalistischen freien Marktwirtschaft zum demokratischen Sozialismus überging, werden sie auf diese Woche verweisen. Es war, als würde man einen Flugzeugabsturz in Zeitlupe miterleben. Wenn sich der Rauch lichtet, wird nur noch ein kümmerliches Relikt der Vereinigten Staaten übrig sein, die wir einst kannten.

Abernathy schließt: „Wir sind jetzt alle Sozialisten."[22]
Zum Glück liegt er falsch. Wir sind jetzt nicht alle Sozialisten. Zumindest noch nicht. Aber wir haben viele Schritte in diese Richtung unternommen, und ich versichere Ihnen, dass der Druck auf die Regierung steigen wird, weiterhin drakonische Maßnahmen umzusetzen und eine sozialistische Politik zu verfolgen. Gehen Sie davon aus, dass die Politiker mehr kostenlose Dienstleistungen versprechen werden, um mehr Stimmen zu bekommen.

Die Herstellung von Fiat-Geld

Woher hat die US-Notenbank die 2,2 Billionen Dollar, um Arbeiter und Unternehmen zu entschädigen, die angesichts der COVID-19-Pandemie stillgelegt wurden? Das Geld wurde einfach per *Fiat* erschaffen. Dieses Wort kommt von einem lateinischen Begriff, der „lass es geschehen" bedeutet. Wie das Wort schon andeutet, wurde das Geld einfach aus dem Nichts erschaffen, indem die *Federal Reserve** verfügte, dass es existiert. Es wurde digital erschaffen, ohne irgendetwas zu besitzen, das es absichert, ausgenommen unseren

---

* zentrales Banksystem der Vereinigten Staaten (Anm. d. dt. Hg.)

Glaube an unsere Regierung. Die Zentralbank druckt sehr wenig tatsächliches Geld; gedrucktes Geld ist nur ein Bruchteil des gesamten Geldes, das die Regierung besitzt. Diese Billionen von Dollar existieren nur digital.

Die Fähigkeit der *Federal Reserve*, Milliarden oder sogar Billionen von Dollars mittels des *Fiat* zu schaffen, erinnert uns daran, dass Geld selbst keinen realen Wert hat; sein Wert basiert immer auf Vertrauen. Auch Gold selbst hat keinen besonderen Wert, außer dass ihm die Menschen im Laufe der Jahrhunderte einen Wert zugewiesen haben. Die Ritter von Malta prägten den Wahlspruch *NON AES SED FIDES* („Nicht Metall, sondern Vertrauen") auf ihre Münzen. Ich glaube, dass Appelle an die Regierung, mehr Geld für weitere Rettungsaktionen und Programme zu generieren, in der Zukunft weiter eskalieren werden.

Je umfassender Caesars *Einfluss*, desto umfassender Caesars *Macht*.

Modern Money Theorie (MMT; dt. Moderne Geldtheorie) ist die Bezeichnung für eine relativ neue Idee eines Wirtschaftsplans, durch den der Regierung nie das Geld ausgeht. Stephanie Kelton, eine Beraterin im Präsidentschaftswahlkampfteam von Bernie Sanders 2016, sagte: „Der Bundesregierung können die Dollars nicht ausgehen ... Die Bundesregierung – als verantwortlich für die Ausgabe des US-Dollars – kann all das Geld schaffen, das benötigt wird, um die Gesundheitsversorgung für alle Menschen zu garantieren."[23]

So kann Geld wie von Zauberhand erscheinen und der Sozialismus gedeihen.

Während ich dieses Buch schreibe, sind die vollen Auswirkungen der COVID-19-Krise noch nicht bekannt. Vielleicht werden wir in der Lage sein, diese Schritte in Richtung staatlicher Rettungsaktionen und staatlicher Kontrolle rückgängig zu machen. Aber mit jedem Schritt, den die Vereinigten Staaten in Richtung Sozialismus unternehmen, wird es mehr Rufe nach der gleichmäßigen Verteilung des Reichtums geben. Mehr Politiker werden kostenloses Geld versprechen, um gewählt zu werden, und mehr Regulierungen werden folgen. Sobald eine Regierung diesen Weg einschlägt, ist es fast unmöglich, das Rad wieder zurückzudrehen.

Mayer Amschel Rothschild wurde mit folgenden Worten zitiert: „Erlauben Sie mir, das Geld einer Nation auszugeben und zu kontrollieren, und es ist mir egal, wer ihre Gesetze macht!"[24]

Ja, je umfassender Caesars *Einfluss*, desto umfassender Caesars *Macht*.

Bleiben Sie am Ball.

Lehrt die Bibel den Sozialismus?

Hin und wieder treffe ich jemanden, der meint, den Sozialismus in der Bibel zu finden. In der Tat hat Hugo Chávez diese Behauptung während seines Wahlkampfes in Venezuela aufgestellt. Das Argument besagt, dass die frühe Gemeinde in Jerusalem sozialistisch gewesen sei: „... und auch nicht einer sagte, dass etwas von seiner Habe sein eigen sei, sondern es war ihnen alles gemeinsam" (Apg 4,32). Es wird auch darauf hingewiesen, dass Hananias und Saphira tot umfielen, weil sie etwas von ihrem Vermögen für sich zurückbehielten. Die Tatsache, dass Jesus Barmherzigkeit gegenüber den Armen predigte, wird als Unterstützung für den Sozialismus hochgehalten, der angeblich barmherziger sei als der Kapitalismus, weil er den Reichtum verteilt.

Nicht so voreilig.

Die Geschichte der Urgemeinde kann unmöglich auf die Regierungspolitik übertragen werden. Erstens war die Verpflichtung der Gläubigen, alles gemeinsam zu haben, freiwillig.

Niemand – auch nicht Hananias und Saphira – war verpflichtet, sich daran zu beteiligen. Petrus machte das sehr deutlich, als er das Paar aufsuchte und als ihre Sünde die Täuschung anklagte, zu sagen, sie hätten das ganze Geld den Aposteln gegeben, obwohl sie nur einen Teil davon gegeben hatten. Er stellte klar, dass das Land und das dafür erhaltene Geld ihnen zustand, um es zu geben oder zu behalten. Petrus sagte: „Blieb es nicht dein, wenn es ⟨unverkauft⟩ blieb, und war es nicht, nachdem es verkauft war, in deiner Verfügung?" (Apostelgeschichte 5,4). Mit anderen Worten: Das Land gehörte ihnen, und es stand ihnen frei, es zu verkaufen und das Geld zu behalten oder Grundstück zu behalten. Die *Täuschung* war ihre einzige Sünde.

Die Bibel bekräftigt wiederholt das Recht auf Privateigentum, sogar in den Zehn Geboten, wo es heißt: „Du sollst nicht stehlen" (2. Mose 20,15). Ob der Diebstahl von einer anderen Person oder vom Staat ausgeht, ist dabei völlig gleich – Diebstahl ist immer noch Diebstahl.

Die Bibel legt keinen Wirtschaftsplan für die Völker der Welt vor. Aber es gibt Gründe dafür, dass der Kapitalismus seine Wurzeln in der protestantischen Reformation hat, welche die Idee vertrat, dass es gut ist, wenn ein Mann versucht, Vermögen zu erlangen, indem er Produkte herstellt, die die Menschen haben wollen – solange dies mit Ehrlichkeit und Integrität geschieht. Dieser Ansatz entwickelte sich zu dem, was heute als „protestantische Arbeitsethik" bekannt ist, die besagt: Harte Arbeit, Disziplin und Genügsamkeit sind biblisch. Gott gab Adam im Garten Eden Arbeit zu tun und erwartete von ihm, dass er sie mit Sorgfalt und Integrität erledigte. In Prediger 2,24 heißt es: „Es gibt nichts Besseres für den Menschen, als dass er isst und trinkt und seine Seele Gutes sehen lässt bei seinem Mühen. Auch das sah ich, dass dies alles aus der Hand Gottes kommt."

Alle Dinge, auch die alltäglichsten, sollten zur Ehre Gottes getan werden, und es ist nicht falsch, Lohn für unsere Arbeit zu erwarten. Reichtum anzuhäufen bringt Gefahren mit sich, wie die Bibel bekräftigt, aber es ist keineswegs unbiblisch, vermögend zu sein.

Alle Formen des Sozialismus erfordern die erzwungene Umverteilung des Reichtums von denen, die ihn besitzen, auf die, die ihn nicht besitzen.

Keiner gibt etwas freiwillig – der Staat nimmt und der Staat gibt. Aber der Sozialismus kann nicht auf Dauer funktionieren, denn er „belohnt das Vorspiegeln falscher Tatsachen und Faulheit, indem er die Arbeit vom Wohlstand abkoppelt. Der Apostel Paulus aber sagt: ‚Wenn jemand nicht arbeiten will, soll er auch nicht essen.'"[25] Und das ist noch nicht alles.

Wirtschaftstheorie und menschliche Natur

Stimmt es, dass der Kapitalismus auf *Gier* und der Sozialismus auf *Bedürfnissen* basiert?

Tatsächlich ist das Gegenteil der Fall.

Durchdenken wir das einmal: Kapitalismus funktioniert nur, wenn Kapitalisten Unternehmen schaffen, die die Bedürfnisse der Menschen erfüllen. Der Kapitalismus ist darauf angewiesen, Produkte zu produzieren, welche die Menschen tatsächlich wollen und auch kaufen; die Verbraucher stimmen mit ihrem Geld für den Kapitalismus. Daher ist er demokratisch: Wenn es keine Konsumenten gibt, dann gibt es auch keine Gewinne. Die Macht liegt in den Händen der Verbraucher.

Vergleichen wir dieses System mit dem Sozialismus, der die Macht in die Hände der Regierungseliten legt. Produkte werden entwickelt, ohne sich um die Bedürfnisse der Menschen zu kümmern. Die Regierung bestimmt, was die Menschen haben sollen und wie viel das kostet. Und diejenigen, die für die Umverteilung des Reichtums verantwortlich sind, können sich für ihre harte Arbeit einen extra „Bonus" geben. Im Sozialismus kann Korruption von den Staatsbürokraten bequem per Gesetz geregelt werden.

Ein typisches Beispiel: Als meine Frau und ich in den 1980er-Jahren Russland besuchten, erzählte uns unsere Dolmetscherin von einer Fabrik, die Schuhe herstellte, die niemand tragen konnte. Die Form des Schuhs war fehlerhaft – und weil niemand sie kaufte, stapelten sich diese Schuhe im Lager, während die Fabrik immer weiter produzierte.

Den Arbeitern war es egal, dass sie ein Produkt herstellten, das niemand wollte, weil sie weiterhin ihre garantierten Löhne von der Regierung erhielten. Die Bedürfnisse der Menschen wurden ignoriert. Ein rumänischer Freund erzählte mir, dass er in einer Gießerei arbeitete, in der die Arbeiter eine bestimmte Menge an Eisenprodukten herstellen mussten. Vieles von dem, was sie produzierten, war wegen schlechter Ausrüstung und schlampiger Verarbeitung unbrauchbar, aber alle bekamen den gleichen Lohn: die Faulenzer, die Trödler und die annähernd fleißigen Arbeiter – sie alle bekamen ihren garantierten Lohn.

Ob es um Autos, Kühlschränke oder Sozialwohnungen geht: die Geschichten, die wir hörten, waren immer die gleichen. Nichts funktionierte effizient, nichts wurde mit den Bedürfnissen des Kunden im Hinterkopf entwickelt. Die Arbeiter mussten nichts herstellen, was die Menschen wollten oder brauchten. Oder auch nur irgendetwas, was überhaupt genutzt werden konnte.

Wir haben das sogar in den Geschäften bemerkt. In kapitalistischen Ländern sind die Verkäufer bestrebt, ihre Kunden zufriedenzustellen, da sie wissen, dass sie darauf angewiesen sind, die Wünsche ihrer Kunden zu erfüllen. In einem kommunistischen/sozialistischen Staat hingegen können die Angestellten abweisend oder sogar unhöflich sein. Es kann ihnen egal sein, ob man ihre Waren kauft, weil sie nicht am Gewinn beteiligt sind; sie werden trotzdem gleich bezahlt.

Niemand wacht morgens auf und ist begeistert, für den Staat zu arbeiten. Im Sozialismus werden Gleichgültigkeit, Faulheit und mangelnder Einfallsreichtum durch garantierte Löhne belohnt. Ob die Arbeit gut oder schlecht, effizient oder gleichgültig erledigt wird, alle teilen sich ihre Armut gleichermaßen. Immer wieder hörten wir: „Wir tun so, als würden wir arbeiten, und sie tun so, als würden sie uns bezahlen."

In den 1950er Jahren warnte Gerald L.K. Smith: „Man kann den Armen nicht per Gesetz die Freiheit bringen, indem man den Reichen per Gesetz die Freiheit nimmt. Was eine Person erhält, ohne dafür zu arbeiten, muss eine andere erarbeiten, ohne dafür etwas zu erhalten. Die Regierung kann niemandem etwas geben, was sie nicht vorher jemand anderem weggenommen hat."[26] Weil die Regierung erst nimmt und dann gibt, muss sie strenge Kontrollen ausüben. Je mehr die Wirtschaft zentralisiert ist, desto mehr muss mit eiserner Faust regiert werden. Und mit eiserner Faust regieren, das kann die Regierung gut. Ich wiederhole: Der *Sozialismus spricht immer von der Verteilung des Reichtums, niemals aber von der Generierung des Reichtums.*

Kein Wunder, dass die Menschen in Russland nur überleben konnten, indem sie eine Schattenwirtschaft bildeten, die auf Tauschgeschäften außerhalb der vorgesehenen Kanäle beruhte. Als wir in Russland waren, hörten wir eine Geschichte nach der anderen, wie die Menschen überlebten. Sie bezahlten einen Handwerker mit einem Sack Kartoffeln und tauschten einen Tisch gegen ein Bett. Sie tauschten einen Tag Arbeit auf dem Feld gegen ein Paar gebrauchte Schuhe. Ihr Erfindungsreichtum kannte keine Grenzen. Man erzählte uns, dass praktisch jeder Zugang zum Gemüse auf den Feldern haben musste, weil man vom Lohn und von der Rente allein nicht leben konnten.

Welches Wirtschaftssystem ist barmherziger? Dasjenige, das notwendigerweise die Wünsche seiner Kunden erfüllen muss? Oder dasjenige, das ohne jeden Gedanken an den Nutzen für die Menschen wirtschaften kann?

Stellen Sie sich vor, unsere Wirtschaft wäre ein Kuchen! Sozialisten wollen die verschiedenen Stücke abschneiden und gleichmäßig verteilen. Aber nachdem der Kuchen verteilt ist, gibt es keine weiteren Kuchen mehr zum Verteilen. Nur die Regierung kann einen weiteren „Kuchen" backen, und da es keinen persönlichen Profit beim Kuchenbacken gibt, stagniert alles. Oder stellen Sie sich den Sozialismus als ein Kastensystem vor: Wenn Sie am Ende der Schlange stehen, bleiben Sie dort für immer. Es kann keinen wirklichen Weg nach vorne geben. Kein Unternehmen wie Boeing hätte sich jemals unter einem sozialistischen System entwickeln können.

Wenn im Kapitalismus ein Unternehmen scheitert, werden seine Arbeiter in Mitleidenschaft gezogen. Nun stellen Sie sich eine Regierung von Bürokraten vor, die das ganze Land nach ihrem subjektiven Gefühl von Gleichheit regieren. Wenn sie versagen (was auf jeden Fall geschehen wird), bricht das ganze Land zusammen. Ob Russland, China, Kuba oder Hitlers nationalsozialistisches Deutschland – die Geschichte ist immer die gleiche: Wenn der Staat die Produktionsmittel besitzt, braucht er strenge Lohn- und Preiskontrollen; er muss die Freiheit der Menschen einschränken. Wenn Krankenhäuser überfüllt sind und es einen Mangel an Ärzten gibt, die bereit sind, für staatlich begrenzte Löhne zu arbeiten, müssen die Leistungen gekürzt werden. Die Gesundheitsversorgung muss rationiert werden, und ältere Menschen werden als entbehrlich angesehen.

Was Karl Marx nicht voraussah, war der Aufstieg der Gewerkschaften, die eine Rolle dabei spielten, den Arbeitern zu besseren Leistungen und Löhnen zu verhelfen. Die Ungleichheit zwischen Reichen und Armen, die Marx in England sah, ist in einem erheblichem Maß behoben worden. Kein Wirtschaftssystem ist perfekt; alle haben Fehler, alle müssen korrigiert werden. Aufgrund unserer Sündhaftigkeit als Menschen können wir versuchen, das Bestmögliche zu erreichen, aber niemals wird alles perfekt sein.

Gier und Korruption

Der Sozialismus kann auf Dauer nicht funktionieren, weil er einen verhängnisvollen Fehler aufweist. Er versteht und akzeptiert nicht die biblische Sicht der menschlichen Natur, die den utopischen Träumen von einem sozialistischen oder marxistischen Staat ein Ende setzt. Der Sozialismus ist eine Wirtschaftstheorie, die trügerisch ist und scheitern muss, weil sie die Grundbedürfnisse der Bevölkerung nicht befriedigen kann.

Welche Form der Wirtschaft ist korrupter? Der Sozialismus oder der Kapitalismus? Natürlich können beide Formen Gier und

Korruption fördern – ein trauriger, aber wahrheitsgemäßer Tatbestand des menschlichen Herzens. Aber sowohl die Vernunft als auch die Geschichte bestätigen uns, dass der Sozialismus von Natur aus eher zu Gier und Korruption tendiert. Im Sozialismus wird uns früh beigebracht, dass man seinen Lebensstil nicht verbessern kann, indem man härter arbeitet, sondern indem man das System ausnutzt. Unser Job ist es, Wege zu finden, das System zu betrügen, um zu bekommen, was „gratis" ist.

Als man in Israel anfing, die Kibbuzim nach sozialistischen Prinzipien zu betreiben, begannen die Menschen das System zu missbrauchen, weil Lebensmittel und Dienstleistungen „gratis" waren. Sie ließen ihr Licht und ihre Heizung länger als nötig brennen, weil sie nicht den Marktpreis für Strom bezahlen mussten. Haustiere wurden am Esstisch gefüttert, weil das Essen „gratis" war. Wie einer der Kibbuzim-Pioniere sagte: „Es wurde ein Paradies für Parasiten."[27]

Ein Paradies für Parasiten!

Wie kommt jemand darauf, dass die Gier verschwindet, wenn man die Produktionsmittel in die Hände der Regierung legt? Ja, wir Menschen sind egoistisch, und die Habgier ist tief in jedem menschlichen Herzen verankert. Aber im Sozialismus wird die Habgier institutionalisiert, weil die Menschen miteinander konkurrieren, um zu bekommen, was „gratis" ist. Die Habgier läuft Amok, sowohl bei den Herrschenden, die den Reichtum verteilen, als auch bei den Armen, die versuchen, mit ihrem garantierten Einkommen zu überleben. Ja, man muss kreative Wege finden, die Regierungsprogramme zu umgehen, um zu überleben.

Natürlich ist der Kapitalismus alles andere als perfekt. Gier, Korruption und unlauterer Wettbewerb sind oft zu beobachten. Und ja, die Eliten zahlen sich selbst hohe Gehälter und versuchen permanent, ihre Konkurrenten mit den Preisen zu unterbieten. An der Wall Street wimmelt es von Kredithaien und Halsabschneidern, die ständig ihre Gewinne im Blick haben. Aber wenigstens gibt es strenge Regeln, die eine Strafverfolgung möglich machen.

Der Sozialismus belohnt Faulheit, erstickt den Wettbewerb und schränkt die individuellen Freiheiten ein. Im Sozialismus bleibt die Korruption weitgehend unkontrolliert, weil es schwieriger ist, sie zu entdecken und auszumerzen; es ist fast unmöglich, sie zu verfolgen. Die Bürokraten, die diktieren, wohin das Geld fließt, sind diejenigen, die die Gesetze machen und sich selbst belohnen. Kein Wunder, dass es selbst den Armen im Kapitalismus viel besser geht als den meisten Armen in sozialistischen Ländern.

Der Venezolaner Daniel Milán stellt fest: „Um ein wirklich sozialistisches Land zu schaffen, bräuchte man einen Haufen Zombies und Roboter, denn echte Menschen sind nicht für den Sozialismus gemacht."[28] Der Sozialismus lässt das Individuum in einem Meer von Bürokratie und knallharten Vorschriften untergehen.

Marx' utopischer Traum war, dass irgendwann eine klassenlose Gesellschaft entsteht, wenn das Proletariat die Kontrolle übernimmt. Dies widerspricht der menschlichen Erfahrung und selbst einem nur oberflächlichen Verständnis des biblischen Menschenbildes.

Marx glaubte, dass Kapitalisten die Armen ausbeuten und das Wirtschaftssystem für ihre eigenen Zwecke manipulieren; und in unglaublicher Naivität dachte er, dass die menschliche Natur spontan selbstlos und fürsorglich werden, sobald ein geeignetes wirtschaftliches Umfeld geschaffen wird. Er glaubte, dass die Menschen unter den richtigen Bedingungen spontan gesetzeskonform handeln, und schließlich sowohl der Staat als auch das Gesetz an Bedeutung verlieren werden. Marx' Trugbilder werden auch heute noch geglaubt.

In dem Buch *Divided by Faith: Evangelical Religion and the Problem of Race in America* („Gespalten durch den Glauben: Evangelikale Religion und das Problem der Rasse in Amerika"), das häufig von Evangelikalen empfohlen wird, das sich aber nicht auf die Bibel, sondern auf die Soziologie gründet, schreiben die Autoren: „Progressive sehen den Menschen als im Wesentlichen gut an, vorausgesetzt, er wird von sozialen Konventionen befreit, die Menschen daran hindern, glücklich, produktiv und gleichberechtigt zu leben – zum Beispiel Rassismus, Ungleichheit und fehlende Bildungschancen."[29]

Marx hätte dem zugestimmt. Sein Irrtum bestand darin, zu glauben, dass die Schwierigkeiten der Menschen lediglich das Produkt äußerer sozialer Voraussetzungen sind. Wie John Warwick Montgomery hervorhebt:

> Der Mensch selbst hat die Voraussetzungen zur Ausbeutung geschaffen – und welche Art Logik rechtfertigt also den Glauben, dass durch die Beseitigung dieser Voraussetzungen der Mensch plötzlich unfähig wird, sie zu wiederholen? Das Grundproblem liegt nicht bei der „Wirtschaft" (oder bei irgendeinem anderen unpersönlichen Faktor); es liegt im Herzen des Menschen selbst.[30]

Nichtsdestotrotz werden einige Menschen immer mit staatlicher Kontrolle liebäugeln. Nach dem Fall der Berliner Mauer erschien in einer russischen Zeitung eine Karikatur, die eine Weggabelung zeigte. Ein Weg war mit „Freiheit" überschrieben, der andere mit „Wurst". Wie wir uns denken können, nahmen nur wenige den Weg zur Freiheit; der Weg zur Wurst aber war voll von Fußabdrücken.

Fortschritt auf einem falschen Weg führt in die Katastrophe. Die Worte Winston Churchills, die bereits in einem früheren Kapitel zitiert wurden, sind es wert, wiederholt zu werden:

> „Das Laster des Kapitalismus ist die ungleiche Verteilung des Reichtums. Die Tugend des Sozialismus ist die gleichmäßige Verteilung des Elends."[31]

Es gibt viel Raum für Meinungsverschiedenheiten, aber sicherlich sind wir alle der Meinung, dass die Regierung eine große Verantwortung trägt, die Sicherheit ihrer Bürger zu gewährleisten (wozu auch Grenzkontrollen gehören), Gesetze durchzusetzen, die die Bürger davon abhalten, sich gegenseitig zu schaden, Gesetze zu schaffen, die sicherstellen, dass bei der Produktion von Waren angemessene Standards eingehalten werden, und solche Gesetze zu erlassen, die

Korruption verhindern. Aber wenn es um Firmeneigentum geht, um die Festlegung von Löhnen und Preisen und um die Frage, wer was bekommt, werden private Unternehmen, die ein berechtigtes Interesse an ihrem Überleben sowie am Aufbau einer loyalen Stammkundschaft haben, den Job viel besser erledigen.

Fassen wir zusammen: Je mehr der Staat besitzt, desto mehr kontrolliert er seine Bürger. Je mehr er seine Bürger kontrolliert, desto mehr schränkt er ihre Freiheiten ein. Am Ende sind diejenigen, die das Wirtschaftssystem kontrollieren, diejenigen, die von ihm profitieren. Wie George Orwell es in seinem Roman *Farm der Tiere* ausdrückte: „Alle Tiere sind gleich, aber einige Tiere sind gleicher als andere."[32] Jemand hat einmal die Beobachtung gemacht, dass die Menschen mit einer Sehnsucht nach genau der Art von Freiheit geboren werden, die der Sozialismus seinen Bürgern verweigern muss.

Eine letzte Warnung aus einer unbekannten Quelle ist im Hinblick auf den Sozialismus recht treffend: „Mäuse sterben in Mausefallen, weil sie nicht verstehen, warum der Käse gratis ist."

Die Antwort der Gemeinde

Als Christen müssen wir fragen: Was lehrt uns die obige Diskussion über Geldpolitik darüber, was Geld *wirklich* ist? Millionen von Christen überleben unter sozialistischen Regimen, die von korrupten Bürokraten geführt werden. Und kapitalistische Länder haben ihren Anteil an Gier und Korruption und ebenso die Armen, die inmitten der Reichen leben. Ist das alles wirklich von Bedeutung?

Das ist aus mehreren Gründen sehr wohl wichtig.

Der Kapitalismus hat vielen Christen im Westen die Möglichkeit gegeben, mehr Geld zu verdienen, als sie brauchen. Dieser Reichtum hat zahllose Missionsprojekte auf der ganzen Welt beflügelt. Denken Sie an irgendwelche beliebigen Missionswerke in sogenannten Dritte-Welt-Ländern, und Sie werden feststellen, dass sie mit Geldern betrieben werden, die aus dem Westen kommen. Wenn

Missionswerke Hilfe brauchen, suchen sie nicht nach Unterstützern in sozialistischen Ländern, weil sie wissen, dass Christen dort froh sind, wenn sie überhaupt genug Geld zum Überleben haben. Nur eine kapitalistische Wirtschaft kann den Lebensstandard der einfachen Leute über das Existenzminimum heben.

Und doch können Christen auch in der Armut Großzügigkeit demonstrieren. Während der COVID-19-Pandemie hatte ich Kontakt zu einigen Christen in einem sozialistischen Land, die keine staatlichen Hilfen oder Lohngarantien hatten. Obwohl sie kaum genug für sich selbst hatten, sammelten sie Geld, um die Armen mit Nahrung zu versorgen und zu helfen, wo immer sie konnten. Großzügigkeit ist nicht nur eine Frage des Geldes – es ist eine Frage des Herzens.

Der barmherzige Samariter verließ sich nicht auf ein staatliches Programm, als er sich um den verwundeten Mann an der Straße nach Jericho kümmerte. Er verließ sich auch nicht auf die selbstgerechten religiösen Führer, die nur an sich selbst dachten. Jesus erzählt uns, dass der Samariter den Verletzten auf sein eigenes Tier setzte und ihn in eine Herberge führte und Sorge für ihn trug. „Und am folgenden Morgen zog er zwei Denare heraus und gab sie dem Wirt und sprach: Trage Sorge für ihn! Und was du noch dazu verwenden wirst, werde ich dir bezahlen, wenn ich zurückkomme." (Lukas 10,35) Dies war ein freiwilliges, aufopferndes Geben.

Teilen Sie mit mir meine Last.

Wir müssen neu darüber nachdenken, was Geld wirklich ist, und tiefer darüber nachsinnen, was Jesus darüber gelehrt hat, wie wir unsere Mittel verwenden sollen. Warum hat Jesus wiederholt vor der Abhängigkeit von Geld gewarnt? Und was hat er gemeint, als er über wahren Reichtum sprach? Warum ist Geld so trügerisch?

Geld macht die gleichen Versprechen, die Gott macht. In der Tat sagt das Geld: „Ich werde bei dir sein in Krankheit und Gesundheit; ich werde da sein, wenn deine Freunde dich im Stich lassen. Ich werde da sein, wenn andere hungern und es lange Schlangen vor den Lebensmittelgeschäften gibt. Ich verspreche dir Sicherheit,

Gesundheit und Vergnügen." Winkt man den meisten Menschen mit dem großen Geld, werden sie lügen, betrügen und auf andere Weise ihre Grundprinzipien über Bord werfen, um es zu bekommen. Vielleicht haben Sie schon einmal irgendeine Variante des folgenden Wahlspruchs gehört: „Hol es dir ehrlich, wenn du kannst; hol es dir hinterhältig, wenn du musst, aber *hol es dir.*"

Doch das Geld kann seine Versprechen nicht halten. Ich habe einen wahren Bericht über zwei Goldgräber gelesen, die im Norden Kanadas in einen schrecklichen Schneesturm gerieten und deshalb nicht rechtzeitig zurückkehren konnten, um dem bevorstehenden Winter zu entfliehen. Monate später fand man sie verhungert in ihrer Hütte, umgeben von Goldstücken. Geld hat keinen Wert in sich selbst, es sei denn, es wird in eine andere Form von Reichtum umgewandelt wie z. B. Nahrung oder Kleidung. Doch wenn wir weise sind, werden wir in ewigen Reichtum investieren.

Die Schriftstelle über Geld, die sich am tiefsten in meinem Herzen eingegraben hat, ist das, was Jesus in Lukas 16,9 im Zusammenhang mit einem Gleichnis lehrte. Er sagte: „Macht euch Freunde mit dem ungerechten Mammon, damit, wenn er zu Ende geht, man euch aufnimmt in die ewigen Zelte!" (Lukas 16,9). Mit anderen Worten: Nehmen Sie das Geld, das Sie haben, und wandeln Sie es in eine Form um, die Inflation, Deflation, einen Regierungswechsel und Ihren eigenen sicheren Tod überdauern wird. Das ist, so Jesus, „wahrer Reichtum" (vgl. Vers 11).

Irgendwann werden alle menschlichen Währungen wertlos sein. In seinem Buch *The Day the Dollar Dies* („Der Tag, an dem der Dollar stirbt") erzählt Willard Cantelon eine Geschichte, die ich nie vergessen werde. Er schreibt über eine Bibelschule, die nach dem Zweiten Weltkrieg in Berlin gebaut werden sollte. Inmitten der Trümmer kamen Christen zusammen, um deutsche Jugendliche für ein christliches Leben und den Gemeindedienst auszubilden.

Eine deutsche Mutter, die die Bibelschule unterstützen wollte, kam und spendete 10.000 D-Mark für das Bauprogramm. Sie hielt ihr Geld mit Stolz und Zartgefühl, als ob es ein Teil ihres Lebens wäre.

Und im wahrsten Sinne des Wortes war es genau das – sie hatte hart gearbeitet, um sich das Geld zu verdienen, und sie hatte es während des ganzen Krieges sicher aufbewahrt. Sie platzte vor Stolz, als sie ihre Gabe überreichte.

Dennoch musste Cantelon ihr eine traurige Mitteilung machen. Er schreibt: „Wie konnte ich ihr nur begreiflich machen, dass sie dieses Geld zu lange behalten hatte? Warum fiel es mir zu, diese sensible Seele mit der Nachricht zu schockieren, dass ihr Geld praktisch wertlos war? Hatte sie nicht die Morgenzeitung gelesen oder die Ankündigung gehört, dass die neue Regierung in Bonn die bisher gültige Währung für nicht mehr gültig erklärt hatte?

‚Gnädige Frau‘, sagte ich, ‚es tut mir furchtbar leid, aber ich kann Ihr Geld nicht annehmen …‘ So behutsam, wie ich konnte, sagte ich: ‚Es wurde entwertet.‘"[33] Einen Monat zuvor hätte dieses Geld für den Kauf von Baumaterial verwendet werden können; es hätte Arbeiter ernähren und angehenden Bibelschülern helfen können. Aber jetzt war das Geld wertlos.

Unsere Liebe und unser Opfer sollten
eine attraktive Alternative zu den falschen
Hoffnungen utopischer Träume sein.

Alle Gläubigen – und ich denke dabei besonders an diejenigen, die vom Kapitalismus profitiert haben – werden eines Tages mit wertlosem Geld, das sie auf ihren Banken und in ihren Rentenfonds gehortet haben, vor dem Richterstuhl Christi stehen. Wenn der Herr kommt, „werden die Himmel mit gewaltigem Geräusch vergehen, die Elemente aber werden im Brand aufgelöst und die Erde und die Werke auf ihr im Gericht erfunden werden" (2. Petrus 3,10). Alles wird entwertet werden. Dessen können wir uns sicher sein.

Wie Francis Schaeffer es ausgedrückt haben soll, müssen wir einen „Kapitalismus samt Mitgefühl" haben. Ja, zu oft beutet der Kapitalismus die Armen aus und appelliert an die Habgier des menschlichen Herzens.

Wir müssen alles daransetzen, um Geld zu verdienen – aber mit der Absicht, es wegzugeben, es zu benutzen, damit wir zu Menschen werden, die man gerne „aufnimmt in die ewigen Zelte".

Unsere Liebe und unser Opfer sollten eine attraktive Alternative zu den falschen Hoffnungen utopischer Träume sein. Und selbst dort, wo Karl Marx noch regiert, ist die Gemeinde aufgerufen, Gemeinde zu sein.

Jedem, dem viel gegeben ist – viel wird von ihm verlangt werden (vgl. Lukas 12,48).

Ein Gebet, das wir alle beten müssen

Vater, so oft sagen wir, dass Dir alles gehört, was wir haben. Und rein verstandesmäßig wissen wir, dass Dir in der Tat alles gehört; aber bitte hilf uns, auch danach zu handeln. Mögen wir unser Vermögen nicht mehr länger das unsrige, sondern dein Eigentum nennen; mögen wir aufrichtig anerkennen, dass Du der Herr bist, und wir Deine Führung suchen in der Frage, wie wir das, was wir haben, am besten einsetzen, damit es Frucht für die Ewigkeit hervorbringe. Lass die Worte „Sammelt euch aber Schätze im Himmel" (Matthäus 6,20) unsere Motivation, unser Motto und unser froher Auftrag sein.

Denken wir daran, dass Geiz eine Verleugnung des Christus ist, der sich großzügig und freiwillig für uns hingegeben hat. Mögen unsere Schätze im Himmel viele und unsere Schätze auf Erden wenige sein.

Bitte hilf uns, nicht bei bloßen Worten zu bleiben, sondern den Worten dieses Gebets auch Taten folgen zu lassen.

In Jesu Namen, Amen.

KAPITEL 8

Verbrüderung mit dem radikalen Islam zur Zerstörung Amerikas

„Wir werden die Freiheiten der Verfassung nutzen, um die Verfassung zu zerstören!"

Das waren die Worte auf einem Schild, das von einem muslimischen Demonstranten in der Nähe von Detroit, Michigan, getragen wurde. *Unsere Freiheiten nutzen, um unsere Freiheiten zu zerstören!*

Warum sollten zwei Ideologien – eine radikal säkulare und eine radikal und unterdrückend religiöse – in den Vereinigten Staaten eine gemeinsame Basis finden? Und warum reichen sich diese beiden Gruppen bei ihren Angriffen auf die jüdisch-christlichen Grundwerte die Hand? Radikale Islamisten und radikale Säkularisten kämpfen Seite an Seite. Sie finden zusammen durch einen gemeinsamen Feind.

Zunächst muss ich betonen, dass die Mehrheit der in Amerika lebenden Muslime die westlichen Werte akzeptiert und kein Interesse daran hat, Amerikas religiöse Geschichte oder sein Wirtschaftssystem anzugreifen.

Sie profitieren von der Freiheit und den Möglichkeiten des Westens, und sie hoffen, dass dies auch weiterhin so sein wird. Die meisten von uns sind mit einer dem Westen angepassten Version des Islams vertraut, die nicht die wahre Natur dieser Religion widerspiegelt.

Doch es gibt radikale Islamisten mit einer brennenden Leidenschaft, die Gesetze der Scharia in den Vereinigten Staaten einzuführen; sie wollen ihre Flagge über dem Weißen Haus wehen sehen. Diese Islamisten sind keineswegs die Mehrheit, aber sie haben unverhältnismäßig viel Kontrolle und Einfluss. Sie haben die Fähigkeit, andere aufzuwiegeln – oft durch Täuschung und Irreführung – und sie in ihren Kampf gegen Amerika einzubinden.

Der Mitbegründer von CAIR (Rat für amerikanisch-islamische Beziehungen) sagte: „Der Islam ist nicht in Amerika, um einem anderen Glauben gleichgestellt zu werden, sondern um zu dominieren. Der Koran sollte die höchste Autorität in Amerika sein – und der Islam die einzige anerkannte Religion auf der Erde.“[1]

Bei einer Razzia im Jahr 2004 entdeckte das FBI ein geheimes Dokument, das die Pläne der Muslimbruderschaft zur Übernahme Amerikas enthüllte – genannt „Das Projekt“. Ich werde es hier nicht Punkt für Punkt durchgehen, aber ich gebe eine Zusammenfassung wieder, die von dem Antiterrorismus-Berater Patrick Poole geschrieben wurde.

Er beschreibt es folgendermaßen:

> Das Projekt stellt einen flexiblen, langfristigen Ansatz in mehreren Phasen für die „kulturelle Invasion“ des Westens dar. Das Projekt, das den Einsatz verschiedener Taktiken vorsieht, die von Einwanderung, Infiltration, Überwachung, Propaganda, Protest, Täuschung und politischer Legitimierung bis hin zu Terrorismus reichen, dient seit mehr als zwei Jahrzehnten als „Masterplan“ der Muslimbruderschaft.[2]

Die Pläne der Muslimbruderschaft lehren uns, dass „das Eindringen des Islams an verschiedenen Orten und mit verschiedenen Mitteln vonstattengehen wird.“[3] Die Gefahr besteht darin, dass wir diese Strategie als das Geschwätz einiger weniger Radikaler beiseiteschieben, so wie Deutschland das Geschwätz Adolf Hitlers zunächst abgetan hat.[*]

Schon in den 1950er-Jahren begannen die Islamisten zu erkennen, dass sie in der radikalen Linken einen Verbündeten hatten.

---

[*] Siehe dazu die Hinweise im Vorwort zur dt. Ausgabe. (Anm. d. dt. Hg.)

Sayyid Qutb, der führende Theoretiker der Muslimbruderschaft, schrieb den bahnbrechenden Text *Soziale Gerechtigkeit im Islam.* Sein Ziel war es, das islamische Recht in der ganzen Welt durchzusetzen, um die Menschheit zu befreien und Läuterung und Erlösung herbeizuführen. Seine Auffassung von sozialer Gerechtigkeit wies Gemeinsamkeiten mit der der radikalen Linken auf, und das ist ein Grund, warum Letztere bestrebt sind, den Islamisten zu gefallen und Rechte für Muslime zu unterstützen, die sie den Christen aber verweigern.

In Bezug auf den Zeitpunkt, während ich diese Zeilen schreibe, sollten wir uns nicht wundern, dass wir in letzter Zeit keine Terroranschläge mehr in den Vereinigten Staaten erlebt haben. Die radikalen Islamisten wissen, dass der Terrorismus ihrer Strategie diametral entgegenlaufen kann; deshalb praktizieren sie ihren „heimlichen Dschihad" und proklamieren das, was sie als ihre Rechte ansehen. Andrew McCarthy, ein ehemaliger stellvertretender leitender US-Staatsanwalt in New York, hat betont, dass unsere wahre Bedrohung nicht der Terrorismus, sondern der Islamismus sei. Er schreibt: „Linke und Islamisten sind sich sehr wohl bewusst, dass ihre Entwürfe für die Gesellschaft – die für beide drastische Veränderungen beinhalten – den meisten Amerikanern ein Gräuel sind. Sie müssen ihre Sache im Verborgenen vorantreiben."[4]

In den Vereinigten Staaten hat die Muslimbruderschaft Dutzende von Tarnorganisationen, mittels derer sie operiert. Diese Organisationen sind gleichsam die Truppen vor Ort, die den „Großen Dschihad", wie sie ihn nennen, umsetzen. Die Hoffnung der Bruderschaft ist, dass die Menschen im Westen so auf den Terrorismus fokussiert sind, dass sie die Augen vor der inneren Wandlung Amerikas verschließen, die jenseits der Schlagzeilen stattfindet.

Um noch einmal McCarthy zu zitieren, der mit den höchsten Auszeichnungen des Justizministeriums bedacht wurde: „Die politischen Entscheidungsträger wollen sich nicht festlegen [in Bezug auf die Natur des Feindes]. Sie konzentrieren sich kurzsichtig nur auf eines der Mittel der Dschihadisten, die Gewalt, und nehmen fälschlicherweise an, dass die Beendigung derselben zwangsläufig die Bedrohung unserer Lebensweise durch den Islamismus beenden wird."[5] Er warnt, dass es „nationaler Selbstmord für ein freies, selbstbestimmtes Volk [ist], so zu tun, als ob unsere Probleme auf muslimische Terroristen beschränkt wären."[6] Die Bedrohung durch den Terrorismus ist also nur eine Tarnung für eine viel heimtückischere Kampagne der Täuschung und Unterwanderung.

Sowohl radikale Islamisten als auch radikale Säkularisten glauben an eine Utopie – die Muslime glauben an eine religiöse Utopie, die radikale Linke an eine säkulare. Aber beide Gruppen glauben, dass ihre Vision nicht erfüllt werden kann, bis der christliche Einfluss und der Kapitalismus zerstört sind. Danach werden sich die Wege der Säkularisten und der Islamisten trennen müssen, denn sie haben zwei sehr unterschiedliche Visionen für Amerika. Im Augenblick aber stehen sie als Kulturkrieger Seite an Seite. Wie jemand gesagt hat, sieht die radikale Linke den Islam als einen „Rammbock", der helfen kann, Amerika zu entchristianisieren.

Selbst Pilatus und Herodes legten ihre Differenzen beiseite und wurden Freunde, um ihren gemeinsamen Feind Jesus zu töten (Lukas 23,12). Wie man im Krieg zu sagen pflegt: „Der Feind meines Feindes ist mein Freund."

Die Chance von 9/11

Wenn es einen Zeitpunkt gibt, an dem sich die radikale Linke mit den Islamisten zusammentat, um Amerika zu unterwandern, dann war es nach den schrecklichen Terroranschlägen vom 11. September 2001, bei denen fast 3000 Amerikaner getötet wurden. Die Zeit danach war eine Zeit des erneuerten Patriotismus unter den US-Bürgern, aber auch der kritischen Selbstbeobachtung.

Die radikale Linke übernahm bereitwillig das islamische Märchen, dass dieser Terrorakt von Amerika selbst verschuldet sei. Die Terroristen hätten doch nur das getan, was unterdrückte Menschen nun einmal tun: ihre Feinde angreifen. Als amerikanische Flaggen in Schulen, Bürogebäuden und auf Rasenflächen als Zeichen der Einheit gehisst wurden, begann die Linke ihren Angriff auf die Flagge, auf den Patriotismus und auf Amerika generell.

Nach einer Tirade darüber, wie hasserfüllt Amerika sei, verfasste die einflussreiche Romanautorin Barbara Kingsolver am 25. September (nur 14 Tage nach dem Terroranschlag) einen Artikel, in dem sie die US-Führung kritisierte, die die Täter aufspüren und bestrafen wollte.

Sie stellt darin die Frage: „Wen nennen wir hier Terroristen?" und führt dazu Folgendes aus:

> Der Patriotismus bedroht die Meinungsfreiheit mit dem Tod. Er ist wütend über besonnene Zurückhaltung, konstruktive Kritik an unseren Führungskräften und Plädoyers für den Frieden. Er verachtet Menschen ausländischer Herkunft, die Jahre damit verbracht haben, unsere Kultur zu lernen und ihre Begabungen in unsere Wirtschaft einzubringen.

Dann beschließt sie ihre Ausführungen mit einem Angriff auf die Flagge und behauptet, dass „die amerikanische Flagge für Einschüchterung, Zensur, Gewalt, Engstirnigkeit, Sexismus, Homophobie steht und die Verfassung durch einen Schredder jagt."[7]

Und so war in den Köpfen der Linken der gemeinsame Feind nicht etwa der radikale Islam, sondern Amerika. Es spielt keine Rolle, dass der Islam den Männern erlaubt, mehrere Frauen zu haben und die globale Vorherrschaft anstrebt, und dass die Gesetze von Saudi-Arabien darauf bestehen, diejenigen, die vom Islam zu einer anderen Religion konvertieren, hinzurichten. Die Bereitschaft der Linken, eine fundamentalistische Theokratie zu verteidigen, die an der Steinigung von Homosexuellen, an religiöser Bevormundung und an der Unterdrückung von Frauen (wenn nicht sogar Gewalt gegen sie) festhält, ist überraschend. Aber ein gemeinsamer Feind lässt sie beide sich im Kampf die Hände reichen. Die Linke verteidigt radikale Muslime und argumentiert, dass sie einen guten Grund haben, uns zu hassen.

Der einflussreiche Philosoph Noam Chomsky sagt, dass alles Böse, das gegen Amerika begangen wurde, im Vergleich zu den Übeln verblasse, die Amerika gegen andere begangen hat. Wie David Horowitz schreibt: „Seit 40 Jahren hat Noam Chomsky ein Buch nach dem anderen, ein Pamphlet nach dem anderen und eine Rede nach der anderen mit einer Botschaft, und zwar wirklich nur einer einzigen Botschaft, veröffentlicht: Amerika ist der Große Satan, die Quelle alles Bösen in der Welt."[8]

In den Köpfen sowohl der radikalen Islamisten als auch der radikalen Linken ist also eine Nation, die in Freiheit erschaffen wurde und in der alle Menschen gleich sein sollen, in Wirklichkeit der Große Satan, aufgebaut auf Sklaverei und gewidmet der Eroberung. Es wurde behauptet, dass Amerika seit Jahrhunderten für Unterdrückung, Armut und Ungerechtigkeit innerhalb seiner Grenzen und auf der ganzen Welt verantwortlich ist – und diese Schuldzuweisungen halten bis heute an.

Es gibt Leute, die behaupten, der Krieg der Vereinigten Staaten gegen den Terror sei nichts weiter als ein amerikanischer Trick, um die eigene dunkle Seite der Nation zu verbergen. Die Terroranschläge vom 11. September 2001 haben nur die Tatsache zum Vorschein gebracht, dass Amerika böse ist und nun ernten muss, was es gesät hat. Sogar Amerikas Recht, sich selbst zu verteidigen, wurde der Lächerlichkeit preisgegeben. Zusammengefasst: Der Krieg gegen den Terror wurde erfunden, um als Sündenbock für alles zu dienen, was mit der amerikanischen Gesellschaft nicht stimmt.

Wir erlebten sogar, wie die Medien zögerten, die Namen der muslimischen Terroristen am achtzehnten Jahrestag der 9/11-Terroranschläge zu nennen. Die *New York Times* tweetete (und löschte den Tweet später wieder): „Flugzeuge visierten ihr Ziel an und brachten das World Trade Center zum Einsturz."[9] Die *Times* erwähnte nicht, wer die Flugzeuge flog; sie tat alles, was sie konnte, um sich davon zu distanzieren, Menschen zu beschuldigen – insbesondere muslimische Al-Qaida-Terroristen, die die grausamen Anschläge verübt hatten. Ja, zwei Flugzeuge flogen in die Zwillingstürme. Aber die Flugzeuge sind nicht von selbst geflogen. Ein Großteil der Diskussion in den Talkshows drehte sich darum, dass Amerika im Krieg gegen die Taliban mit Bomben ebenso Menschen tötet. Das ist natürlich eine unzulässige Gleichsetzung, aber sie wird benutzt, um denjenigen Deckung zu geben, die Amerika die Schuld für das geben, was geschehen ist.

David Horowitz schreibt: „Nach jeder seriösen Umfrage unterstützten hunderte Millionen von Muslimen diese Angriffe, und Zehntausende von ‚Ungläubigen' waren bereits durch die Hände islamischer Terroristen gestorben. Dennoch leugnete Präsident Obama, dass der Islam irgendetwas mit diesen Tatsachen zu tun hat."[10]

Professor Nicholas De Genova sagte in einer Vorlesung an der Universität von Columbia: „Frieden ist nicht patriotisch. Frieden ist umstürzlerisch, denn Frieden antizipiert eine ganz andere Welt als die, in der wir leben – eine Welt, in der die USA keinen Platz hätten."[11]

Frieden ist „eine Welt, in der die USA keinen Platz haben".

Die Kulturmarxisten glauben an die naive Vorstellung, dass Menschen nur deshalb Böses tun, weil sie unterdrückt werden. Beseitigt man die Unterdrückung, werden Menschen friedlich und entgegenkommend sein. Dennis Prager, der mit einer großen Anzahl von Menschen aus einem breiten Spektrum Amerikas gesprochen hat, sagt Folgendes über die Linke: „Sie glauben wirklich, dass Menschen, die sich Bomben an den Körper schnallen, um Familien in die Luft zu jagen ... Bomben in einem Nachtclub platzieren ... Stewardessen die Kehle aufschlitzen und Flugzeuge voller unschuldiger Amerikaner in Bürogebäude jagen, dies tun, weil sie nicht genug Einkommen haben."[12]

Oder, wie Kulturmarxisten hinzufügen würden, aufgrund all dessen, was Amerika ihnen angetan hat. Mit anderen Worten: die Terroristen sind nicht schuld. Es ist Amerika, das sie zu Terroristen gemacht hat.

Die Linke glaubt, wenn die USA ihre angebliche Unterdrückung einstellen würden, wäre der Grund für die Radikalisierung der Islamisten beseitigt. Sie würden nicht mehr Flugzeuge in Wolkenkratzer fliegen und Tausende von Menschen töten, wenn die USA die richtige Außenpolitik betrieben. Die *Unterdrückung* – speziell die amerikanische Unterdrückung – ist schuld daran. So glaubt die Linke, dass der radikale Islam nicht mehr radikal sein wird, wenn man den Kapitalismus entwurzelt und ein sozialistischer Staat entsteht.

Diese Haltung passt gut zu dem muslimischen Anspruch der Opferrolle, der bis in die Zeit Mohammeds zurückreicht. Die „Opferrolle" wurde von Muslimen immer als größer angesehen als das Böse, das sie anderen zufügten. Während des dänischen Konflikts um die Mohammed-Karikaturen „kosteten Angriffe durch den Mob und Attentate ... das Leben von über 200 Menschen, die mit den ‚blasphemischen' Zeichnungen überhaupt nichts zu tun hatten."[13]

Doch die gewalttätigen Aktionen wurden als gerechtfertigt angesehen, weil der Islam beleidigt worden sei. Die Schuld an den Todesfällen wurde dem Karikaturisten zugewiesen, der dem Islam dieses Leid ‚zugefügt' hatte. Die Unruhen lehrten die Welt folgende Lektion: „Kritisiere uns besser nicht, oder wir werden hinter dir her sein, und letztlich wird alles deine Schuld sein."

Die Einheit von Moschee und Staat

In den Vereinigten Staaten ist die Trennung von Kirche und Staat ein Glaubensartikel der radikalen Linken. Aber der Ausdruck „Trennung von Kirche und Staat" erscheint nirgendwo in der US-Verfassung. Stattdessen wird sie in einem Brief erwähnt, den Thomas Jefferson schrieb, um einer Gemeinde zu versichern, dass die Regierung sich nicht in die freie Religionsausübung einmischen sollte. Diese Tatsache hat offensichtlich keinen Einfluss auf die Absicht der Linken, jeden christlichen Einfluss in unseren öffentlichen Schulen zu unterbinden.

In den Köpfen der Säkularisten gibt es jedoch so etwas wie eine Trennung von Moschee und Staat nicht. Nach 9/11 durften Islamisten – sogar noch darin bestärkt – für ihre Religion missionieren. Die *American Civil Liberties Union* erhob keinen Einspruch, ebenso wenig die *Freedom from Religion Foundation*. Obwohl die Linke dafür gesorgt hatte, dass die Schulen von jeglichem christlichen Einfluss gesäubert wurden, begrüßte sie die Lehren und Bekehrungsversuche des Islam, also genau der Religion, die die Anschläge von 9/11 inspiriert hatte. Den Linken ist es egal, ob eine Religion in unseren Schulen aktiv gefördert wird, solange es nur eine Religion ist, die versucht, die westlichen Werte zu zerstören. Das Christentum, nicht der Islam, ist der Übeltäter.

Im Jahr 2018 reichten zwei Mütter von Schülern der *Chatham Middle School* in New Jersey beim Bundesgericht eine Klage gegen die Schule ein, weil sie zwei Videos gezeigt hatte, die die Schüler für den Islam missionieren sollten. Das eine hieß *Einführung in den Islam*, das andere *Die fünf Säulen des Islam*. Die Mütter wandten sich zunächst direkt an die Schule, wurden aber abgewiesen. Als sie die Sache weiterverfolgten, wurden sie in den sozialen Medien angegriffen und als engstirnig und islamophob, hasserfüllt, ignorant, intolerant und rassistisch beschimpft.

Das *Thomas More Law Center* reichte Klage gegen die Schule ein, weil die Videos ein verzerrtes Bild der Geschichte des Islam und dessen Lehren vermittelten.[14]

Schüler in vielen Schulen haben ähnliche Indoktrinationsversuche ertragen müssen. Im Jahr 2015 mussten die Schüler der *Spring Hill Middle School* in Tennessee aufschreiben: „Es gibt keinen Gott außer Allah, und Mohammed ist sein Prophet", ein Bekenntnis, das bei der Konvertierung zum Islam gesprochen wird.[15] In einigen Schulen wurden die Schüler aufgefordert, Teile des Korans auswendig zu lernen, „Allahu Akbar!" zu rufen und während des Ramadan über Mittag zu fasten. Schulen in Maryland, Michigan und Arizona erlauben muslimischen Schülern, während des Unterrichts zu beten.

Im Jahr 2008 veröffentlichte der *American Textbook Council*, eine unabhängige nationale Forschungsorganisation, einen Bericht, in dem festgestellt wurde, dass zehn der am weitesten verbreiteten Sozialkunde-Lehrbücher für die Mittel- und Oberstufe „eine unvollständige und verfälschte [falsch konstruierte] Sicht des Islam präsentieren, die seine Grundlagen und Herausforderungen für die internationale Sicherheit falsch darstellt."[16] Im Endeffekt beschönigen diese Schulbücher die Geschichte und Lehre des Islams und verunglimpfen die westliche Geschichte und Werte.

Der Rat gab Folgendes ebenfalls zur Kenntnis:

> Während Schulbücher für Siebtklässler den Islam in flammender Rede beschreiben, stellen sie das Christentum in schlechtem Licht dar. Die Schüler stoßen auf einen verblüffenden Kontrast. Der Islam wird als Modell für interreligiöse Toleranz dargestellt; Christen führen Angriffskriege und töten Juden. Der Islam bietet Modelle des gegenseitigen Einvernehmens und Zusammenlebens an. Antisemitismus, Inquisition und Religionskriege besudeln die christliche Geschichte.[17]

Es überrascht nicht, dass in diesen Lehrbüchern Amerika die Schuld an der Misere der Welt gegeben wird.

Es gibt einige Passagen aus dem Bericht des *American Textbook Council*, die man besonders sorgfältig lesen sollte. Darin heißt es, dass der *Council on Islamic Education* nun „praktisch unkontrollierte Macht über die Verlage" genießt und ein „Agent der zeitgenössischen Zensur" ist, der die Verlage darüber informiert, dass er „Anfragen zur Überprüfung veröffentlichter Materialien ablehnen kann, es sei denn, dass der Verlag eine substanzielle und inhaltliche Überarbeitung plant."[18] Das Tabu des Religionsunterrichts an Schulen – das von der ACLU und unseren Gerichten so eifrig gefördert wird – wird aus Rücksicht auf die muslimischen Forderungen bequemerweise beiseitegeschoben.

Heute werden die Steuergelder amerikanischer Bürger verwendet, um in einigen öffentlichen Schulen Gebetsräume für Muslime einzurichten und sicherzustellen, dass in den Kantinen Halal-Lebensmittel (zubereitet nach den Standards der islamischen Regeln) serviert werden. Und Organisationen wie das *Institute on Religion and Civic Values* (früher bekannt als *Council on Islamic Education*) stellen staatlich finanzierte Materialien für den Islamunterricht an öffentlichen Schulen zur Verfügung. Es sind Videos erhältlich, die eine entschärfte Version des Islams präsentieren und lehren, wie der Koran im täglichen Leben angewendet werden kann.

Wenn die Linken wirklich um die Integrität des Ersten Verfassungszusatzes (wie sie ihn interpretieren) besorgt wären, würde die gleiche angebliche Mauer, die Kirche und Staat trennt, auch Moschee und Staat trennen. Stattdessen feiert die Linke nicht nur den Islamunterricht, sondern auch die aktive *Werbung* für den Islam an öffentlichen Schulen.

Warum? Weil die Linke das Christentum verachtet. Der fundamentalistische Islam hat „ungläubigen" Kulturen wie der amerikanischen mit ihrem jüdisch-christlichen begründeten Respekt vor der individuellen Freiheit und den verfassungsmäßigen Beschränkungen der Regierungsmacht den Krieg erklärt.

Und warum schweigen Feministinnen, wenn es um die abscheuliche Behandlung von Frauen durch den Islam geht? Feministinnen sind verbal gelähmt – auf der einen Seite sind sie nicht damit einverstanden, wie Frauen im Islam behandelt werden, aber auf der anderen Seite entscheiden sie sich dafür, dem Islam einen Freibrief zu geben. Die linken Progressiven schweigen, obwohl Homosexuelle in muslimischen Ländern hingerichtet werden.

Die Linken wollen nicht kritisch gegenüber einer Religion sein, die ihnen dabei hilft, die Grundlagen der westlichen Zivilisation zu zerstören. Um David Horowitz zu zitieren: „In ihrem Hass auf das Christentum und ihrer Verachtung für die Verfassung sind sich die Linke und der politische Islam einig."[19]
Und das ist noch nicht alles.

Die muslimische Doktrin der Einwanderung

„Vielfalt macht uns stärker!"
Vielleicht haben Sie diese Aussage schon einmal von Leuten gehört, die sich für die eine oder andere Sache einsetzen. Aber untersuchen wir einmal genauer, was sie tatsächlich meint. Ist es wirklich wahr, dass wir umso stärker werden, je weniger wir gemeinsam haben? Als Gott beim Turmbau zu Babel Verwirrung stiftete, indem er die Menschen dazu brachte, verschiedene Sprachen zu sprechen, hat ihre „Vielfalt" sie nicht stärker gemacht. Vielmehr bewirkte ihre Vielfalt, dass sie sich zerstreuten und schwächer wurden. Eine Nation wird von Menschen zusammengehalten, die gemeinsame Grundwerte und eine gemeinsame Sprache teilen. Wir könnten uns wünschen, dass all diejenigen, die wir willkommen heißen, bei uns in den Vereinigten Staaten zu leben, durch ein gemeinsames Bekenntnis zur Verfassung und ihren Grundwerten zusammengehalten werden.

Einwanderung ist ein integraler Bestandteil der Ziele des Islam, Amerika zu islamisieren. Wie bereits erwähnt, haben sich viele Muslime integriert und westliche Werte wie die Religionsfreiheit akzeptiert – sie respektieren diese Freiheit als einen zentralen Wert. Aber es gibt einige, die den Koran und die Hadith (die Aussprüche Mohammads) wortwörtlich nehmen und sich für die Vorherrschaft des Islams in Amerika einsetzen.

Sowohl im Koran als auch in der Hadith finden sich Gebote, die Muslime zur Einwanderung auffordern, zum Beispiel: „Ich beauftrage euch mit fünf von dem, womit Allah mich beauftragt hat: Sich zu versammeln, zuzuhören, zu gehorchen, einzuwandern und den Dschihad um Allahs willen zu führen" (Hadith 17344). Historisch betrachtet verließ Mohammed im siebten Jahrhundert Mekka und reiste mit einer kleinen Gruppe von Anhängern nach Medina, um seine Gruppe von Anhängern zu festigen, damit er zu einem späteren Zeitpunkt zurückkehren konnte, um Mekka zu erobern.

Dies wurde als die *Hijrah* (Migration) bekannt. Dieses Modell der Migration dient nicht der Assimilierung an eine neue

Gastgebernation, sondern der Kolonisierung und Umgestaltung der Gastgeberländer.

Erinnern wir uns an den ersten wichtigen Punkt des Plans der Muslimbruderschaft, Amerika zu zerstören: „Ausweitung der muslimischen Präsenz durch Geburtenrate, Einwanderung und die Weigerung, sich zu assimilieren."[20] Diese Strategie verwandelte Indonesien von einem buddhistischen und hinduistischen Land in das größte muslimisch dominierte Land der Welt. Wie Europa inzwischen bemerkt hat, mögen offene Grenzen für Flüchtlinge zwar als eine mitfühlende Antwort auf eine katastrophale humanitäre Krise angesehen werden, aber sie haben langfristige Risiken und Konsequenzen.

Die radikale Hoffnung der Islamisten ist, dass durch die muslimische Einwanderung und das Bevölkerungswachstum im Westen das Scharia-Recht schließlich die US-Gesetze ersetzen wird.

Die Täuschung der politischen Korrektheit

„Wir diskriminieren nicht!"

Diese Worte sind der Schlachtruf von Linken, die behaupten, tolerant zu sein. Doch in der Realität diskriminiert natürlich jeder. Arbeitgeber diskriminieren unter potenziellen Mitarbeitern; die Leute diskriminieren, wenn sie entscheiden, welche Gemeinde, Moschee oder welchen Tempel sie besuchen wollen (oder nichts von alledem). Und wir alle diskriminieren, wenn wir entscheiden, wer unsere Freunde sind und wen wir am Wochenende zum Essen einladen. Jeden Tag und auf jede Weise treffen wir Entscheidungen über Menschen, und jede dieser Entscheidungen ist in gewisser Weise diskriminierend.

Politische Korrektheit, die vom gesunden Menschenverstand abgekoppelt ist, hat die Menschen davon abgehalten, darauf zu achten, schädliche und gefährliche Ideologien und Einflüsse mit Bedacht zu diskriminieren. Die Angst, bei Diskriminierungsfragen auf der falschen Seite zu stehen, treibt manche Menschen dazu, einzuknicken und törichte Entscheidungen zu treffen.

Einer unserer großen Fehler als Nation ist, dass wir nicht wissen, wie man *richtig* diskriminiert; die Angst, dass wir der Diskriminierung beschuldigt werden könnten, greift so weit um sich, dass sich sogar unsere Sicherheitsdienste der politischen Korrektheit beugen.

Politische Korrektheit, die vom gesunden Menschenverstand abgekoppelt ist, hat die Menschen davon abgehalten, schädliche und gefährliche Ideologien und Einflüsse mit Bedacht zu diskriminieren.

Weil unsere nationalen Sicherheitsbehörden durch Multikulturalismus und Vielfalts-Besessenheit gelähmt sind, wurden Untersuchungen über das Ausmaß der Dschihad-Agenda behindert. Niemand möchte als antimuslimisch erscheinen, und das hat zu schwerwiegenden Lücken in der nationalen Sicherheit geführt. In dem Sicherheitsbericht *Shariah: The Threat to America* („Scharia: Die Bedrohung Amerikas") (Kurzfassung) kommen die Autoren zu folgendem Schluss: „Multikulturalismus, politische Korrektheit, fehlgeleitete Vorstellungen von Toleranz und pure vorsätzliche Blindheit haben in Amerika zu einer Atmosphäre der Verwirrung und Verleugnung der aktuellen Bedrohung geführt, mit der die Nation nun konfrontiert ist."[21] Sie sind sich einig, dass die Lücken in unseren Sicherheitssystemen nicht weniger als kriminell sind.

Islamophobie ist ein Wort, das von einem Muslim erfunden wurde, um jeden zu diffamieren, der dem Islam kritisch gegenübersteht, selbst wenn die Kritik sachlich korrekt ist. Die gleiche politische Korrektheit, die benutzt wird, um den Kapitalismus zu entkräften, wenn nicht gar zu zerstören, ist die gleiche politische Korrektheit, die es dem Islam ermöglicht, zu wachsen. Unsere Kultur tauscht Weisheit gegen hirnlose Akzeptanz und Mut gegen Feigheit.

Gott sei Dank: Er hat die Gemeinde gerade für Zeiten wie diese aufgeweckt.

Die Antwort der Gemeinde

Wir Christen müssen den Muslimen, die unter uns leben, einladend die Hand reichen. Wir dürfen nicht zulassen, dass Angst uns dazu bringt, uns von den Muslimen in unserem Umfeld abzuwenden. Wir dürfen Muslime nicht als unsere Feinde sehen, sondern als Menschen, die von einer Religion in die Irre geführt wurden, die sie in geistiger und kultureller Knechtschaft hält. Wir sollten uns so gut wie möglich mit ihrer Religion vertraut machen. Martin Luther bestand darauf, dass der Koran ins Deutsche übersetzt wurde, weil er glaubte, dass auf diese Weise am sichersten gewährleistet wird, dass die Deutschen nicht zum Islam konvertieren. Jeder, der den Koran liest, so behauptete er, wird sofort erkennen, dass dieses Buch nicht von Gott ist. Wir müssen „klug wie die Schlangen und einfältig wie die Tauben" sein (Matthäus 10,16). Die Gemeinde muss die Gläubigen dazu ausrüsten, sich mit den Anhängern des Islam auseinanderzusetzen und ihre Geschichte, ihren Glauben und ihre Ziele vollständig zu verstehen.

Wie ich jedoch in meinem Buch *The Church in Babylon* („Die Gemeinde in Babylon") dargelegt habe, muss ich vor dem zunehmenden Trend warnen, dass Gemeinden „interreligiöse Dialoge mit Muslimen" führen. Aus muslimischer Sicht wird das Ziel des interreligiösen Dialogs von Seyyid Qutb so formuliert: „Die Kluft zwischen dem Islam und der Jahiliyyah [der Gesellschaft der Ungläubigen] ist groß, und es soll keine Brücke darüber gebaut werden, damit sich die Menschen auf den beiden Seiten miteinander vermischen, *sondern nur, damit die Menschen der Jahiliyyah [der Gesellschaft der Ungläubigen] zum Islam übertreten können.*"[22] Aus muslimischer Sicht ist die Doppelzüngigkeit des interreligiösen Dialogs akzeptabel und sogar notwendig. Das Ziel ist es, eine einladende, aber falsche Fassade des Islams zu präsentieren, die ihn für das westliche Publikum und Namenschristen schmackhaft und akzeptabel macht.

Ich habe mir die Zeit genommen, den *Interfaith Dialogue: A Guide for Muslims* („Interreligiösen Dialog: Ein Leitfaden für Muslime") von Muhammad Shafiq und Mohammed Abu-Nimer zu lesen, damit ich die muslimischen Beweggründe für den interreligiösen Dialog besser verstehen kann.

Dieses Buch, geschrieben von Muslimen und für Muslime, spricht in sehr neutralen Tönen, von denen viele auch für Christen akzeptabel wären. Sie sprechen über Fairness, Höflichkeit, aufmerksames Zuhören und die Notwendigkeit der Koexistenz.[23]

Das Ziel des Buches ist es jedoch, den Muslimen beizubringen, wie sie ihren Glauben in einer Weise präsentieren können, die ihn für Nicht-Muslime akzeptabel macht. Kurz gesagt: Es wurde geschrieben, um eine saubere Version des Islam zu präsentieren, indem seine heiligen Texte und seine Geschichte neu interpretiert werden. Mehrmals heißt es in dem Buch, dass Muslime den interreligiösen Dialog nutzen müssen, um die „falschen Vorstellungen" zu beseitigen, die über den Islam bestehen.

Ich zitiere daraus: „Jeder Gesprächspartner hat das Recht, seine eigene Religion und seinen Glauben zu definieren, sodass alle anderen nur beschreiben können, wie es für sie von außen aussieht."[24] Und weiter: „Diese Seminare sollten sowohl den christlichen als auch den muslimischen Glauben ansprechen und einen vergleichenden Blick auf beide bieten, ohne zu versuchen, zwischen beiden zu urteilen."[25]

Die Quintessenz: Muslimische Teilnehmer am interreligiösen Dialog wollen eine unangefochtene Plattform, auf der sie eine ganz bestimmte Version des Islam präsentieren können, ohne dass unerwünschte Bezugnahmen auf den Koran oder auf die aggressive und blutige Geschichte dieser Religion vorgenommen werden. Jeder Teilnehmer soll die Worte des anderen für bare Münze nehmen und nicht kritisieren, was der andere sagt. Mit anderen Worten: Von einer kritischen Auseinandersetzung mit der jeweils anderen Religion wird abgeraten. Kein Wunder, dass Muslime begierig auf den „interreligiösen Dialog" sind – er gibt ihnen die Möglichkeit, ihren Glauben unter leichtgläubigen amerikanischen Zuhörern irreführend zu verbreiten. Ein weit besseres Mittel, um Muslime mit dem Evangelium bekanntzumachen, ist der Aufbau persönlicher Beziehungen zu ihnen. Das bedeutet, ihnen das Evangelium zu vermitteln, indem man die eigenen Worte mit guten Taten und echter Freundschaft untermauert, unabhängig davon, ob die muslimischen Bekannten für die Möglichkeit, Jesus als Retter anzunehmen, offen sind oder nicht.

Trotz der Pläne und Aktionen radikaler Islamisten – ob durch verdeckte Infiltration oder durch unverhohlene Gewalt – hat Gott immer die Kontrolle über das, was in dieser Welt geschieht.

Viele von uns beten aktiv für Länder, die für das Evangelium verschlossen sind, und helfen, Missionare zu unterstützen, die in muslimische Länder geschickt werden. Was wäre, wenn ein Teil von Gottes Antwort auf unsere Gebete für die muslimische Welt darin bestünde, Muslime nach Amerika zu bringen, damit sie echte Christen kennenlernen können – jenseits der Karikaturen, die in ihren Heimatländern verbreitet werden? Obwohl die muslimische Einwanderung potenzielle Risiken birgt, bietet sie auch wunderbare Möglichkeiten. Ich könnte viele Beispiele von Gemeinden und einzelnen Christen nennen, die hier in Amerika die islamischen Gemeinschaften erreichen, insbesondere Flüchtlinge.

Unser Zeugnis muss mit Unterscheidungsvermögen einhergehen. Häufig sind amerikanische Christen so sehr bereit, das Beste über andere zu glauben, dass sie oft blind für diejenigen sind, die sie in die Irre führen wollen. Vielerorts treten Christen in einen interreligiösen Dialog mit Muslimen. Die Regeln eines solchen Engagements sind klar: Die Christen dürfen erklären, was sie glauben, und gleich danach ist der muslimische Vertreter an der Reihe zu erklären, was der Islam beinhaltet. Da es bei diesen Dialogen keine Möglichkeit zu Rückfragen gibt, steht es dem Muslim frei, eine geschönte Version des Islam zu präsentieren, die für ein amerikanisches Publikum akzeptabel ist.

Und was passiert, wenn wir unsere Freiheiten irgendwann zugunsten der Radikalen verlieren sollten?

Sam Solomon wurde im Scharia-Recht ausgebildet und lehrte es 15 Jahre lang, bevor er sich bekehrte. Als er hier in Amerika zu Besuch war, besuchte ich einen Vortrag von ihm darüber, wie diese Nation aussehen würde, wenn die Islamisten ihren Willen bekämen und die Scharia sich durchsetzen würde. Sein Vortrag war gut recherchiert, fesselnd – und erschreckend. Später an diesem Tag trafen wir uns in einem Speisesaal und tauschten uns darüber aus.

Ich stellte ihm eine einfache Frage: „In Anbetracht dessen, was Sie uns mitgeteilt haben, und in Anbetracht der Tatsache, dass der radikale Islam in Amerika auf dem Vormarsch ist: Was ist meine Verantwortung als Pastor einer Gemeinde?" Er drückte mir seinen Zeigefinger gegen die Brust und sagte: „Ihre Verantwortung ist es, mit Ihren Leuten über die Bereitschaft zu reden, als Märtyrer für den Glauben zu sterben!"

Ich hatte nie daran gedacht, dass das ein Teil meiner Berufsbeschreibung sein könnte. Aber seine Worte haben mich nie wieder losgelassen, und seither habe ich das Märtyrertum sowohl in der Bibel als auch in der Kirchengeschichte studiert. Es gibt Millionen von Christen, die für ihren Glauben getötet wurden, und sie sind auf zahlreiche Arten gestorben. Die bevorzugte Hinrichtungsmethode des Islams ist der Einsatz des Schwertes. So Gott will, hoffe ich, irgendwann ein Buch über das Thema Märtyrertum zu schreiben.

Unsere Berufung ist ein mit Wahrheit ausgestatteter Mut.

In einem Fall, so erzählte man mir – als Terroristen gerade viele Christen in Ägypten getötet hatten –, liefen junge Gläubige in Kairo durch die Straßen mit T-Shirts, auf denen folgende Worte standen: „Märtyrer auf Wunsch!" Ich bin mir nicht sicher, ob wir in Amerika diese Art von Mut hätten. Seien wir ehrlich: Wir sind oft noch nicht einmal bereit, auch nur irgendwelche Annehmlichkeiten aufzugeben – geschweige denn unser Leben.

Wir werden hier in Amerika wahrscheinlich nicht mit einem Martyrium konfrontiert werden, aber wir müssen uns fragen, ob die Gemeinde mutig genug sein wird, dem kulturellen und rechtlichen Druck zu widerstehen, den der Säkularismus uns auferlegen will, während der Islam seinen Einfluss ausweitet und seine „Rechte" geltend macht, die so oft mit unseren Rechten in Konflikt stehen. Werden politische Korrektheit und Gesetze, die die Kritik am Islam verbieten (Blasphemiegesetze), die Gemeinde lähmen? Schon jetzt ist Kritik am Islam – egal wie präzise und durchdacht – in breiten Gesellschaftsschichten ein Tabu.

Huldrych Zwingli, ein Führer der Reformation in der Schweiz, soll gesagt haben: „Um Gottes willen, tu etwas Mutiges!"

Unsere Berufung ist ein mit Wahrheit bewaffneter Mut.

Ein Gebet, das wir alle beten müssen

Lassen Sie uns ausgewählte Passagen aus Daniels Gebet im Buch Daniel, Kapitel 9, beten.

HERR! Bei uns ist die Beschämung des Angesichts, bei unseren Königen, unseren Obersten und unseren Vätern, weil wir gegen dich gesündigt haben. Bei dem Herrn, unserem Gott, ist das Erbarmen und die Vergebung. Denn wir haben uns gegen ihn aufgelehnt, und wir haben nicht auf die Stimme des HERRN, unseres Gottes, gehört, ⟨der uns gebot,⟩ in seinen Gesetzen zu leben, die er uns durch seine Knechte, die Propheten, vorgelegt hat. (Verse 8-10)

Neige, mein Gott, dein Ohr und höre! Tu deine Augen auf und sieh unsere Verwüstungen und die Stadt, über der dein

Name ausgerufen ist! Denn nicht aufgrund unserer Gerechtigkeiten legen wir unser Flehen vor dich hin, sondern aufgrund deiner vielen Erbarmungen. (Verse 18-19)

Vater, wir sind Dein. Hilf uns, Dich treu zu vertreten in einer Nation, die ihren Weg verloren hat. Hilf uns, Dich durch unser Leben und unser Zeugnis zu lieben und zu ehren. Hilf uns, allen, die anders sind als wir, Gnade und Respekt zu erweisen und mutig zu sein, Dein heiliges Wort weiterzugeben.

In Jesu Namen, Amen.

KAPITEL 9

Verteufeln! Verteufeln! Verteufeln!

„Wähle das Ziel, fixiere es, personalisiere es und polarisiere es."[1] Das schrieb der Aktivist Saul Alinsky in seinem Buch *Rules for Radicals* („Regeln für Radikale").

Die radikalen Säkularisten sind nicht mit dem Grundsatz „leben und leben lassen" zufrieden. Vielmehr verlangen sie, dass wir vor ihrer Agenda vollständig kapitulieren. Und sie haben entdeckt, dass die Verunglimpfung derer, die nicht mit ihnen übereinstimmen, mehr Ergebnisse erzielt als Vernunft und Höflichkeit. Ob sie es wissen oder nicht, sie folgen dabei den oben zitierten Anweisungen des Marxisten Saul Alinsky.

Wenn Alinsky von der Polarisierung des Ziels spricht, meint er Folgendes: „Kappen Sie das Netzwerk der Unterstützer und isolieren Sie das Ziel von jeglicher Sympathie. Gehen Sie auf Menschen los und nicht auf Institutionen; Menschen sind leichter zu verletzen als Institutionen. (Das ist grausam, aber sehr effektiv. Direkte, personalisierte Kritik und Spott funktionieren.)"[2]

Direkte, personalisierte Kritik und Spott funktionieren!

Von Beginn an werden diejenigen, die Alinskys Methoden praktizieren, drei Waffen einsetzen: Schande, Spott und Einschüchterung.

Bereits 1973 überzeugten homosexuelle Aktivisten die *American Psychiatric Association*, Homosexualität von der Liste der psychiatrischen Krankheiten zu streichen und sie als normales Verhalten neu zu klassifizieren.[3] Diese Änderung wurde nicht aufgrund wissenschaftlicher Daten vorgenommen, sondern weil Radikale Aktionen planten, die systematisch die jährlichen Treffen der APA stören sollten. Drei Jahre zuvor ergriffen Aktivisten in einer APA-Sitzung das Mikrofon und sagten: „Die Psychiatrie ist der wahre Feind. Die

Psychiatrie hat einen unerbittlichen Vernichtungskrieg gegen uns geführt. Ihr könnt dies als eine Kriegserklärung an euch verstehen ... Wir lehnen euch alle als unsere Besitzer ab."[4]

Das Ergebnis? Eine wissenschaftliche Gesellschaft ignorierte empirische Studien und beugte sich den Forderungen einer militanten Gruppe. Durch diese eine Aktion machte die Schwulenbewegung klar, dass Einschüchterung sowohl Forschung, Wissenschaft, Höflichkeit als auch den Dialog ersetzen würde. Mobbing vermochte alle Hindernisse auf ihrem Weg zu überwinden.

David Horowitz schreibt in *Dark Agenda* („Schwarze Agenda"): „Die Linke ... hat kein Gewissen oder übt Zurückhaltung, wenn es darum geht, Menschen zu zerstören, die ihr im Weg stehen. Der Krieg begann mit der Entfernung der religiösen Präsenz aus Amerikas öffentlichen Schulen. Seitdem ist die Auseinandersetzung nur noch intensiver und die Spaltung größer geworden."[5] Die Radikalen sind ganz offenkundig intolerant gegenüber jedem, der nicht mit ihrer Auffassung von Toleranz übereinstimmt. Sie bestehen auf nichts weniger als darauf, von allen Mitgliedern der Gesellschaft gefeiert zu werden, auch innerhalb unserer Gemeinden.

Argumente gemäß dem Naturrecht, die fragen, wie es denn weise sein kann, dass Homosexuelle Kinder adoptieren dürfen, Argumente, die die traditionelle Familie befürworten – nichts davon steht zur Diskussion. Zusammengefasst lautet ihr Argument: Diejenigen, die irgendeinen Aspekt der LGBTQ-Rechte ablehnen, sind Fanatiker. Und Fanatiker verdienen es, geächtet und, wenn möglich, bestraft zu werden.

Verleumdung und Einschüchterung sind mächtiger als eine rationale Diskussion.

Öffentliches Anprangern

Proposition 8[*]

Als *Proposition 8* (die die Ehe als zwischen einem Mann und einer Frau definierte) im Jahr 2008 von den Wählern in Kalifornien verabschiedet wurde, schlug die LGBTQ-Lobby zurück. Die Befürworter wurden öffentlich angeprangert, indem ihre Namen und Adressen online bekanntgegeben und somit die Radikalen zu ihrer Belästigung quasi eingeladen wurden.[6] Viele Befürworter des Verbots der Homo-Ehe verloren ihre Arbeit, und Geschäfte wurden boykottiert. Angestellte wurden bedroht, und ihre Häuser und ihr Eigentum wurden verwüstet. Einige radikale Aktivisten besetzten Einrichtungen, um öffentlich diejenigen anzuprangern, die für die Änderung gestimmt hatten. Die Befürworter wurden zur Aufgabe oder zumindest zum Schweigen gezwungen.

Eine ganzseitige Anzeige in der *New York Times* prangerte die Taktik der LGBTQ-Gemeinde als „Mob-Veto" an und forderte sie auf, die Gewalt gegen die Befürworter von *Proposition 8* zu beenden. Doch sechs Jahre später wurden die nachhaltigen Auswirkungen dieser Gegenreaktion deutlich, als der Mitbegründer und neu ernannte CEO von Mozilla (die Firma hinter dem Firefox-Webbrowser), Brendan Eich, unter Druck gesetzt wurde, zurückzutreten, weil er 1000 Dollar gespendet hatte, um die kalifornische Gesetzesänderung zu unterstützen.[7] Es spielte dabei keine Rolle, dass er nachweislich in seinen geschäftlichen Positionen niemals Schwule diskriminiert hatte – er wurde als hasserfüllt und engstirnig denunziert. Selbst nachdem Eich gefeuert worden war, veröffentlichte die LGBTQ-Gemeinde weiterhin Listen von Personen und Unternehmen, damit Aktivisten diejenigen bestrafen konnten, die das „Ein Mann eine Frau"-Referendum unterstützt hatten.

---

[*] *Proposition 8* (engl. „[Volksentscheid zu einem] Gesetzesvorhaben") war ein Antrag zur Änderung der kalifornischen Verfassung per Referendum mit dem Ziel, nur noch heterosexuelle Ehen staatlich anzuerkennen.

Dies hat einige Gemeinden, die sich weigern, die gleichgeschlechtliche Ehe zu akzeptieren, dazu veranlasst, die Namen ihrer pastoralen Mitarbeiter oder Ältesten nicht mehr online zu veröffentlichen; sie könnten schikaniert, angegriffen und belästigt werden. Die Philosophie der LGBTQ-Gemeinde kann so formuliert werden: Wenn ihr uns nicht unterstützen wollt, distanzieren wir uns nicht nur von euren Ansichten, sondern ihr seid auch böse und verdient es, niedergeschrien zu werden.

*Chick-fil-A** eröffnete ein Restaurant in Reading, England; es wurde von der Bevölkerung freundlich aufgenommen und die Menschen standen in langen Schlangen an, um ihr spezielles Hähnchen-Menü zu probieren. Jahre zuvor hatte der CEO, Dan T. Cathy, einem Interviewer gesagt: „Wir unterstützen die Familie sehr – die biblische Definition von Familie ... Wir wissen, dass das vielleicht nicht bei allen beliebt ist, aber Gott sei Dank leben wir in einem Land, in dem wir unsere Werte teilen und nach biblischen Prinzipien handeln können."[8]

Diese Erklärung und die Tatsache, dass *Chick-fil-A* soziale Organisationen unterstützt, die eine biblische Sicht der Familie favorisieren, reicht aus, um den Widerstand der Radikalen auf den Plan zu rufen, zuerst hier in den Vereinigten Staaten und dann in England. Nach acht Tagen Nonstop-Protesten schloss *Chick-fil-A* sein Restaurant in England. Sie wurden durch Hass, Beschimpfungen und pausenlose Belästigungen vertrieben.

Im marxistischen Handbuch bedeutet friedliche Koexistenz nicht Frieden. Es bedeutet, den Kampf für die Utopie fortzusetzen, ohne zum Mittel des Krieges zu greifen. In den Köpfen der Radikalen sind diejenigen, die an traditionellen Werten festhalten und sich gegen den Ansturm der Linken stellen, Fanatiker, die keinen Platz am Tisch verdienen. Die Radikalen glauben, dass ihre Seite triumphieren muss, und zwar auf Kosten der Vernunft, des Austauschs und

---

* *Chick-fil-A* ist der Name einer 1946 gegründeten amerikanischen Schnellrestaurantkette, die sich auf den Verkauf von Hühnerfleischprodukten spezialisiert hat.

des gegenseitigen Respekts. Die Revolution geht weiter, bis die Linke siegt, und dann wird der Totalitarismus vollständig sein. Diejenigen, die mit ihrer Agenda aus moralischen Gründen nicht einverstanden sind, müssen sich beugen oder eben angeprangert werden.

Unsere Kultur wird durch Nötigung und Gewalt verändert. Jetzt stehen Unternehmen, die diese Stipendien finanzieren, unter Druck, ihre Unterstützung einzustellen. Es wurde ein Gesetzentwurf eingereicht, der es Privatschulen verbieten soll, eine Anti-LGBTQ-Politik zu etablieren. Diejenigen, die weiterhin eine solche Politik betreiben, sollen die Gutscheine nicht mehr erhalten, die doch für die Schüler so notwendig sind, um diese Schulen überhaupt besuchen zu können. Einige Unternehmen haben bereits angekündigt, dass sie ihre Unterstützung einstellen werden, obwohl sie steuerliche Vergünstigungen für ihren Beitrag für diese Schulen in Florida erhalten haben.

Bedenken wir Folgendes: Die Eltern wählen diese Privatschulen, weil sie wollen, dass ihre Kinder sich in einer Umgebung bewegen, die LGBTQ-Lebensstile nicht duldet. Aber die LGBTQ-Gemeinschaft versucht, den Eltern diese Freiheit zu nehmen und sie dazu zu zwingen, sich ihrer Agenda zu beugen. Ihrer Überzeugung nach wissen Eltern nicht, was das Beste für ihre Kinder ist; diejenigen, die die sexuelle Revolution vertreten, sind angeblich die wahren Schiedsrichter der Moral: „Akzeptiert unsere Moral, egal wie wenig ihr damit übereinstimmt! Andernfalls …"

Ich fühle mich an die Worte von George Orwell erinnert, der totalitäre Herrschaft so beschrieb: Als „einen Stiefel, der auf einem menschlichen Gesicht herumtrampelt – für immer."[10]

Schande! Schande! Schande!

Denunziation im öffentlichen Raum

Demonstrationen, die gegen verschiedene Gruppen oder Ideen protestieren, sind einigermaßen üblich und verfassungsgemäß. Was die

Demonstration in Toronto von allen anderen unterschied, ist die Person, die ins Visier genommen wurde. Jonathon Van Maren beschreibt einen wütenden Mob, der vor einer Bibliothek in Toronto protestiert:

> Feindseligkeit und überschäumende Wut brodelten unter der Oberfläche, als Hunderte von versammelten Männern und Frauen Schilder mit Sprüchen wie „Keine Redefreiheit für Hassreden!" schwenkten und Sprechchöre anstimmten wie „Trans-Rechte sind Menschenrechte!" und „Holt euch die Stadtbibliothek von Toronto wieder!" und „Schande! Schande!"[11]

Was war das ausschlaggebende Ereignis? Ein Treffen von Konservativen, die gegen die LGBTQ-Agenda sind? Eine *Prolife*-Kundgebung? Ein Politiker, der den Sozialismus anprangert?

Keinesfalls, die Proteste richteten sich vielmehr gegen die Gründerin von *Feminist Current*, Meghan Murphy. Sie tritt für Abtreibung und Homosexuellenrechte ein, weigert sich aber, zuzustimmen, dass Männer Frauen werden können. Wegen dieses Vergehens wurde sie von Twitter verbannt, und die Demonstranten beschuldigten sie als bösartige und hasserfüllte Fanatikerin. Sie wurde mit dem Prädikat „weißer Vorherrschaft" belegt.

Jonathon Van Maren stellt folgende Frage: „Wenn sie schon eine pro-homosexuelle Feministin so sehr hassen und so weit gehen, dass sie ihr Leben ruinieren, was werden sie dann mit uns machen, wenn sie uns in die Finger bekommen?" Er schließt mit den Worten: „Ihr ‚Blitzkrieg' hat unsere Institutionen mit atemberaubender Geschwindigkeit überwältigt – und wir müssen uns klar darüber sein, dass sie gerade erst anfangen."[12]

Verteufelung auch auf dem Campus
Studienanfängern in Texas wurde angedroht, dass ihnen „Doxxing" blüht, falls sie etwa einer konservativen Organisation beitreten.

Damit ist gemeint, dass man ihre personenbezogenen Daten mit dem Ziel veröffentlicht, Menschen zu Übergriffen anzustiften. Alles aus ihrer Vergangenheit, was man gegen sie verwenden kann, wird dann gegen sie verwendet werden. Und warum? Weil die Konservativen angeblich rassistisch, homophob und habgierige Kapitalisten sind.[13]

Als Milo Yiannopoulos im Februar 2017 in Berkeley sprechen sollte, wurde die Polizei zwar alarmiert; diese war aber nicht gewillt, die bevorstehenden Ausschreitungen zu verhindern. Die Veranstaltung wurde schließlich abgesagt, als Randalierer auf die Teilnehmer einprügelten, sie mit Pfefferspray besprühten und Sprengsätze auf die Campus-Polizei warfen.

Dann verteilten sich die Randalierer in den Straßen der Innenstadt, um weiteres Chaos anzurichten, was von der Polizei nicht verhindert wurde.

Aktivisten rechtfertigten später die Gewalt, indem sie behaupteten, dass die Redeerlaubnis für Yiannopoulos die „Studenten auf dem Campus gefährdet haben könnte ... bzgl. ihrer Identitäten." Daher, so urteilt ein Kolumnist, waren diese Angriffe „keine Gewaltakte. Sie waren lediglich ein Akt der Selbstverteidigung."[14]

Wie Heather Mac Donald es ausdrückte: „Die Zivilisiertheit schwindet, und der öffentliche Friede ist möglicherweise in Gefahr. Maskierte Anarchisten verhindern mit Gewalt, dass Konservative in öffentlichen Foren sprechen."[15] Meinungsfreiheit und Zivilisiertheit werden erst dann wiederhergestellt, wenn die Opferkultur als die Fiktion entlarvt wird, die sie ist.

Mac Donald schlussfolgert: „College-Absolventen wird seit Jahren erzählt, dass die Vereinigten Staaten systematisch rassistisch und ungerecht seien. Das ekelerregende vermeintliche Recht der Randalierer, das Eigentum anderer Leute zu zerstören und ideologische Gegner zu verprügeln, ist eine natürliche Konsequenz dieser tiefgreifenden Delegitimierung des amerikanischen Gemeinwesens."[16]

Das Amerika, das wir einst kannten, ist verschwunden.

Hitlers Braunhemden und
die schwarzen Masken der Antifa

Hier eine Schlagzeile aus *The Jerusalem Post*: „Die Plünderung und Verstümmelung Amerikas."
Diese Schlagzeile stand über einem Artikel vom 18. Juni 2020. Der Artikel begann so: „Amerika, ich mache mir Sorgen um dich." Nach einer anschließenden Beschreibung der Unruhen, zu denen es nach George Floyds Tod gekommen war, fuhr der Autor wie folgt fort:

> So extrem es auch klingen mag, aber als ich die Szenen sah, in denen Hunderte von Schaufenstern eingeschlagen wurden und wilde Banden von Gangstern nach Belieben plündern durften – während die Ordnungskräfte untätig daneben standen – konnte ich nicht anders, als an das Bild der Kristallnacht von 1938 zu denken.[17]

Der Begriff *Kristallnacht* bezieht sich auf „die Nacht des zerbrochenen Glases", ein Abend im November 1938, als die Nazis jüdische Menschen und deren Eigentum sowie ihre Synagogen in ganz Deutschland angriffen. Der Vorwand (es muss schließlich immer einen Vorwand geben) war die Ermordung des deutschen Diplomaten Ernst vom Rath in Paris durch einen jüdischen Studenten. Die gewaltsamen Aktivitäten wurden von Propagandaminister Joseph Goebbels organisiert, der angeordnet hatte, dass die Vergeltungsmaßnahmen spontan erfolgen sollten.
Der Gestapo-Chef Heinrich Müller schickte ein Telegramm an alle Polizeieinheiten, in dem er ihnen mitteilte, was passieren würde, und betonte, dass diese Ereignisse „nicht gestört werden sollten". Die Feuerwehren wurden angewiesen, Brände nicht zu löschen bzw. nur zu verhindern, dass sie sich ausweiteten. Der Mob tötete Juden, verwüstete Geschäfte und steckte Synagogen in Brand während die Polizei und Politiker zusahen.

Gut vorstellbar, dass einige der deutschen Plünderer und Brandstifter damals im Jahr 1938 Schilder mit der Aufschrift „Gerechtigkeit für Ernst" getragen haben könnten. Ebenso verlangten auch die Anarchisten, die im Mai 2020 in Minneapolis mehr als 500 Gebäude plünderten, in Brand steckten und zerstörten, „Gerechtigkeit für George Floyd".[*]

In der Tat: Kristallnacht.

Es gibt eine neue faschistische Bewegung in Amerika namens Antifa (antifaschistisch), die unzweifelhaft an den gewalttätigen Ausschreitungen von 2020 teilgenommen hat. Sie wirbt damit, gegen Nazis zu sein, und ruft zu einer Revolution gegen den angeblich totalitären Staat auf. Diese Antifaschisten haben es auf Konservative und Kapitalisten abgesehen. Bei einer Kundgebung griff ein Antifa-Redner die Worte des 1934 ermordeten Nazi-Funktionärs Gregor Strasser auf:

Wir sind Sozialisten, Feinde, Todfeinde des gegenwärtigen kapitalistischen Wirtschaftssystems mit seiner Ausbeutung der wirtschaftlich Schwachen, seiner ungerechten Verteilung der Löhne, seiner unmoralischen Bewertung des Einzelnen nach Reichtum und Geld statt nach Verantwortung und Leistung, und wir sind entschlossen, dieses System unter allen Umständen abzuschaffen![18]

Wie wird diese politische Bewegung ihr Ziel erreichen? Indem sie die gleiche Taktik wie Hitlers Braunhemden (die SA) anwenden, die Versammlungen störten, die Meinungsfreiheit unterbanden und Chaos verursachten. Kein Wunder, dass ein Beobachter feststellte, dass „sie das uneingeschränkte Recht beanspruchen, die Meinungsfreiheit der Amerikaner zu überwachen, indem sie Gewalt und illegale Aktivitäten einsetzen, um jeden zu vernichten, den linke Aktivisten für ‚rassistisch' oder ‚repressiv' halten."[19] Vielleicht besteht der

---

[*] Siehe dazu die Hinweise im Vorwort zur dt. Ausgabe. (Anm. d. dt. Hg.)

einzige Unterschied zwischen ihnen darin, dass Hitlers SA braune Hemden trug und die Antifa schwarze Masken.

Soeren Kern schreibt in „A Brief History of Antifa" („Ein kurzer historischer Abriss der Antifa"): „Eine gängige Taktik der Antifa in den USA und Europa ist es, extreme Gewalt und Zerstörung von öffentlichem und privatem Eigentum herbeizuführen, um die Polizei zu einer Reaktion zu zwingen, die dann die Behauptung der Antifa ‚beweist', dass die Regierung ‚faschistisch' ist."[20] Wir haben diese Taktik während der Unruhen von 2020 in Portland, Oregon, und anderen Städten mit eigenen Augen beobachten können.

Die Antifa plündert, schlägt Fensterscheiben ein, zündet Autos an und sorgt für Chaos, und behauptet dabei, sie bekämpfe den Hass. Um alle Strukturen der Gesellschaft aufzubrechen und die eigene Revolution anzuzetteln, ist es notwendig, die Autoritätsstrukturen zu verteufeln. Damit einher geht auch die Verunglimpfung der Polizei. Angeblich ist der Grund für ihre Proteste, dass weiße Polizisten auf Schwarze schießen.

Es ist kaum zu glauben, aber die Bewegung zur Abschaffung bzw. zum Abbau der Polizei hat unter den Politikern ausgerechnet zu einer Zeit an Zulauf gewonnen, in der die Gewaltkriminalität in unseren Städten zunimmt. Ich muss wieder die Frage stellen, die ich bereits früher in diesem Buch aufgeworfen habe: Wie sind wir nur an den Punkt gelangt, an dem die Polizei als Bedrohung für Amerika gilt und nicht die Anarchisten? Gewiss, die Polizei muss für alle ungeheuerlichen Handlungen, die sie begeht – wie z. B. den Mord an George Floyd – zur Verantwortung gezogen werden.

Wir alle suchen Gerechtigkeit, wenn Unrecht geschehen ist. Aber ganze Polizeiabteilungen als Reaktion auf die schlechten Aktionen einiger weniger hin abzuschaffen – das ist schierer Wahnsinn.

Erinnern Sie sich, was ich etwas weiter vorn in diesem Buch gesagt habe: Radikale wissen, dass es durchaus nicht so ist, dass niemand mehr das Sagen haben wird, wenn Polizeikräfte abgebaut und sogar abgeschafft werden. *Die Radikalen werden das Sagen haben.* Sie werden frei sein, zu stehlen, zu plündern und zu zerstören, was ihnen nicht gehört. Sie werden von der Zerstörung von Eigentum zur Zerstörung von Menschen übergehen.

Es geht mir nicht darum, eine Debatte darüber anzufangen, ob Schwarze ungerecht behandelt werden; sicherlich gibt es Beispiele für rassistische Ungerechtigkeit durch die Polizei. Mein Punkt ist einfach dieser: Die Polizei stellt die letzte Verteidigungslinie gegen Anarchie dar. Und wenn sie ständig verunglimpft, beschuldigt, respektlos behandelt und schließlich nicht mehr finanziert wird, wird die Kriminalität zunehmen. Es gibt viele Interviews mit Vertretern der Polizei, die von der sinkenden Moral unserer Polizeibeamten und ihrem Wunsch sprechen, nicht mehr proaktiv bei der Verhinderung von Verbrechen zu sein. Ich sah einen Polizeipräsidenten, der die Leute anflehte, den Polizeibeamten Respekt zu zollen. Die Polizei nicht mehr ausreichend zu finanzieren, bedeutet weniger Geld für mehr Polizisten und weniger Geld für die Ausbildung – genau das, was die Polizei doch am meisten nötig hat.

Hier in Chicago erzählten mir zwei schwarze Polizeibeamte, dass sie zwar fleißig Verbrechen aufklären, aber die Gerichte die Kriminellen viel zu schnell wieder auf die Straße lassen. Ohne die Notwendigkeit, eine Kaution zu hinterlegen, enden wir bei einer „Drehkreuz"-Justiz. Während die Polizei früher Verbrechen verhinderte, indem sie Banden und dergleichen auflöste, tut sie dies heute nicht mehr, um nicht der Profilierung oder der Anwendung übermäßiger Gewalt beschuldigt zu werden. Schaut man sich nur die steigende Kriminalitätsrate hier in Chicago an, dann wird man sehen, wohin uns die Verunglimpfung der Polizei gebracht hat. Während ich dies schreibe, erlebt Chicago eine Mordrate von beinahe doppelt so vielen Menschen, die vor einem Jahr getötet wurden – obwohl sich der Bürgermeister gegen den Abbau der Polizeikräfte ausspricht.

2014 zog eine Gruppe von Demonstranten durch die Straßen New York Citys und grölte: „Was wollen wir? Tote Polizisten. Wann wollen wir sie? Jetzt!"[21] Eine Woche nach diesem Marsch, kurz vor Weihnachten, wurden in Brooklyn zwei Polizisten niedergeschossen.[22] Wir werden nie erfahren, ob die Sprechchöre der Demonstranten eine Atmosphäre schufen, die die Morde auslöste. Aber der Wunsch der Krieger für soziale Gerechtigkeit ging in Erfüllung. Vorbei ist es mit der Höflichkeit, der Vernunft und der Abhängigkeit von der Wahlurne. Wütende Aktivisten kämpfen und plündern, um sich gegen das zu wehren, was sie als den Hass der anderen bezeichnen. Die Fähigkeit zur Selbsttäuschung der Menschen bei dem Versuch, Gewalt zu rechtfertigen, ist für mich immer wieder erstaunlich.

Die Suche nach Verbündeten

Die LGBTQ-Gemeinde fügt nun ein *A* zu ihrem Kürzel hinzu. Sie nennt sich jetzt LGBTQA, wobei das *A* für *Allies* (Verbündete) in ihrem „Kampf" steht. Sie lassen keinen Raum für Meinungsverschiedenheiten bezüglich ihrer Agenda. Eltern, Schulen, und ja, auch Gemeinden werden gezwungen, sich ihrem Diktat zu unterwerfen. Und wenn man sich nicht unterwirft? Wenn Sie nicht zulassen, dass sie die Weltanschauung Ihres Kindes prägen, werden sie von ihr finanziell, gesellschaftlich und persönlich zerquetscht. Akzeptieren Sie ihre Moral oder tragen Sie die Konsequenzen.

Wir sollen zwar freundlich und großzügig sein, wir sind aber durchaus nicht dazu aufgerufen, Verbündete zu werden, indem wir vor dem kulturellen Druck unsere Knie beugen.

Wir feiern gerne den *Black History Month*[*] („Monat der schwarzen Geschichte"), aber jetzt wird uns nahegelegt, dass wir auch

---

[*] Dem *Black History Month* ging die *Negro History Week* voraus, die in der zweiten Februarwoche gefeiert wurde. Diese Initiative zur Feier schwarzer Geschichte in den Vereinigten Staaten wurde 1926 von Carter G. Woodson in Gang gesetzt,

den *Gay Pride Month* („Monat des homosexuellen Stolzes") feiern sollten.

Es ist unglaublich, aber viele wohlmeinende Christen halten sich daran, indem sie die Regenbogenflagge hissen oder einen „Ally-Pin"* tragen, um zu zeigen, dass sie den *Gay Pride Month* befolgen. Wie Joe Carter sagt: „Indem sie das tun, zeigen sie, dass sie sich nicht den Zorn zuziehen wollen, der über diejenigen ausgegossen wird, die nicht ‚bejahend' sind."

Carter führt weiter aus:

> Der Gedanke, dass LGBT-freundliche Verfechter vom Glauben abfallen, beunruhigt uns so sehr, dass wir nicht sehen, dass sie den Glauben des historischen, orthodoxen Christentums bereits abgelehnt und durch eine götzendienerische Häresie ersetzt haben, die so zerstörerisch und hasserfüllt ist wie jede, die vor ihr gekommen ist. Wir lieben unsere Nächsten nicht, wenn wir ihnen sagen, dass sie sich weiterhin ohne Reue in Rebellion gegen Gott engagieren können ... Wenn wir unsere LGBT-Nachbarn wirklich lieben, müssen wir das Wort Gottes mutig aussprechen (Apostelgeschichte 4,31).[23]

Sicherlich sollten wir denen, die mit gleichgeschlechtlicher Anziehung zu kämpfen haben, mit Liebe und Mitgefühl die Hand reichen, aber wir sollten uns auch an das halten, was die Schrift sagt. Wir sollen zwar freundlich und gütig sein, wir sind aber durchaus nicht dazu aufgerufen, Verbündete zu werden, indem wir vor dem kulturellen Druck unsere Knie beugen.

Wir müssen wählen, wem wir dienen wollen.

---

womit er die breite Öffentlichkeit auf den Beitrag von Afroamerikanern zur Geschichte ihres Landes aufmerksam machen wollte. (Anm. d. dt. Hg.)

* Abzeichen oder Plakette mit den Farben des Regenbogens (Anm. d. dt. Hg.)

Die Wurzeln der Ungerechtigkeit

Ich habe David Horowitz wegen seiner scharfsinnigen Analysen unserer Kultur in diesem Buch schon mehrfach zitiert. Er ist Jude und Agnostiker, aber er verteidigt die christlichen Werte mit Klarheit und Überzeugung. Er entlarvt nicht nur die Agenda der radikalen Linken, sondern erzählt auch von seinem eigenen Werdegang weg vom Radikalismus hin zu einer konservativen Sicht auf Amerika und die Welt. Seine Geschichte ist lehrreich.

Horowitz wurde von der Realität eingeholt, als er sich den *Black Panthers* anschloss, die sich selbst als Freiheitskämpfer bezeichneten; sie behaupteten, sie stünden auf der Seite der Gerechtigkeit und Gleichheit für alle. Aber als er sie besser kennenlernte, erkannte er, dass es sich bei der *Black Panther Party* um „eine kriminelle Bande handelte, die in Erpressung, Brandstiftung, Drogenhandel und mehrere Morde verwickelt war." „Die *Panther*", so sagt er, „verübten diese Verbrechen, und genossen dabei die Unterstützung der Anführer und Organisationen der amerikanischen Linken." Horowitz fährt fort: „Die Linke verteidigte diese Mörder, weil sie die Stimme der Unterdrückten und Verfechter der progressiven Sache waren."[24]

Es dämmerte Horowitz, dass die Quelle der Ungerechtigkeit nicht in der Gesellschaft, sondern im Herzen des Menschen liegt. Die sogenannten liberalen Progressiven sind von ihren eigenen Vorurteilen, Hass und Ungerechtigkeit erfüllt. Mit seinen Worten ausgedrückt: „Die Ungerechtigkeit wurde auch nicht durch unterdrückende Rassen und Geschlechter oder allein durch unsere politischen Feinde verursacht. Ungerechtigkeit ist das Ergebnis von menschlichem Egoismus, Hinterlist, Bosheit, Neid, Gier und Lust. Die ‚Gesellschaft' ist nicht die Ursache von Ungerechtigkeit. Die Gesellschaft ist lediglich ein Spiegelbild dessen, was wir sind."[25]

Der Punkt, der in dem nun folgenden Zitat gemacht wird, ist so eindeutig und unzweifelhaft, dass man ihn sorgfältig lesen sollte:

Die politisch Korrekten, die meinen, es sei ihre Mission, die Welt zu retten, können die Probleme, die uns plagen, nicht lösen, denn die Probleme sind unsere Erfindungen. Ihre und unsere. Weil die selbsternannten sozialen Erlöser zu viel Macht anstreben und die Quelle des Bösen und der Ungerechtigkeit nicht verstehen, werden sie die Dinge nur noch schlimmer machen – wie die Romanze mit dem Kommunismus gezeigt hat.[26]

Horowitz zitiert dann Alexander Solschenizyn: „Die Linie, die Gut und Böse trennt, verläuft nicht durch Staaten, auch nicht zwischen Klassen und auch nicht zwischen politischen Parteien, sondern mitten durch jedes menschliche Herz – durch alle menschlichen Herzen.“[27]

Besser kann man es nicht auf den Punkt bringen.

Weil wir als Christen wissen, dass die Probleme der Sünde und des Selbstbetrugs in jedem menschlichen Herzen liegen, betonen wir die Notwendigkeit der persönlichen Bekehrung. Wie die Bibel versichert, kann die menschliche Natur nur von Gott verändert werden. Wir glauben an die individuelle Verantwortung. Wir stimmen zwar zu, dass wir durch unser „Schicksal" beeinflusst werden, glauben aber nicht, dass wir einen Sündenbock für jedes soziale Problem suchen sollten, das existiert. Selbst Horowitz, der Jude und kein Christ ist, sagt, dass die Lehre von der Erbsünde eine korrekte Diagnose des menschlichen Zustands sei.

Das erklärt, warum diejenigen, die gegen den Hass protestieren, oft selbst am hasserfülltesten sind.

Demnächst auch in einer Gemeinde in Ihrer Nähe

Aufgepasst! Über Nacht könnte sich Ihre Gemeinde, die das Evangelium verkündet, von einem „coolen Ort für Anbetung" zu einer Gemeinde wandeln, die der Engstirnigkeit und des Hasses bezichtigt wird. Das ist in *The Crossing* in Columbia, Missouri, passiert – und es könnte überall passieren.

Am Sonntag, den 13. Oktober 2019, predigte Pastor Keith Simon im Rahmen einer neuen Predigtreihe über 1. Mose 1,27. Sein Thema war die Gender-Frage. Die Predigt war gut durchdacht, einladend und nicht verurteilend. Bei allem Bemühen, das Thema der Geschlechterverwirrung anzugehen, herrschte ein Ton des Respekts und Mitgefühls. Allerdings bekräftigte er die biblische Lehre, dass Gott nur zwei Geschlechter geschaffen hat: männlich und weiblich. Am Ende warf er eine Reihe von Fragen auf, darunter:

- „Sind wir uns sicher, dass die Abschaffung des Konzepts von Vater und Mutter und die Ersetzung durch Elternteil 1 und Elternteil 2 gut für Familien ist?“

- „Sind wir uns sicher, dass es fair für den Sport ist, biologische Männer [die sich in eine Frau verwandelt haben] mit biologischen Frauen im Wettbewerb kämpfen zu lassen?“

- „Sind wir uns sicher, dass wir Jungen, die in die Pubertät kommen, Hormone verabreichen sollten, um sie auf eine Geschlechtsumwandlung durch eine Operation vorzubereiten?“

- „Sind wir uns sicher, dass unsere inneren Gefühle bezüglich unserer Identität auch zwangsläufig immer die Realität definieren?“

Normalerweise würde man eine solche Predigt in einer evangelikalen Gemeinde nicht nur erwarten, sondern auch als mit der Heiligen Schrift und der Biologie übereinstimmend akzeptieren. So weit also nichts Ungewöhnliches.

Doch am Montag darauf entbrannte ein Feuersturm in den sozialen Medien und der ganze Ort wurde in eine polarisierende Debatte gestürzt. Diese Gemeinde war ein langjähriger Sponsor einer lokalen Kunstgalerie und eines Dokumentarfilmfestivals. Innerhalb weniger Tage wurde eine Online-Petition ins Leben gerufen – die in kürzester Zeit von 1000 Bürgern unterzeichnet wurde –, die die Förderer der Kunst und das Komitee des Filmfestivals aufforderten, ihre Verbindungen zur Gemeinde zu kappen.[28] Diese taten das dann auch umgehend. Es folgten persönliche Angriffe, einschließlich der Bezeichnung des Pastors als Antichrist. Leute, die die Gemeinde nie betreten und nicht einmal die Predigt gehört hatten, mischten sich ein und schürten das Feuer der Empörung. Die weit verbreitete Berichterstattung in den lokalen Zeitungen und im Fernsehen erregte landesweit Aufmerksamkeit.

The Crossing hatte sich schon immer aktiv für das Wohl des ganzen Ortes eingesetzt. Zum Beispiel sammelte die Gemeinde im August 2019 430.000 Dollar, um die Schulden von 42.000 Patienten in Missouri für erhaltene medizinische Versorgung zu begleichen (ein Sponsor ging eine Partnerschaft mit der Gemeinde ein, sodass die Summe der vergebenen Kredite in die Millionen ging). Die Gemeinde unterstützt mehrere lokale Organisationen, die Menschen in finanzieller Not helfen, und plant jährliche Reisen in Missionsgebiete, um mit effektiven Hilfswerken in sehr armen Ländern zusammenzuarbeiten. Vor 20 Jahren gegründet, zählt die Gemeinde heute 4000 Besucher. Kein Wunder, dass sich auf der Straße herumgesprochen hat, dass dies der richtige Ort für Anbetung ist. Sie war bekannt für das, *wofür* sie war, nicht für das, *wogegen* sie war.

Aber diese Gemeinde hat einen Stolperdraht zerrissen. Die gegenwärtige Kultur lehnt einen zivilisierten Diskurs, vernünftigen Austausch und ehrliche Bewertungen biologischer und wissenschaftlicher Beweise ab, obwohl viele Ärzte bekunden, dass Geschlechtsmanipulationen für Kinder und übrigens auch für Erwachsene schädlich sein können. Es gibt einen konsequenten Trend, das zeitgeistliche Diktum unkritisch zu akzeptieren, welches behauptet, dass das Geschlecht fließend, ja, ein Geisteszustand ist und dass es nicht durch Biologie, sondern durch Wünsche und Neigungen definiert wird. Nicht nur kann ein Mann zu einer Frau und eine Frau zu einem Mann werden, sondern es gibt zudem noch andere Geschlechter auf dem Spektrum.

Die wachsende Zahl erschütternder Geschichten von Menschen, die sich einer Transgender-Operation unterzogen haben, nur um festzustellen, dass ihre Geschlechtsdysphorie nicht behoben wurde, wird ignoriert. Allein das Aufwerfen von Fragen über die andauernden Kämpfe von Transgendern hat zu einer Verunglimpfung eben derjenigen geführt, die es wagen, sie zu stellen.

Die sozialen Medien lieferten den Zündstoff für Hass, falsche Anschuldigungen und anhaltende Empörung. Ein einziger Funke kann einen Feuersturm aus Kritik und unbändiger Wut entfachen.

> Es gibt viele, die im Stillen leiden – nicht mit der Absicht, anderen ihre Ideologie aufzuzwingen, sondern auf der Suche nach Hoffnung und Heilung. Wir müssen für sie da sein.

Das ist die Realität, mit der viele Gemeinden in den kommenden Jahren wahrscheinlich konfrontiert werden. Da Gender- und Sexualfragen Familien, Ortsgemeinschaften und Gemeinden spalten, werden einige beginnen, sich von der organisierten Religion zu trennen und das Christentum als Ganzes abzulehnen. Gemeinden werden wahrscheinlich schrumpfen, weil sie sich in einem Ausleseprozess befinden. Einige werden bleiben, andere werden die Gemeinde verlassen.

In unseren Gemeinden gibt es viele Menschen, die mit ihrer sexuellen Identität kämpfen und *nicht* zu der militanten Minderheit gehören, die diejenigen verteufelt, die anderer Meinung sind als sie.

Es gibt viele, die im Stillen leiden – nicht mit der Absicht, anderen ihre Ideologie aufzuzwingen, sondern auf der Suche nach Hoffnung und Heilung. Wir müssen für sie da sein. Wenn wir diese Realität ignorieren, schrecken wir diejenigen ab, die genau zu dem Ort kommen, an dem sie Hoffnung und Heilung erfahren sollen. Die Gemeinde sollte ein sicherer Ort sein, an dem sie ihre Kämpfe mit uns teilen, Fragen stellen und im Glauben wachsen können.

Der Atheist Voltaire sagte: „Ich habe bisher nur ein einziges kurzes Gebet zu Gott gesprochen: ‚Oh Herr, bitte mache alle meine Feinde lächerlich.‘ Und Gott erhörte mich."[29] Er benutzte nicht die Mittel der Einschüchterung, Anprangerung und des Mobbings. Er ließ seine Ideen, so fehlerhaft sie auch waren, die Arbeit für ihn tun. Aber er lebte auch nicht in einer Ära der sozialen Medien, einem Zeitalter der Wut und Aggression.

Die Antwort der Gemeinde

Bonhoeffer hatte Recht, als er sagte, dass Schweigen bedeutet, eine Aussage zu treffen. Wie wir in einem früheren Kapitel gelernt haben, hat *Black Lives Matter* dieses Mantra für sich vereinnahmt und unterstellt, dass diejenigen, die schweigen und nicht mit ihnen konform gehen, auf der Seite des Rassismus stehen. Sie haben Recht, wenn sie sagen, dass wir uns äußern sollten, aber sie haben Unrecht, wenn es darum geht, worüber wir uns äußern sollten. Wir sollten uns gegen die Gewalt aussprechen, die BLM forciert hat, und wir sollten uns gegen den Absturz unserer Nation in die moralische Anarchie aussprechen, die in diesem Kapitel beschrieben wurde.

Kurzum: Wir müssen stark, gemäßigt und barmherzig bleiben. Wir sollten nicht nur um Schutz vor denen beten, die uns angreifen, sondern auch darum, dass wir keine Angst haben. Wenn die Menschen in der frühen Gemeinde angegriffen wurden, baten sie Gott nicht darum, die Verfolgung zu beenden. Vielmehr beteten sie, dass sie ihr furchtlos entgegentreten konnten:

„Und nun, Herr, sieh an ihre Drohungen und gib deinen Knechten, dein Wort mit aller Freimütigkeit zu reden" (Apostelgeschichte
4,29).

**Wir sollten nicht um Befreiung von unseren
Angreifern beten, sondern darum, dass wir
keine Angst haben.**

Seit Jahren ringe ich mit der oft wiederholten Aussage „Wir sollten für das bekannt sein, *wofür* wir sind, nicht für das, *wogegen* wir
sind." Angesichts des gegenwärtigen politischen und moralischen
Klimas wird sich das, *wofür* man ist, in den Köpfen vieler Menschen
verflüchtigen, sobald sie hören, dass man *gegen* die gleichgeschlechtliche Ehe, Geschlechterfluidität und Kollektivschuld ist. Es wird
nicht lange dauern, bis andere Überzeugungen die gleiche Reaktion
hervorrufen. Wir wissen bereits, dass das Einstehen für ungeborenes
Leben aus der Perspektive der jetzigen Kultur bedeutet, dass man
Frauen hasst; und zu glauben, dass Jesus der einzige Weg zu Gott ist,
gilt als religiöser Fanatismus.

Lassen Sie mich betonen, dass wir diejenigen, die sich uns widersetzen, nicht als unsere Feinde betrachten dürfen, sondern als Menschen, die Befreiung brauchen. In einer Zeit, in der diejenigen, die
am lautesten schreien, den Kampf gewinnen, dürfen wir nicht die
Fassung verlieren. Wie sollten wir Menschen begegnen, die in die
Irre gehen? Wir müssen über ihre Wut und ihren Schmerz hinwegse-
hen und sie als menschliche Wesen respektieren, die versuchen, Heilung für ihre inneren Konflikte zu finden. Wir müssen sie so sehen,
wie die Alliierten Frankreich im Zweiten Weltkrieg gesehen haben:
nicht als Feinde, sondern als Menschen, die befreit werden müssen.

Wenn wir zu Unrecht beschuldigt werden, sollten wir uns als
gesegnet und nicht als unterdrückt betrachten. „Glückselig seid ihr,
wenn sie euch schmähen und verfolgen und alles Böse lügnerisch

gegen euch reden werden um meinetwillen. Freut euch und jubelt, denn euer Lohn ist groß in den Himmeln; denn ebenso haben sie die Propheten verfolgt, die vor euch waren" (Matthäus 5,11-12).

Wir sollten eine einladende Gemeinde sein, ohne gleichgeschlechtliche Beziehungen zu bejahen. Diejenigen, die mit ihrer Geschlechtsidentität kämpfen, müssen wir daran erinnern, dass sie – wenn sie sich ihrem Schmerz stellen und Gott um Hilfe bitten –, mehr Heilung finden können als durch körperverändernde operative Eingriffe oder indem sie versuchen, mit der Schuld und dem Selbsthass zu leben, der mit unbiblischen sexuellen Beziehungen einhergeht.

Wir müssen entschlossen, aber verständnisvoll, fest, aber auch weise sein. Wir nehmen uns ein Beispiel an Jesus, „der, geschmäht, nicht wieder schmähte, leidend, nicht drohte, sondern sich dem übergab, der gerecht richtet" (1. Petrus 2,23).

Wir müssen nicht lauter schreien als andere, wenn wir unseren Mann stehen. Wir müssen nur wissen, dass wir unserem Befehlshaber und König treu sind. Wie Martin Luther sollten wir bereit sein zu sagen: „Hier stehen wir, wir können nicht anders."

Ein Gebet, das wir alle beten müssen

Vater, hilf uns zu verstehen, dass wir Anwälte der Heilung und Hoffnung in einer wutentbrannten Welt sein sollen. Inmitten des Grolls gib uns Worte des Friedens und der Hoffnung. Wir beten, dass Du uns hilfst, diese Anweisungen zu befolgen: „Geschmäht, segnen wir; verfolgt, dulden wir; gelästert, reden wir gut zu; wie Unrat der Welt sind wir geworden, ein Abschaum aller bis jetzt" (1. Korinther 4,12b-13).

Hilf uns, daran zu denken, dass Jesus deinem Auftrag gehorsam war – er, „der um der vor ihm liegenden Freude willen die Schande nicht achtete und das Kreuz erduldete"

(Hebräer 12,2). Mögen wir uns daran erinnern, dass die Ewigkeit und nicht die Zeit das endgültige Urteil fällen wird. Wir freuen uns über das Vorrecht, für Deinen Namen Schande zu erleiden.

In Jesu Namen, Amen.

KAPITEL 10

„Wach auf und stärke das Übrige!"

Den oben zitierten Weckruf gebrauchte Jesus, als er sich an eine Gemeinde wandte, die er liebte.

Wie viel von der Kultur sollten wir uns zu eigen machen, um sie zu erlösen? Das ist eine Frage, die in der Kirchengeschichte endlos diskutiert worden ist. Es gibt einige Aspekte der Kultur, die wir übernehmen können, aber es gibt auch vieles, das abgelehnt werden muss. Unsere Fähigkeit, zu unterscheiden, was wir akzeptieren können und was nicht, ist entscheidend für den Fortbestand unseres Zeugnisses als Gemeinde.

Meine Sorge ist, dass wir uns den verlockendsten Versuchungen der Kultur unterwerfen und dies im Namen des Mitgefühls, der Liebe und der kulturellen Relevanz rechtfertigen. Wir lassen uns allzu bereitwillig täuschen. Und zu oft fühlen wir uns selbstgerecht gut dabei.

Vor vielen Jahren bereisten meine Frau Rebecca und ich die Stätten der sieben Gemeinden aus Offenbarung 2 und 3. Unter den Städten, die wir besuchten, war auch Sardes. An die Gemeinde dort schrieb Jesus einen Brief und warnte sie:

„Ich kenne deine Werke, dass du den Namen hast, dass du lebst, und bist tot. Wach auf und stärke das Übrige, das im Begriff stand zu sterben! Denn ich habe vor meinem Gott deine Werke nicht als völlig befunden" (Offenbarung 3,1b-2).

Wach auf und stärke das Übrige!

Was genau beunruhigte Jesus an dieser Gemeinde, was ihre Leiter offenbar nicht bemerkt hatten? Die Antwort steht nicht explizit im Text, aber es ist nicht allzu schwer für uns, herauszufinden, worin die Täuschung bestand. Diese Gemeinde, die den Ruf hatte, lebendig zu sein, war jetzt tot, weil die Menschen sich der Kultur, die sie umgab, unterworfen hatten. *Sie sahen die Welt der Sünde nicht mehr als Feind an.*

Als unsere Reisegruppe das antike Sardes besuchte, entdeckten wir direkt neben den Ruinen eines Gemeindegebäudes aus dem dritten Jahrhundert die Ruinen von Tempeln, die dem heidnischen Kult und seiner Sexualität gewidmet waren. Auch wenn diese Gebäude aus zwei oder drei Jahrhunderten nach der Zeit des Neuen Testaments stammten, so ist doch das Nebeneinander dieser Ruinen ein deutlicher Hinweis zur Geschichte der Gemeinde in Sardes.

Die Gemeinde fühlte sich offenbar wohl in unmittelbarer Nachbarschaft dieser sexuell freizügigen Tempel. Sie erlag den Versuchungen, welche die sie umgebende Kultur bot, und versäumte es, sich dagegen zu stellen. Vielleicht beteten einige ihrer Besucher an beiden Orten an: Nachdem sie in die Gemeinde gegangen waren, gingen sie anschließend einfach ein paar Schritte weiter und besuchten die toleranten Götter, dargestellt durch die heidnischen Götzenbilder. Für sie war sexuelle Freizügigkeit zu attraktiv, um ihr zu widerstehen.

Zum Glück waren nicht alle den Versuchungen der sinnlichen Kultur erlegen. Jesus sagte weiter: „Aber du hast einige wenige Namen in Sardes, die ihre Kleider nicht besudelt haben; und sie werden mit mir einhergehen in weißen Kleidern, denn sie sind es wert" (Vers 4). Zum Glück hatten wenigstens ein paar ihre Kleider nicht mit zügelloser Sinneslust beschmutzt.

Sogenannte progressive Christen glauben, dass das traditionelle Christentum sie aus dem einen oder anderen Grund enttäuscht hat.

Zu ihnen gehören diejenigen, die durch die Selbstgerechtigkeit von Mitgliedern und Leitern in eher traditionellen Gemeinden verletzt wurden. Sie argumentieren, dass das Christentum erneuert werden muss, wenn es überleben soll. Sie behaupten, das historische Christentum habe die Verbindung zu unserer Kultur und den sich wandelnden Werten unserer Gesellschaft verloren.

Progressive glauben, dass evangelikale Gemeinden vergiftet seien – erfüllt mit rassistischer Ungerechtigkeit, Sexismus, Islamophobie und selbstgerechter Verurteilung anderer. Ihr Ziel ist es, die

Gemeinde von diesen ungesunden Haltungen und Ideen zu reinigen und eine mitfühlendere, mehr integrative und kulturell relevante Form des Christentums zu fördern. So überlassen sie unter dem Vorwand des Fortschritts dem Zeitgeist das Feld.

Dank der Technologie und der Medien haben wir Zugang zu einer heidnischen Kultur, die uns viel näher ist, als sie es für die Christen des ersten Jahrhunderts war. Auf „heidnische Tempel" können wir über unsere Computer, Handys oder Tablets Zugriff bekommen. Und die Versuchungen sind sogar noch stärker, weil sich so viele unserer Haushalte im Chaos befinden – mit Kindern, die auf der Suche nach Liebe und Bestätigung sind, ohne darauf achtzugeben, wo sie diese finden.

Viele Tsunamis kommen heute auf die Gemeinde zu. Der Druck, Kompromisse einzugehen und das Evangelium neu zu definieren, indem man „einen Mittelweg" findet, könnte sich durchaus als Untergrabung des „ein für alle Mal den Heiligen überlieferten Glaubens" (Judas 3) erweisen. Während sich die zeitgenössische Kultur dem historischen Christentum gegenüber immer intoleranter erweist, wird die gegenwärtige Gemeinde in die Anpassung gelockt und schließlich von der Welt aufgesogen. Erst flackert die Lampe, dann erlischt sie.

Die Stimme Jesu heute hören

Ich behaupte nicht, alles zu wissen, was Jesus der Gemeinde heute sagen würde – Sie mögen Ihre eigenen Gedanken dazu haben. Aber lassen Sie mich in aller Bescheidenheit drei Themen vorschlagen, von denen ich glaube, dass er sie uns gegenüber ansprechen wird.

Und er wird zu uns sowohl mitfühlend als auch mit Entschiedenheit sprechen, so wie er es Sardes gegenüber tat. Er wird auch in Liebe zu uns sprechen und uns daran erinnern, dass er uns um einen hohen Preis erkauft hat.

Hören wir ihm zu.

„Seid fest entschlossen, in eurem Leben und Zeugnis vom Evangelium bestimmt zu sein."

Jesus sagte: „Ich bin der Weg und die Wahrheit und das Leben. Niemand kommt zum Vater als nur durch mich" (Johannes 14,6). Nach seiner Auferstehung, beauftragte er seine Jünger: „Geht hin in die ganze Welt und predigt das Evangelium der ganzen Schöpfung!" (Markus 16,15).

Kürzlich sprach ich mit einem christlichen Leiter, der seit mindestens 30 Jahren in einer Missionsgesellschaft tätig ist, die für ihren evangelistischen Eifer in Amerika und der ganzen Welt bekannt ist. Aber mittlerweile steht sie unter der Leitung eher progressiver Christen. Er erzählte mir, dass man bei ihrer letzten Konferenz „ohne weiteres hätte denken können, man sei auf eine Konferenz über soziale Gerechtigkeit geraten." Vorbei war es mit der Dringlichkeit, das Evangelium zu so vielen Menschen wie möglich zu bringen. Es mangelte an Austausch darüber, wie man Gemeinden und Pastoren motivieren könnte, die größere Vision nicht aus den Augen zu verlieren: „Die Ernte ist groß, aber wenige sind der Arbeiter" (Matthäus 9,37; Luther 2017).

Viele der heutigen Millennials (Generation Y)[*], die das Gefühl haben, dass sie nicht in die Romanze des Evangelikalismus mit der konservativen Politik hineinpassen, haben entschieden, sich der sozialen Gerechtigkeit zu verschreiben. Und traurigerweise haben viele von ihnen die Lehre der persönlichen Buße aufgegeben und sich stattdessen für das entschieden, was sie als praktischeres Evangelium ansehen: den Armen und Bedürftigen zu helfen. Mit anderen Worten, das Evangelium der sozialen Gerechtigkeit. Einige dieser Millennials reden zwar über *Gerechtigkeit*, aber nicht über das *Gericht*.

---

[*] Bezeichnung für die Generation, die im Zeitraum der frühen 1980er bis zu den späten 1990er Jahren geboren wurde. (Anm. d. dt. Hg.)

Laut der *Barna Group** sind viele christliche Millennials unsicher, was die aktuelle Praxis der Evangelisation angeht. Fast die Hälfte (47 Prozent) stimmt gewissermaßen zu, dass es falsch ist, seinen persönlichen Glauben mit Andersgläubigen zu teilen, in der Hoffnung, dass sie eines Tages denselben Glauben teilen werden. Sie stimmen auch weitgehend darin überein, dass man andere verurteilt, wenn sie anderer Meinung sind als man selbst. Und ich könnte hinzufügen, dass in den Antworten Matthäus 7,1 der am häufigsten zitierte Vers der Bibel ist: „Richtet nicht, damit ihr nicht gerichtet werdet."[1]

Zu glauben, dass Christus der einzige Weg zum Vater ist, wird als Engstirnigkeit angesehen, und der Glaube an die Hölle wird als Rückfall in mittelalterliche Vorstellungen eines primitiven und grausamen Verurteilungsdenkens betrachtet. Gott wird als so tolerant angesehen, dass er die Gnade sogar auf solche Menschen ausdehnt, die von sich durchaus nicht denken, dass sie überhaupt genug gesündigt haben, um der Gnade zu bedürfen. Jonathan Edwards' berühmte Predigt „Sünder in den Händen eines zornigen Gottes" könnte heute umformuliert werden in „Gott in den Händen zorniger Sünder".

Dies ist ein tragischer Verlust. Wenn wir unsere Leidenschaft dafür verlieren, das Evangelium bekannt zu machen; wenn wir die biblische Lehre über Himmel und Hölle und Christus als den einzigen Weg aufgeben; wenn wir daran arbeiten, das Leben in dieser Welt zu verbessern und die Realität des zukünftigen Lebens ignorieren, dann opfern wir das Ewige auf dem Altar des Zeitlichen. Wir tauschen den Himmel gegen die Erde und die Ewigkeit gegen die Zeit. Wir vergessen dabei zwei Wahrheiten. Zum einen: „Schrecklich ist es, dem lebendigen Gott in die Hände zu fallen" (Hebräer 10,31; Menge 2020), und zum anderen: „Unser Gott ‚ist ein verzehrendes Feuer'" (Hebräer 12,29).

---

* Die Barna Group ist ein evangelikales christliches Meinungsforschungsunternehmen mit Sitz in Ventura, Kalifornien. (Anm. d. dt. Hg.)

Wir sind dazu aufgefordert, so radikal wie Christus zu leben und uns für die Bedürfnisse anderer einzusetzen: an Körper, Seele und Geist. Wir müssen uns daran erinnern, dass Gott eine internationale Gemeinschaft zusammenruft – Gläubige jeder Rasse und Kultur –, aber eine solche Einheit kann nur auf dem Evangelium selbst aufgebaut werden.

Wir müssen auch erkennen, dass das Evangelium nicht nur in Worten besteht, sondern auch in authentischen, fürsorglichen Christen, die bereit sind, alles für andere zu opfern. Wir müssen mit einer erlösenden Einstellung dienen und immer nach Möglichkeiten suchen, solche Brücken zu bauen, die Menschen zum ewigen Leben führen. Wenn wir die einzigartige Bedeutung der Botschaft des Evangeliums nicht erfassen, tauschen wir einen zeitlichen Körper für eine ewige Seele ein.

Erinnern wir uns: das Evangelium ist nicht das,
was wir für Jesus tun können, sondern das,
was Jesus für uns getan hat.

Wir als Evangelikale müssen zu unseren biblischen Wurzeln umkehren. Wir müssen über den Himmel reden und vor der Hölle warnen. Wir brauchen eine vom Evangelium getriebene Sozialarbeit, die den Menschen dient, weil sie bedürftig sind; und ja, natürlich sollten wir ihnen weiterhin dienen, ob sie an Christus glauben oder nicht. Aber der Schrei unseres Herzens sollte sein, dass sie an das Evangelium glauben und errettet werden. Wenn uns inneres Erbarmen schon motiviert, die Leiden in *dieser* Welt zu lindern, wie viel mehr sollte uns dann unser Mitgefühl motivieren, die gute Nachricht weiterzugeben, um das Leiden in der *kommenden* Welt abzuwenden.

In einer von sozialer Gerechtigkeit bestimmten Welt geht allzu leicht das Evangelium verloren. Erinnern wir uns: das Evangelium ist nicht das, was wir für Jesus tun können, sondern das, was Jesus für uns getan hat. Wir müssen dieser Generation sagen, dass *soziale Gerechtigkeit, selbst in ihrer besten Form, nicht das Evangelium ist!*

„Und es ist in keinem anderen das Heil; denn auch kein anderer Name unter dem Himmel ist den Menschen gegeben, in dem wir gerettet werden müssen" (Apostelgeschichte 4,12). Lasst uns beschließen, das Evangelium weiterzugeben und es ohne Scham zu leben – was es uns auch kosten mag.[2]

Jesus hat noch mehr zu sagen:

„Seid fest entschlossen, euch nicht der sexuellen Kulturrevolution zu beugen."

Hören wir auf die Worte Jesu: „Glückselig, die reinen Herzens sind, denn sie werden Gott schauen" (Matthäus 5,8).

Hören wir ihn beten: „Heilige sie durch die Wahrheit! Dein Wort ist Wahrheit" (Johannes 17,17).

Viele Stellen im Neuen Testament sprechen von der Verlockung, unsere Reinheit gegen die Erfüllung unserer Leidenschaften einzutauschen. Paulus schrieb: „Denn es wird eine Zeit sein, da sie die gesunde Lehre nicht ertragen, *sondern nach ihren eigenen Begierden sich selbst Lehrer aufhäufen werden*, weil es ihnen in den Ohren kitzelt; und sie werden die Ohren von der Wahrheit abkehren und sich zu den Fabeln hinwenden" (2. Timotheus 4,3-4; Hervorhebung durch den Autor).

Die Menschen werden sich zu Lehrern hingezogen fühlen „nach ihren eigenen Begierden" – Lehrer, die ihre Unterweisung auf menschliche Erfahrungen stützen; die Gesundheit und Reichtum versprechen, die eine Theologie der Begierde unter dem Deckmantel der Liebe vertreten. Die gesunde Lehre wird umgedeutet oder ganz und gar abgelehnt, um zu rechtfertigen, was das Herz tatsächlich will. Dies wird dann als progressives Christentum verkauft.

Lassen Sie mich Ihnen zwei einflussreiche progressive Christen vorstellen – die für viele innerhalb der Bewegung stehen – und ebenso ihre Lehren, die einer verwundeten Welt falsche Zusicherungen geben.

Rachel Held Evans, die unerwartet im Alter von 37 Jahren starb, setzte sich für ein progressives Christentum ein. Nach ihrem Tod stellte *The Atlantic* fest, dass sie „Teil einer Avantgarde progressiver christlicher Frauen war, die dafür kämpften, die Art und Weise, wie das Christentum in den Vereinigten Staaten gelehrt und wahrgenommen wird, zu verändern." Ihr Vermächtnis ist „ihre Abneigung dagegen, das Christentum seinen traditionellen konservativ-männlichen Verwaltern zu überlassen."[3] Auf dem Höhepunkt ihres Einflusses folgten ihren Blogs und Tweets vier Millionen Menschen.

Hatte Rachel berechtigte Bedenken gegenüber der evangelikalen Gemeinde, die sie verließ? Wahrscheinlich. Ich habe nicht viel von ihr gelesen, aber vielleicht hätten wir alle ihrer persönlichen Reise weg von der evangelikalen Christenheit mehr Aufmerksamkeit schenken sollen. Trotzdem hat sie unzweifelhaft Zehntausende mit ihren Ansichten über Sexualität in die Irre geführt. Bevor sie starb, empfahl sie ein Buch mit dem Titel *Shameless* („Schamlos"). Die Bedeutung von Evans' Empfehlung wird gleich deutlich werden.

Nadia Bolz-Weber, die Autorin des Buches, hat in Colorado eine Gemeinde gegründet, die alle Formen von Sexualität begrüßt, solange sie einvernehmlich zwischen Erwachsenen stattfindet. Die These ihres Buches kann so formuliert werden: Die traditionelle Lehre der Gemeinde über „Reinheit" hat großen Schaden angerichtet, indem sie all jene anprangerte, die über die Grenzen einer Ein-Mann-eine-Frau-Beziehung in der Ehe hinausgehen. Sie sagt, dass – wenn überhaupt – nur sehr wenige sich an diese Lehren halten; und dass diejenigen, die den traditionellen Weg der Reinheit gehen, oft feststellen, dass es nicht unbedingt zu einer glücklichen Ehe führt. Bolz-Weber selbst hat sich von ihrem Mann, mit dem sie 18 Jahre verheiratet war, scheiden lassen und lebt jetzt mit ihrem Freund in einer, wie sie sagt, „erfüllteren" Beziehung.

Was macht Bolz-Weber nur mit der biblischen Lehre über Sexualität? Ihre Ansichten werden am besten mittels einer Geschichte veranschaulicht, die sie von einer Frau namens Cindy erzählt. Diese griff, während sie neben einem Feuer stand, in ihre Tasche und zog ihre Bibel heraus – und zwar die Bibel, die sie als Teenager in der Gemeinde studiert hatte: „Langsam riss sie wortlos acht ganz bestimmte Seiten aus ihrer Bibel heraus – nämlich die, auf denen Homosexualität erwähnt wurde – und verbrannte sie eine nach der anderen. Als sie dastand und zusah, wie sie von den Flammen verzehrt wurden, fühlte sie sich, als ob die Leute aus der Gemeinde ihrer Kindheit (die Jugendbetreuer und Pastoren und andere Erwachsene) aus ihren Erinnerungen aufstiegen, sich rund um das Feuer aufstellten und über sie richteten. Sie nahm sie wahr, aber es war ihr egal. Sie nahm sich die Freiheit, frei zu sein."

Dann fuhr Cindy fort, die Seiten von Matthäus, Markus, Lukas und Johannes herauszureißen. Mit ihrer rechten Hand „umarmte sie die Seiten der Evangelien über ihrem Herzen, und mit der linken warf sie den Rest der Bibel ins Feuer."[4] Allein bei den Geschichten von Jesus fühlte sie sich geborgen, weil er ihr nie etwas angetan hatte. Cindy akzeptierte die Geschichten von Jesus, aber der ganze Rest Bibel wurde ins Feuer geworfen.

Diese Geschichte dient als Lektion für uns alle. Es scheint, als ob die Gemeinde, in der Cindy aufgewachsen ist, sie tief verletzt hat. Wurde sie durch das verurteilende Verhalten anderer verletzt?

Wurde sie verurteilt, ohne dass sich jemand die Zeit nahm, sich ihre Geschichte anzuhören und ihr Gnade zu gewähren? Wir wissen es nicht, aber wie dem auch sei, sie repräsentiert die Art von Person, die in unseren Gemeinden Hoffnung und Heilung finden sollte.

Offenbar hat die Gemeinde sie im Stich gelassen. Aber ist die Antwort auf ihren Schmerz, die Lehren der Bibel über Sexualität zu verbrennen? Sie erinnert mich an einen Pastor, der seiner Gemeinde sagte: „Jesus ist ein Geschenk, das in einer Verpackung namens Bibel kommt. Sobald man das Geschenk herausnimmt, kann man die Verpackung wegwerfen. Da Jesus die Homosexualität nicht verurteilt hat, steht es uns frei, sie zu akzeptieren." Und die Implikation ist, dass homosexuelle Beziehungen ohne Bedenken bejaht werden können. Wirklich?

In Anbetracht der Tatsache, dass Bolz-Webers Buch den Titel „Schamlos" trägt, fand ich ihre Auffassung bzgl. der Herkunft des Schamgefühls sehr interessant. Im Wesentlichen lautet sie so: Bevor Adam und Eva der Schlange nachgaben, waren sie „nackt, schämten sich aber nicht". Dann schreibt sie: „Wer hat ihnen gesagt, dass sie nackt sind? Ich tippe auf die Schlange. Aus irgendeinem Grund lässt Gott zu, dass wir in einer Welt leben, in der es Alternativen zu Gottes Stimme gibt, und diese Alternativen sind der Ursprung der Scham."[5]

Hören wir genau hin: Laut Bolz-Weber kam die Scham in Adam und Eva, als sie auf die Stimme des Teufels und nicht auf Gott hörten. Ihre Schlussfolgerung: Alle Scham ist böse und kommt von Satan. Ich habe ihr Buch ganz gelesen und kann mich kein einziges Mal an den Vorschlag erinnern, dass Menschen Scham empfinden sollten, weil das, was sie tun, beschämend ist. Ich könnte ihre Ansicht wie folgt umschreiben: „Kehren wir nach Eden zurück, wo es keine Scham gab. Leugnen wir die Realität des Sündenfalls; nehmen wir an, dass die Scham, die im Garten entstand, unrechtmäßig war."

Gibt es überhaupt irgendwelche Grenzen für Formen von Sexualität? Laut Bolz-Weber sollten alle einvernehmlichen sexuellen Beziehungen zwischen Erwachsenen als heilig und ohne Beschämung akzeptiert werden, solange man keine Minderjährigen miteinbezieht oder ein Verlangen nach Tieren entwickelt. Schließlich beschämt Gott niemanden.

Der Apostel Paulus wäre da ganz anderer Meinung. Er lehrte, dass Menschen in der Tat Scham empfinden sollten, weil sie schändliche Taten begehen: „Und habt nichts gemein mit den unfruchtbaren Werken der Finsternis, sondern stellt sie vielmehr bloß! Denn was heimlich von ihnen geschieht, ist selbst zu sagen schändlich" (Epheser 5,11-12). Mit anderen Worten: Menschen, die schändliche Dinge tun, sollten sich schämen. An anderer Stelle spricht Paulus von solchen, „deren Ehre in ihrer Schande ist". Sie sind auf tragische Weise verführt worden, und ihr „Ende ist das Verderben" (Philipper 3,19; Menge 2020).

Es gibt natürlich so etwas wie falsche Scham über Sünden, die bereits von Gott vergeben worden sind. Es ist auch erschütternd, dass diejenigen, die missbraucht worden sind, manchmal Scham empfinden, obwohl sie gar nicht oder nur in geringem Maße verantwortlich sind für das, was geschehen ist. Falsche Scham gibt es fast überall. Auf jeden Fall hat Jesus am Kreuz unsere Scham getragen; er hat die Scham beschämt (vgl. Hebräer 12,2).

Biblisch gesehen wird die Scham nicht weggenommen, indem man die Lehren der Bibel über Homosexualität „verbrennt", sondern indem man das Wunder von Gottes gnädiger Vergebung und Reinigung anerkennt, die allen zuteil wird, die ihre Unmoral bereuen. Gott gewährt allen reumütigen Sündern Vergebung und Gnade, aber er heilt nicht die Seelen von reuelosen Sündern. Ihnen bleibt nur die hoffnungslose Aufgabe, ihre eigenen Seelen zu heilen – und sie versuchen es, indem sie rechtfertigen, was Gott verurteilt hat. Sie tun es, indem sie Seiten aus der Bibel ins Feuer werfen.

Zurück zu Rachel Held Evans. Diese progressive Christin sagte über das Buch „Schamlos": „Es ist eines der wichtigsten, lebensverändernden Bücher, die ich je gelesen habe. Fachlich kompetent und liebevoll formuliert, dient es sowohl als Bombe als auch als Balsam – es sprengt die Lügen, die die Religion über Sex lehrt, und es heilt behutsam die Wunden, die diese Botschaften geschlagen haben ... Es ist das bisher beste Buch von Nadia Bolz-Weber. Und das will schon etwas heißen."[6]

Rachel Held Evans war Fürsprecherin für viele progressive Christen, die eine Lehre des Begehrens bevorzugen – eine Theologie im Einklang mit den fleischlichen Begierden.

Von Natur aus wollen wir alle einen Gott anbeten, der in allem mit uns übereinstimmt. Wir sehnen uns förmlich danach, besonders in Fragen der Sexualität getäuscht zu werden.

Paulus wusste, dass wir dazu neigen, alles zu rechtfertigen, was unser Herz begehrt. Diese Neigung zum Selbstbetrug ist der Grund, warum er seine Lehre über Sexualität oft mit den Worten einleitete:

„Irrt euch nicht!" (1. Korinther 6,9; Galater 6,7)

Lassen Sie mich eine weitere unheilvolle Warnung des Paulus zitieren: „Denn dies sollt ihr wissen und erkennen, dass kein Unzüchtiger oder Unreiner oder Habsüchtiger – er ist ein Götzendiener – ein Erbteil hat in dem Reich Christi und Gottes. *Niemand verführe euch mit leeren Worten!* Denn dieser Dinge wegen kommt der Zorn Gottes über die Söhne des Ungehorsams" (Epheser 5,5-6, Hervorhebung durch den Autor).

Niemand verführe euch mit leeren Worten!

Wir haben es nicht mit trivialen Angelegenheiten zu tun. Ich wiederhole noch einmal Paulus' Worte: „Denn dieser Dinge wegen kommt der Zorn Gottes über die Söhne des Ungehorsams." Sündige Beziehungen können sexuelle Konflikte niemals heilen; sie können sie nur verlängern. Die Schuldgefühle, der Selbsthass und das Bedauern werden alle irgendwann aufbrechen. Der Betrug durch Bücher wie „Schamlos" ist zum Verzweifeln. Selbstheilung kann niemals das erreichen, was Gott erreichen kann. *Menschen sind frei, ihren eigenen sexuellen Lebensstil zu wählen, aber sie sind nicht frei, die Konsequenzen ihrer Entscheidung zu wählen.*

Wir müssen zum Beispiel Jesu zurückkehren. Er brachte den sexuell Belasteten emotionale und geistliche Heilung, nicht indem er ihren Lebensstil rechtfertigte, sondern indem er mitfühlend Vergebung und Wiederherstellung anbot. Als er im Haus eines selbstgerechten Pharisäers zu Gast war, sagte er über eine dort anwesende Prostituierte: „Deswegen sage ich dir: Ihre vielen Sünden sind vergeben, denn sie hat viel geliebt; wem aber wenig vergeben wird, der liebt wenig." Und zu ihr selbst sprach er: „Deine Sünden sind vergeben ... Dein Glaube hat dich gerettet. Geh hin in Frieden!" (Lukas 7,47-50).

Und mit der Frau, die beim Ehebruch ertappt wurde und die von Leuten zu Jesus gebracht wurde, die sich derselben Sünde schuldig gemacht hatten, führte Jesus, als er mit ihr allein gelassen wurde, das folgende Gespräch: „Frau, wo sind sie? Hat niemand dich verurteilt? Sie aber sprach: Niemand, Herr. Jesus aber sprach zu ihr: Auch ich

verurteile dich nicht. Geh hin und sündige von jetzt an nicht mehr!"
(Johannes 8,10-11). Stellen Sie sich vor, was diese Worte für diese
Frau bedeuteten, die von anderen öffentlich bloßgestellt worden war.

Wir wagen es nicht, die biblische Lehre über
Sexualität aufzugeben – trotz des persönlichen
und kulturellen Drucks.

Sehen Sie sich Jesus an: Keine Lockerung der Standards; kein Neu-
schreiben der Regeln, damit sich eine Frau besser fühlt. Stattdessen
bot er Gnade an angesichts einer heuchlerischen, selbstgerechten
Gemeinschaft. Er bot Vergebung und freudige Annahme an mit der
Perspektive, dass diese Frauen in Zukunft anders leben würden. Wir
sehen eine Veränderung des Lebensstils, die auf einer Veränderung
des Herzens beruht.

Wir wagen es nicht, die biblische Lehre über Sexualität aufzugeben – trotz des persönlichen und kulturellen Drucks. Ich stimme
zu, dass es nicht ausreicht, sich an die biblische Lehre zu halten; wir
müssen sie mit Liebe, Mitgefühl und Respekt für alle Menschen verbinden, egal wer sie sind oder was sie getan haben. Wir alle brauchen
den Leib Christi, denn wir befinden uns alle in verschiedenen Sta-
dien des geistlichen Wachstums in unserem Streben nach Heiligkeit.
Wir sollten von den sexuell Belasteten nicht verlangen, dass sie ihren Schmerz verleugnen, sondern dass sie sich in Abhängigkeit von
Gott ihrem Schmerz stellen und durch Buße die freudige Erkenntnis
erlangen, dass sie ein Sohn oder eine Tochter Gottes sind und eine
Zukunft erwarten, die frei von Schuld ist.

Jemand hat einmal treffend gesagt: „Wahrheit ohne Demut ist
verurteilend; Demut ohne Wahrheit ist Feigheit." Mögen wir von
beidem – Demut und Wahrheit – geprägt sein.

Hier noch eine weitere Anweisung, die Jesus für uns hat:

„Seid fest entschlossen, mich leidenschaftlich zu lieben und für meinen Namen bereitwillig zu leiden."

„Wenn ihr mich liebt, so werdet ihr meine Gebote halten" (Johannes 14,15). Jesus warnte in Bezug auf die Endzeit: „Weil die Gesetzlosigkeit überhandnimmt, wird die Liebe der meisten erkalten" (Matthäus 24,12). Das, denke ich, beschreibt einen Großteil der evangelikalen Christenheit heute. Wir sind schwach, weil unsere Liebe zu Christus schwach ist; unsere Liebe zu weltlichen Werten und Zielen ist größer als unsere Liebe zu Christus.

Johannes, der so eng wie kein anderer mit Jesus verbunden war, warnte:

> Liebt nicht die Welt noch was in der Welt ist! Wenn jemand die Welt liebt, ist die Liebe des Vaters nicht in ihm; denn alles, was in der Welt ist, die Begierde des Fleisches und die Begierde der Augen und der Hochmut des Lebens, ist nicht vom Vater, sondern ist von der Welt. Und die Welt vergeht und ihre Begierde; wer aber den Willen Gottes tut, bleibt in Ewigkeit. (1. Johannes 2,15-17)

In einem ausgezeichneten Artikel mit dem Titel „Der Gemeindejunge, der nie erwachsen wurde" schreibt Daron Roberts über die lustlose Einstellung einiger Männer, die er in seiner Gemeinde erlebt hat:

> Niemand traut ihm zu, allein auf Gottes Wort zu stehen und für eine Überzeugung zu leiden. Er hat keinen Mut, für Christus zu kämpfen, weil seine Loyalität nicht Christus gilt, sondern ihm selbst. Er wird gelegentlich für die Wahrheit eintreten, aber nur, wenn er zu dem Schluss kommt, dass die Kosten dafür nicht zu hoch sind.

> Überzeugungen, die ihn etwas kosten würden, sind für sein Verlangen nach menschlicher Anerkennung zu viel, um sie ertragen zu können.[7]

Es gibt viele Arten, wie wir die Welt lieben können, und meiner Meinung nach wird diese falsche Liebe in unserer heutigen Welt am besten durch unsere Besessenheit von Technologie repräsentiert.

Während der COVID-19-Krise im Jahr 2020 haben wir alle gelernt, wie Technologie zum Nutzen der Gemeinde und der Evangelisation eingesetzt werden kann. Die meisten Gemeinden – die *Moody Church* eingeschlossen – machten ihre Veranstaltungen online verfügbar und streamten ihre Gottesdienste und Predigten zu Tausenden über ihre eigenen vier Wände hinaus. Glücklicherweise wird die Technologie auf diese Weise für Gutes eingesetzt. Das Evangelium wird sogar in Ländern verbreitet, die dem Christentum offiziell ablehnend oder feindlich gegenüberstehen.

Aber es gibt eine dunkle Seite der Technologie. Unsere Generation (nicht nur die Progressiven) wird zu einer Weltsicht hingezogen, die dem Christentum entgegengesetzt ist. Eine Umfrage hat gezeigt, dass die meisten Christen keine Regeln befolgen in Bezug auf das, was sie im Fernsehen, auf ihren Smartphones, Tablets oder Computern sehen. Die meisten Teenager haben Dutzende von FSK18-Filmen gesehen, und Pornografie ist überall. Was einst „biblische Absonderung" genannt wurde, wird heute nicht mehr gelehrt, geschweige denn angewendet. Da wir keinen Weg gefunden haben, den Süchten unserer Kultur zu widerstehen, haben wir uns ihnen einfach angepasst.

Wir wissen inzwischen, dass soziale Medien die Gesundheit von Kindern schädigen. Neben Schlafmangel aufgrund von *Social Media*-Nutzung beobachten wir auch einen Anstieg von Cybermobbing, Hassreden, geringem Selbstwertgefühl, Angstzuständen, Depressionen und sogar Selbstverletzungen.[8] Jede Art von perversem, unnatürlichem und sogar gewalttätigem Sex wird mittlerweile als normal angesehen. Viele unserer Kinder haben keine festen Überzeugungen bezüglich dessen, was vermieden und gemieden, ja, sogar verurteilt werden muss. Eine konsequente Anwendung der biblischen Lehre wird durch YouTube und Netflix verdrängt.

Als Einzelpersonen, Familien und Gemeinden müssen wir uns fragen: Welche Grenzen müssen wir ziehen, um uns von einer Welt fernzuhalten, die mittels Technologie in unser Leben einbricht? Jakobus fragt uns: „Ihr Ehebrecherinnen, wisst ihr nicht, dass die Freundschaft der Welt Feindschaft gegen Gott ist? Wer nun ein Freund der Welt sein will, erweist sich als Feind Gottes" (Jakobus 4,4). Wirklich? Könnte unsere Freundschaft mit der Welt uns zu Gottes Feind machen?

Wir müssen begreifen, dass unsere Berufung
mehr beinhaltet als nur, uns von der Welt unbefleckt zu halten. Vielmehr müssen wir eine
Liebe zu Christus entwickeln, die größer ist als
unsere Liebe zur Sünde.

Wir dürfen nicht den Fehler machen, der in Sardes gemacht wurde. Anders als jene Gemeinde müssen wir die Welt als unseren Feind betrachten, nicht als unseren Freund. Und wir müssen begreifen, dass unsere Berufung mehr beinhaltet als nur, uns von der Welt unbefleckt zu halten. Vielmehr müssen wir *eine Liebe zu Christus entwickeln, die größer ist als unsere Liebe zur Sünde.*

Können Gemeinden, die das Evangelium verkünden, den kulturellen Druck eines intoleranten, alles für sich einnehmenden Säkularismus überleben? Oder können wir gegen ein kulturell gesteuertes progressives Christentum gewinnen? Ja, aber der Weg, der vor uns liegt, ist mit vielen Versuchungen, Irreführungen und Störungen gespickt. Es wird immer einen Überrest geben, so wie es auch in Sardes war. Und wie wir sehen werden, sind es die Belohnungen für die Überwinder wert, die Kosten in Kauf zu nehmen.

Ein letztes Wort Jesu an uns

Wir kehren zurück zu den Worten Jesu an die Gemeinde in Sardes:

Ich kenne deine Werke, dass du den Namen hast, dass du lebst, und bist tot. Wach auf und stärke das Übrige, das im Begriff stand zu sterben! Denn ich habe vor meinem Gott deine Werke nicht als völlig befunden. Denke nun daran, wie du empfangen und gehört hast, und bewahre es und tue Buße! Wenn du nun nicht wachst, werde ich kommen wie ein Dieb, und du wirst nicht wissen, zu welcher Stunde ich über dich kommen werde. Aber du hast einige wenige Namen in Sardes, die ihre Kleider nicht besudelt haben; und sie werden mit mir einhergehen in weißen ⟨Kleidern⟩, denn sie sind es wert. (Offenbarung 3,1b-4)

Denken wir über diese Worte nach:

... tue Buße! Wenn du nun nicht wachst, werde ich kommen wie ein Dieb ...

Aber du hast einige wenige Namen in Sardes, die ihre Kleider nicht besudelt haben; und sie werden mit mir einhergehen in weißen ⟨Kleidern⟩, denn sie sind es wert.

Wie die Gemeinde in Sardes wollen wir als eine Gemeinde bekannt sein, die den Ruf hat, lebendig zu sein; aber Jesus sieht, was kein Gemeindeberater der Welt sehen kann. Er legte bei der Gemeinde in Sardes das Stethoskop an und konnte keinen Herzschlag finden. Das Christentum ist eben niemals eine Show, sondern immer eine Angelegenheit des *Herzens*.

Jemand hat treffend gesagt, dass wir Kanaan nicht mit einem Herzen der Wüste erobern können. Wir können Christus nicht in die Welt folgen, wenn wir nicht bereitwillig sein Kreuz auf uns nehmen.

Zu Beginn dieses Buches habe ich den Dichter Wassili Schukowski zitiert: „Wir alle haben Kreuze zu tragen, und wir probieren ständig verschiedene aus, damit sie gut zu uns passen."[9]

Das Wort Jesu an Sardes war: „Tue Buße!" Das tun wir keineswegs nur, wenn wir uns bekehren; wir können nicht überleben, ohne täglich tief und anhaltend Buße zu tun. Und wir müssen eine Gemeinde sein, die in Gott verliebt ist, eine Gemeinde, die ihm beständig Lobpreis und Anbetung aus dem Herzen darbringt.

Wir müssen immerzu über uns selbst hinaus auf Gottes Wort blicken, das uns Halt gibt. Umkehr ist leichter gesagt, als gelebt!

Und wir müssen den Mut haben, uns einerseits auf die Kultur einzulassen und ihr andererseits auch Paroli zu bieten.

Die Belohnung für dieses Tun? „Wer überwindet, der wird so mit weißen Kleidern bekleidet werden, und ich werde seinen Namen aus dem Buch des Lebens nicht auslöschen und seinen Namen bekennen vor meinem Vater und vor seinen Engeln. Wer ein Ohr hat, höre, was der Geist den Gemeinden sagt!" (Offenbarung 3,5-6)

Wir müssen den Mut haben, uns einerseits auf die Kultur einzulassen und ihr andererseits auch Paroli zu bieten.

Früher führten die Städte Bücher mit den Namen ihrer Bürger. Wenn jemand starb, wurde sein Name aus dem Buch getilgt. Aber das Buch, das Jesus erwähnt, ist „das Buch des Lebens", und niemand, dessen Name darin steht, muss befürchten, ausgelöscht zu werden. Die Herrlichkeiten, die auf die Gläubigen warten, sind unbeschreiblich.

Inzwischen liegt eine Herausforderung vor uns.

Mir ist klar, dass Parallelen zwischen unserer Situation in den Vereinigten Staaten und dem früheren Nazi-Deutschland leicht

überzeichnet werden können.* Aber es gibt diese Ähnlichkeit: Irgendwann trennt Gott in seiner Gemeinde die Spreu vom Weizen. Nachdem Hitler verkündet hatte, dass Kritik am Dritten Reich ein Verbrechen sei, schwiegen die meisten Gemeinden in Deutschland still oder unterstützten ihn.
Aber Martin Niemöller, der für seine Kühnheit ins Konzentrationslager musste, predigte seiner Gemeinde folgende Worte:

> Wir alle – die ganze Kirche und die ganze Gemeinschaft
> – wir sind in das Sieb des Versuchers geworfen worden; er
> sichtet uns und der Wind weht. Jetzt muss sich zeigen, ob
> wir Weizen oder Spreu sind! ... wir müssen begreifen, dass
> die Ruhe des beschaulichen Christentums zu Ende ist ...

> Es ist jetzt Frühlingszeit für die hoffnungsfrohe und erwartungsvolle christliche Gemeinde – es ist Prüfungszeit,
> und Gott gibt Satan freie Hand, damit er uns sichten kann
> und damit man sieht, was für Menschen wir sind!

> Satan schüttelt sein Sieb, und das Christentum wird hin
> und her geworfen; und wer nicht bereit ist zu leiden, wer
> sich nur deshalb Christ nannte, weil er hoffte, dadurch etwas Gutes für sein Volk und seine Nation zu gewinnen,
> wird wie Spreu vom Wind der Zeit weggeweht.[10]

Wie Spreu vom Wind weggeweht!
Wir fürchten das Leiden – nicht die Flammen, die frühere Märtyrer erduldeten, sondern die kulturellen Flammen der Schande und des Spotts. Jemand hat treffend gesagt, dass ein Christentum ohne Mut kultureller Atheismus ist. Lassen Sie uns als Gemeinde beschließen, dass wir uns nicht einschüchtern lassen. Jesus forderte uns auf, uns zu freuen, wenn andere schlecht über uns reden, und auf das

---

* Siehe dazu die Hinweise im Vorwort zur dt. Ausgabe. (Anm. d. dt. Hg.)

vorbereitet zu sein, was uns bevorsteht, als er sagte: „Wenn die Welt euch hasst, so wisst, dass sie mich vor euch gehasst hat ... In der Welt habt ihr Bedrängnis; aber seid guten Mutes, ich habe die Welt überwunden" (Johannes 15,18; 16,33).

Während wir ausharren, lasst uns jederzeit bereit sein zur Verantwortung jedem gegenüber, der Rechenschaft über die Hoffnung in uns fordert (vgl. 1. Petrus 3,15).

Ich glaube, ich höre, wie er zu uns sagt, was er zur Gemeinde in Sardes gesagt hat: „Wach auf und stärke das Übrige!"

Ein Gebet, das wir alle beten müssen

Vater, gib uns eine erneuerte Ehrlichkeit, wenn wir Dich bitten, unsere Herzen zu erforschen. Lass uns beschließen, ganz zu Deiner Ehre zu leben und zu leiden, wenn es nötig ist – um Zeugnis von Deiner Treue in unserem Leben abzulegen. Lass uns nicht in die Sünde der Selbstgerechtigkeit fallen; lass uns die Wahrheit immer mit Liebe und einem offenen Ohr verbinden. Hilf uns, dem Satan nicht zu erlauben, dass er in unserem Leben Fuß fasst; und mögen wir unseren Sünden ernsthaft mit Reue und Verantwortlichkeit begegnen.

Lass uns zu dem Überrest gehören, der seine Kleider nicht beschmutzt hat, sondern mit Dir ganz „in Weiß" wandeln wird. Bis zu diesem Tag lass uns zu Deiner Ehre treu sein und so viele wie möglich mit auf den schmalen Pfad nehmen.

Und lass uns unseren Erlöser hochhalten, damit die Welt ihn als ihre große Hoffnung erkennen kann. Danke, dass Du uns dieses Vorrecht gewährst.

Wir beten in Jesu Namen, Amen.

Anmerkungen

Die überraschende Antwort Jesu

1. Robert Payne, *Life and Death of Lenin* (New York: Simon & Schuster, 1964), 209.

Kapitel 1 – Wie wir hierher kamen

1. William Blackstone, *Commentaries on the Laws of England*, Bd. 1 (Oxford: Clarendon Press, 1765), 38.
2. Karl Marx und Friedrich Engels, *Marx and Engels on the Trade Unions*, ed. Kenneth Lapides (New York: International Publishers, 1987), 68-69.
3. „What We Believe", *Black Lives Matter*, https://blacklivesmatter.com/what-we-believe/.
4. Schauen Sie sich das Interview der *Black Lives Matter* Mitbegründerin Patrisse Cullors mit *Real News Network* an, wo sie enthüllt: „Ich und vor allem Alicia [Garza] sind geschulte Organisatoren. Wir sind ausgebildete Marxisten. Wir sind bestens bewandert in ideologischen Theorien." Sie können das Interview unter https://the realnews.com/stories/pcullors0722blacklives ansehen.
5. David Horowitz, *Dark Agenda: The War to Destroy Christian America* (West Palm Beach, FL: Humanix Books, 2018), 77.
6. Margaret Sanger, *Women and the New Race* (New York: Brentano's, 1920), 5.
7. David J. Garrow, *Liberty and Sexuality: The Right to Privacy and the Making of Roe vs. Wade* (Berkeley: University of California Press, 1998), 390.
8. Lawrence H. Summers, „Remarks at NBER Conference on Diversifying the Science & Engineering Workforce", 14. Januar 2005, https://web.archive.org/web/20080130023006/http://www.president.harvard.edu/speeches/2005/nber.html.
9. Sam Dillon, „Harvard Chief Defends His Talk on Women", *The New York Times*, 18. Januar 2005, https://www.nytimes.com/2005/01/18/us/harvard-chief-defends-his-talk-on-women.html; Marcella Bombardieri, „Summers' Remarks

on Women Draw Fire", *Boston Globe*, 17. Januar 2005, http://archive.boston. com/news/education/higher/articles/2005/01/17/summers_remarks_on_ women_draw_fire/

10. Robert P. Jones, *The End of White Christian America* (New York: Simon & Schuster, 2016), 112.

11. Jones, *The End of White Christian America*, 113.

12. Jones, *The End of White Christian America*, 133.

13. Erin Griffith, „Venture Capital Is Putting Its Money into Astrology", *The New York Times*, 15. April 2019, https://www.nytimes.com/2019/04/15/style/astrology-apps-venture-capital.html.

14. George Orwell, *The Collected Essays, Journalism & Letters of George Orwell, Volume 2: My Country Right or Left 1940-1943* (Boston: Nonpareil Books, 2000), 15.

15. Dieses Zitat wurde George Orwell zugeschrieben, aber sein Ursprung ist unbestätigt und unbekannt.

Kapitel 2 – Die Vergangenheit umschreiben, um die Zukunft zu kontrollieren

1. George Orwell, *1984* (New York: Signet Classics, 1977), 34.

2. Sara E. Wilson, „Arthur M. Schlesinger, Jr. , National Humanities Medal, 1998", *National Endowment for the Humanities*, https://www.neh.gov/about/awards/national-humanities-medals/ arthur-m-schlesinger-jr.

3. Graham Piro, „High School may erase mural of George Washington: ‚traumatizes students'",*The College Fix*, 2. Mai 2019, https://www.thecollegefix.com/high-school-may-erase-george-washington-murals-traumatizes-students/.

4. James P. Sutton, „It's Curtains for a George Washington Mural in San Francisco. Or Paint, or Panels. Just Hide It!", *National Review*, 20. Juni 2019, https://www.nationalreview.com/2019/06/george-washington-mural-san-francisco-progressive-politics/.

5. Ian Schwartz,„CNN's Angela Rye: Washington, Jefferson Statues ‚Need to Come Down'", *RealClear Politics*, 18. August 2017, https://www.realclearpolitics.com/video/2017/08/18/cnns_angela_rye_washington_jefferson_statues_need_to_come_down.html.

6. CBS News, „George Washington statue toppled by protesters in Portland, Oregon", 19. Juni 2020, https://www.cbsnews.com/news/protesters-portland-oregon-topple-george-washington-statue/.

7. CBS3 Staff, „Tomb of the Unknown Soldier of the American Revolution Vandalized in Philadelphia's Washington Square", *CBS Philly,* 12. Juni 2020, https://philadelphia.cbslocal.com/2020/06/12/tomb-of-the-unknown-soldier-of-the-american-revolution-vandalized-in-phil adelphias-washington-square/.

8. Greg Norman, „Christopher Columbus Statue is beheaded in Boston", *Fox News,* 10. Juni 2020, https://www.foxnews.com/us/christopher-columbus-statue-beheaded.

9. Daily Wire News, „Rioters Tear Down Statue of Francis Scott Key. He Wrote The Star-Spangled Banner", *The Daily Wire,* 20. Juni 2020, https://www.dailywire.com/news/watch-rioters-tear-down-statue-of-francis-scott-key-he-wrote-the-star-spangled-banner.

10. State Journal Staff, „So who was Hans Christian Heg? Here's why the Civil War hero had a statue", *Wisconsin State Journal,* 25. Juni 2020, https://madison.com/wsj/news/local/crime-and-courts/photos-so-who-was-hans-christian-heg-heres-why-the-civil-war-hero-had-a/collection_31313606-691a-52d2-a4fa-cbe4eca84f73.html.

11. Aila Slisco, „White Jesus Statues Should Be Torn Down, Activist Shaun King Says", *Newsweek,* 22. Juni 2020, https://www.newsweek.com/white-jesus-statues-should-torn-down-black-lives-matters-leader-says-1512674.

12. Cynthia Haven, „The president of forgetting", *The Book Haven,* Stanford University, 4. Dezember 2014, https://bookhaven.stanford.edu/2014/12/the-president-of-forgetting/.

13. Robin West, *Progressive Constitutionalism: Reconstructing the Fourteenth Amendment* (Durham, NC: Duke University Press, 1994), 17-18.

14. Allan Bloom, *Closing of the American Mind* (New York: Simon & Schuster, 2008), 26, 56.

15. Howard Zinn, *A People's History of the United States: 1492-Present* (New York: Routledge, 2013), 59.

16. David Horowitz, *Unholy Alliance: Radical Islam and the American Left* (Washington, DC: Regnery Publishing, 2004), 105.

17. Nikole Hannah-Jones, „The 1619 Project", *The New York Times,* 14. August 2019, https://www.nytimes.com/interactive/2019/08/14/magazine/black-history-american-democracy.html.

18. Jordan Davidson, „In Racist Screed, NYT's 1619 Project Founder Calls ,White Race' ,Barbaric Devils', ,Bloodsuckers', Columbus ,No Different Than Hitler'", *The Federalist,* 25. Juni 2020, https://thefederalist.com/2020/06/25/in-racist-screed-nyts-1619-project-founder-calls-white-race-barbaric-devils-blood-suckers-no-different-than-hitler/. Siehe auch den Originalartikel von Nikole [Nicole] Hannah-Jones hier: https://www.scribd.com/document/466921269/NYT-s-1619-Project-Founder-Calls-White-Race-Barbaric-Devils-Bloodsu-ckers-No-Different-Than-Hitler-x#from_ embed.

19. Nima Elbagir, Raja Razek, Alex Platt, und Bryony Jones, „People for Sale", *CNN,* 14. November 2017, https://edition.cnn.com/2017/11/14/africa/libya-migrant-auctions/index.html.

20. Patrick J. Buchanan, *The Death of the West* (New York: Thomas Dunne Books, 2002), 58.

21. Victor Wang, „Student petition urges English department to diversify curriculum", *Yale Daily Nachrichten,* 26. Mai 2016, https://yaledailynews.com/blog/2016/05/26/student-petition-urges-english-department-to-diversify-curriculum/.

22. „Pack the Union: A Proposal to Admit New States for the Purpose of Amending the Constitution to Ensure Equal Representation", *Harvard Law Review,* 10. Januar 2020, https://harvardlawre view.org/2020/01/pack-the-union-a-proposal-to-admit-new-states-for-the-purpose-of-amending-the-constitution-to-ensure-equal-representation/.

23. „Pack the Union: A Proposal to Admit New States for the Purpose of Amending the Constitution to Ensure Equal Representation".

24. Paul Kurtz, *Humanist Manifestos I und II* (Indiana: Prometheus Books, 1973), 16-17.

25. Kurtz, *Humanistische Manifeste I und II,* 21.

26. Kurtz, *Humanistische Manifeste I und II,* 21-22.

27. „About Humanism", American Humanist Association, https://web.archive.org/web/2011110 7221355/http://www.americanhumanist.org/who_we_are/about_humanism/Humanist_Manifesto_I.

28. Antonia Noori Farzan, „A Minnesota city voted to eliminate the Pledge of Allegiance. It didn't go over well", *The Washington Post,* 28. Juni 2019, https://

www.washingtonpost.com/ nation/2019/06/28/minnesota-city-voted-eliminte-pledge-allegiance-it-didnt-go-over-well/.

29. Glen Clark, „Muslims in Australia: Singing National Anthem Is ‚Forced Assimi-lation!‘“, *The Federalist Papers*, 24. Januar 2016, https://thefederalistpapers.org/us/muslims-in-australia-singing-national-anthem-is-forced-assimilation.

30. Edmund DeMarche, „Deadly weekend in Seattle, Chicago, Minneapolis as New York City reports uptick in shootings", *Fox News*, 22. Juni 2020, https://www.fox-news.com/us/deadly-weekend-in-seattle-chicago-minneapolis-as-new-york-ci-ty-reports-uptick-in-shootings.

31. „104 shot, 15 fatally, over Father's Day weekend in Chicago", Fox 32, 21. Juni 2020, https://www.fox32chicago.com/news/104-shot-15-fatally-over-fathers-day-weekend-in-chicago.

32. Tom Schuba, Sam Charles, and Matthew Hendrickson, „18 murders in 24 hours: Inside the most violent day in 60 years in Chicago", *Chicago Sun Times*, 8. Juni 2020, https://chicago.suntime.com/crime/2020/6/8/21281998/chicago-deadliest-day-violence-murder-history-police-crime.

33. Charles Francis Adams, *The Works of John Adams, Second President of the United States; With a Life of the Author Notes and Illustrations of his Grandson Charles Francis Adams, Vol. IX* (Boston: Little, Brown, 1854), 228-229 (Hervorhebung hinzugefügt).

34. D.H. Lawrence, Wikiquote, https://en.wikiquote.org/wiki/D._H._Lawrence.

35. Caleb Parke, „Pastors vow to ‚defend‘ houses of worship, ‚not allow Christian heritage to be erased‘“, *Fox News*, 26. Juni 2020, https://www.foxnews.com/us/jesus-statue-church-pastors-defend-protests.

36. Parke, „Pastors vow to ‚defend‘ houses of worship, ‚not allow Christian heritage to be erased‘“.

37. Eric Mason, *Woke Church: An Urgent Call for Christians in America to Confront Racism and Injustice* (Chicago: Moody Publishers, 2018), 70.

38. „Church of Canada May Disappear by 2040, Says New Report", *CEP Online*, 18. November 2019, https://cep.anglican.ca/church-of-canada-may-disappear-by-2040-says-new-report/.

39. John Longhurst, „Church of Canada may disappear by 2040, says new report", *Religion News Service*, 18. November 2019, https://religionnews.com/2019/11/18/church-of-canada-may-disappear-by-2040-says-new-report/.

40. Samuel John Stone, „The Church's One Foundation", 1866.

41. Corrie ten Boom, *I Stand at the Door and Knock: Meditations by the Author of The Hiding Place* (Grand Rapids, MI: Zondervan, 2008), 95.

Kapitel 3 – Vielfalt nutzen, um zu spalten und zu zerstören

1. Saul D. Alinsky, *Rules for Radicals: A Pragmatic Primer for Realistic Radicals* (New York: Vintage Books, 1989), ix.

2. David Horowitz, *Dark Agenda: The War to Destroy Christian America* (West Palm Beach, FL: Humanix Books, 2018), 84.

3. Alinsky, *Rules for Radicals*, 117.

4. Für ein besseres Verständnis der Ziele von *Black Lives Matter* schlage ich vor, auf ihre Website zu gehen, um ihre größere Agenda kennenzulernen: https://blacklivesmatter.com. Schauen Sie sich das Interview der *Black Lives Matter* Mitbegründerin Patrisse Cullors mit *Real News Network* an, wo sie enthüllt: „Ich und vor allem Alicia [Garza] sind geschulte Organisatoren. Wir sind ausgebildete Marxisten. Wir sind bestens bewandert in ideologischen Theorien." Sie können das Interview unter https://the realnews.com/stories/pcullors0722blacklives ansehen. Und lesen Sie den Artikel „10 Top Reasons I Won't Support the #Black LivesMatter Movement" des schwarzen Christen und Prolife-Sprechers und Autors Ryan Bomberger, der hier zu finden ist: https://townhall.com/columnists/ryanbomberger/2020/06/05/top-10-reasons-i-reject-the-blm-n2570105.

5. Die Unabhängigkeitserklärung, National Archives, https://www.archives.gov/founding-docs/declaration

6. Gettysburg Address, Wikipedia, https://en.wikipedia.org/wiki/Gettysburg_Address#Text_of_the_Gettysburg_Adress.

7. Dave Nemetz, „Hallmark to Reinstate Ads Featuring Same-Sex Wedding, CEO Apologizes", *TV Line*, 15. Dezember 2019, https://tvline.com/2019/12/15/hall mark-channel-reversed-Werbung-gleichgeschlechtliche-Hochzeit-zola-kontroverse/.

8. H.R.5-Equality Act, Congress.gov, https://www.congress.gov/bill/116th-con gress/house-bill/5/Text.

9. Winston Churchill, House of Commons, 22. Oktober 1945.

10. Patrick J. Buchanan, *Suicide of a Superpower* (New York: Thomas Dunne Books, 2011), 207.

11. Martin Luther King Jr., „Letter from a Birmingham Jail", 16. April 1963, Stanford University, The Martin Luther King Jr. Research and Education Institute, https://kinginstitute.stanford.edu/ king-papers/documents/letter-birmingham-jail.

12. Neil Shenvi, „Intro to Critical Theory", https://shenviapologetics.com/intro-to-critical-theory/.

13. Heather Mac Donald, *The Diversity Delusion* (New York: St. Martin's Press, 2018), 64.

14. William S. Lind, „The Sourge of Cultural Marxism", *The American Conservative*, Mai/Juni 2018, 12, https://www.theamericanconservative.com/pdf/mayjune-2018/mobile/index.html#p=12.

15. David J. Garrow, *Liberty and Sexuality: The Right to Privacy and the Making of* Roe vs. Wade (Berkeley: University of California Press, 1998), 390.

16. Mac Donald, *The Diversity Delusion*, 63.

17. Robby Soave, „Think the Green New Deal Is Crazy? Blame Intersectionality", *Reason*, 8. Februar 2019, https://reason.com/2019/02/08/green-new-deal-intersectionality-ocasio/.

18. Rudy Gray, „SBC Resolution 9: Statement on Critical Race Theory & Intersectionality Point of Controversy and Disagreement", *The Courier*, 27. Juni 2019, https://baptistcourier.com/2019/06/sbc-resolution-9-statement-on-critical-race-theory-intersectionality-point-of-controversy-and-Missbilligung/.

19. Mac Donald, *The Diversity Delusion*, 65-66.

20. Mac Donald, *The Diversity Delusion*, 68.

21. Siehe Southeastern Baptist Theological Seminary, *Social Justice, Critical Theory, and Christianity: Are they compatible?*, Neil Shenvi, https://youtu.be/E33aunwGQQ4.

22. „SBC 2019: Resolutions Committee ‚severely altered' resolution against identity politics", *Capstone Bericht*, 13. Juni 2019, https://capstonereport.com/2019/06/13/sbc-2019-resolutions-committee-auflösung-gegen-identitätspolitik/32605/.

23. Gray, „SBC Resolution".

24. Shelby Steele, *White Guilt: How Blacks and Whites Together Destroyed the Promise of the Civil Rights Era* (New York: HarperCollins, 2006), Cover.

25. Steele, *White Guilt*, 72-73.

26. Rev. Bill Owens, *A Dream Derailed: How the Left Hijacked Civil Rights to Create a Permanent Underclass* (Fulshear, TX: A New Dream Publishers, 2019), 42.

27. Robby Soave, „Seattle Public Schools Will Start Teaching That Math Is Oppressive", *Reason*, 22. Oktober 2019, https://reason.com/2019/10/22/seattle-math-oppressive-cultural-woke/.

28. Soave, „Seattle Public Schools Will Start Teaching That Math Is Oppressive".

29. Seattle Public Schools, „K-12 Math Ethnic Studies Framework (20.08.2019)", https://www.k12.wa.us/sites/default/files/public/socialstudies/pubdocs/Math%20SDS%20ES%20Framework.pdf.

30. „Text von Obamas Vaterschaftsrede", *Politico*, 15. Juni 2008, https://www.politico.com/story/2008/06/text-of-obamas-fatherhood-speech-011094.

31. Theodore Dalrymple, *Life at the Bottom: The Worldview That Makes the Underclass* (Chicago: Ivan R. Dee, 2001), x.

32. Dalrymple, *Life At The Bottom*, xi-xii.

33. Tom Ascol, „Yes, the Social Justice Movement Is a Threat to Evangelicals", Founders Ministries, https://founders.org/2019/09/04/yes-the-social-justice-movement-is-a-threat-to-evangelicals/.

34. Martin Luther, *Letters of Spiritual Counsel*, ed. Theodore G. Tappert, Library of Christian Classics (London: SCM Press, 1955), 110.

Kapitel 4 – Meinungsfreiheit für mich, aber nicht für dich

1. Craig R. McCoy, „Stan Wischnowski resigns as *The Philadelphia Inquirer*'s top editor", *The Philadelphia Inquirer*, 6. Juni 2020, https://www.inquirer.com/news/stan-wischnowski-resigns-phil adelphia-inquirer-20200606.html.

2. Inga Saffron, „Black Lives Matter. Do Buildings?", *MSN News*, https://www.msn.com/en-us/news/us/black-lives-matter-do-buildings/ar-BB14TqMX.

3. Inga Saffron, „Damaging buildings disproportionately hurts the people are trying to uplift", *The Philadelphia Inquirer*, 1. Juni 2020, https://www.inquirer.com/columnists/floyd-protest-center-city-philadelphia-lootings-52nd-street-walnut-chestnut-street-20200601.html.

4. Ryan Gaydos, „Drew Brees weigert sich, seine Haltung zu Protesten während der Nationalhymne aufzugeben", *Fox News*, 3. Juni 2020, https://www.foxnews.com/sports/drew-brees-refuses-budge-stance-about-protesting-during-national-anthem.

5. Christopher Brito, „Drew Brees says he will 'never agree' with players kneeling during national anthem", *CBS News*, 4. Juni 2020, https://www.cbsnews.com/news/drew-brees-kneeling-national-anthem-protest-nfl/.

6. Nicholas Humphrey, „What Shall We Tell the Children?" Oxford Amnesty Lecture, 1997, http://www.humphrey.org.uk/papers/1998WhatShallWeTell.pdf.

7. Die Bill of Rights, https://www.archives.gov/founding-docs/bill-of-rights-transcript.

8. Wie von Wikipedia zitiert, https://en.wikipedia.org/wiki/National_Socialist_Party_of_America_v._Village_of_Skokie.

9. Jacob Poushter, „40% of Millennials OK with limiting speech offensive to minorities", *Pew Research Center*, 20. November 2015, https://www.pewresearch.org/fact-tank/2015/11/20/40-of-millennials-ok-with-limiting-speech-offensive-to-minorities/.

10. Jeffrey A. Tucker, „Why Free Speech on Campus Is Under Attack: Blame Marcuse", *Foundation for Economic Education,* 24. April 2017, https://fee.org/articles/why-free-speech-on-campus-is-under-attack-blame-marcuse/.

11. Herbert Marcuse, *The Essential Marcuse: Selected Writings of Philosopher and Social Critic Herbert Marcuse* (Boston: Beacon Press, 2007), 34.

12. Marcuse, *The Essential Marcuse*, 45.

13. Jeffrey A. Tucker, „Why Free Speech on Campus Is Under Attack: Blame Marcuse", *Foundation for Economic Education,* 24. April 2017, https://fee.org/articles/why-free-speech-on-campus-is-under-attack-blame-marcuse/.

14. Tucker, „Why Free Speech on Campus Is Under Attack: Blame Marcuse"

15. Ebd.

16. Herbert Marcuse, *Repressive Toleranz*, https://www.marcuse.org/herbert/publications/1960s/1965-repressive-tolerance-fulltext.html.

17. Marcuse, *Repressive Toleranz*.

18. Marcuse, *Repressive Toleranz*.

19. Tucker, „Why Free Speech on Campus Is Under Attack: Blame Marcuse".

20. David Horowitz, *Dark Agenda: The War to Destroy Christian America* (West Palm Beach, FL: Humanix Books, 2018), 142.

21. Stanley Fish, *There's No Such Thing as Free Speech: And It's a Good Thing, Too* (New York: Oxford University Press, 1994), 68.

22. Stephen R.C. Hicks, *Explaining Postmodernism: Skepticism and Socialism from Rousseau to Foucault*(Loves Park, IL: Ockham's Razor Publishing, 2004), 238.

23. Hicks, *Explaining Postmodernism*, 231.

24. Hicks, *Explaining Postmodernism*, 237.

25. Hicks, *Explaining Postmodernism*, 237.

26. Tiffany Jenkins, „Barbarians at Yale: PC idiocy kills classic art history class", *New York Post*, 27. Januar 2020, https://nypost.com/2020/01/27/barbarians-at-yale-pc-idiocy-kills-classic-art-history-class/.

27. Heather Mac Donald, *The Diversity Delusion* (New York: St. Martin's Press, 2018), 3.

28. Mac Donald, *The Diversity Delusion*, 29.

29. Andrew Sullivan, „We All Live on Campus Now", *New York Magazine,* 9. Februar 2018, https://nymag.com/intelligencer/2018/02/we-all-live-on-campus-now.html.

30. Für weitere Informationen zu Blasphemiegesetzen gegen den Islam, siehe Paul Marshall und Nina Shea, *Silenced: How Apostasy and Blasphemy Codes Are Choking Freedom Worldwide* (New York: Oxford University Press, 2011), 173-226.

31. Salman Rushdie, „Defend the right to be offended", *Open Democracy,* 7. Februar 2005, https://www.opendemocracy.net/en/article_2331jsp/.

32. George Orwell, „The Freedom of the Press", Orwells vorgeschlagenes Vorwort zu *Animal Farm*. Ursprünglich veröffentlicht in *The Times Literary Supplement* am 15. September 1972 als „How the essay came to be written".

33. Mac Donald, *The Diversity Delusion*, 19.

34. Art Moore, „Punishment includes Islam indoctrination", *WorldNetDaily*, 31. Oktober 2002, https://www.wnd.com/2002/10/15738/.

35. Richard Wurmbrand, *Tortured for Christ: The 50th Anniversary Edition* (Colorado Springs: David C. Cook, 2017), 151-152.

36. Die Quelle für diese Darstellung ist eine Predigt von J.C. Ryle, „Not Corrupting the Word", zu finden in J.C. Ryle, *Is All Scripture Inspired?* (Edinburgh: The Banner of Truth Trust, 1999).

37. Wie zitiert in Charles Bridges, *An Exposition of the Book of Proverbs* (London: Seeley, Burnside, and Seeley, 1847), 126.

Kapitel 5 – Verkaufe es als edle Sache

1. George Orwell, *1984* (New York: Signet Classics, 1977), 4.
2. Edward Bernays, *Propaganda* (Brooklyn, NY: Ig Publishing, 2005), 37.
3. Bernays, *Propaganda*, 37-38.
4. David Horowitz, *Dark Agenda: The War to Destroy Christian America* (West Palm Beach, FL: Humanix Books, 2018), 113.
5. Saul D. Alinsky, *Rules for Radicals: A Pragmatic Primer for Realistic Radicals* (New York: Vintage Books, 1989), 37.
6. James Lindsay, „The Truth About Critical Methods", *Neue Diskurse*, 19. März 2020, https://www.youtube.com/watch?v=rSHL-rSMIro.
7. Meghan Roos, „BLM Leader: We'll ‚Burn' the System Down If U.S. Won't Give Us What We Want", *Newsweek*, 25. Juni 2020, https://www.newsweek.com/blm-leader-well-burn-system-down-if-us-wont-give-us-what-we-want-1513422.
8. Eric Pollard, „Time to Give Up Fascist Tactics", *Washington Blade*, Letters to the Editor, 31. Januar 1992.
9. Adolf Hitler, *Mein Kampf*, übers. von Ralph Manheim (New York: Mariner Books, 1999), 276.
10. Stefan Kanfer, „Architect of Evil", *Time*, 24. Juni 2001, http://content.time.com/time/magazine/article/0,9171,152486,00.html.
11. Hitler, *Mein Kampf*, 337.
12. Hitler, *Mein Kampf*, 583.
13. Robert George Leeson Waite, *The Psychopathic God: Adolf Hitler* (New York: Signet, 1978), 63.
14. William Shirer, *The Rise and Fall of the Third Reich* (New York: Simon & Schuster, 1988), 247-248.
15. William Sargant, *Battle for the Mind* (New York: Doubleday, 1957), 145.
16. ID2020, „ID2020 Launches Technical Certification Mark", 24. Januar 2019, https://medium.com/id2020/id2020-launches-technical-certification-mark-e6743d3f70fd.
17. Mallory Simon, „Over 1,000 health professionals sign a letter saying, Don't shut down protests using coronavirus concerns as an excuse", *CNN*, June 5, 2020, https://www.cnn.com/2020/06/05/health/health-care-open-letter-protests-coronavirus-trnd/index.html.

18. Hitler, *Mein Kampf*, 479.

19. Marc Tracy, „James Bennet Resigns as *New York Times* Opinion Editor", *The New York Times*, 7. Juni 2020, https://www.nytimes.com/2020/06/07/business/media/james-bennet-resigns-nytimes-op-ed.html.

20. Izabella Tabarovsky, „The American Soviet Mentality", *Tablet*, 15. Juni 2020, https://www.tablet mag.com/sections/news/articles/american-soviet-mentality.

21. Zitiert in Alan Sears und Craig Osten, *The Homosexual Agenda: Exposing the Principal Threat to Religious Freedom Today* (Nashville, TN: Broadman & Holman Publishers, 2003), 27.

22. Marshall Kirk und Erastes Pill [Hunter Madsen], „The Overhauling of Straight America", http://library.gayhomeland.org/0018/EN/EN_Overhauling_Straight.htm.

23. Zitiert in Sears und Osten, *The Homosexual Agenda*, 23.

24. Kirk und Pill, „The Overhauling of Straight America".

25. Ryan T. Anderson, *When Harry Became Sally: Responding to the Transgender Moment* (New York: Encounter Books, 2018), 9.

26. Rev. Bill Owens, *A Dream Derailed: How the Left Hijacked Civil Rights to Create a Permanent Underclass* (Fulshear, TX: A New Dream Publishers, 2019), 87.

27. Kirk und Pill, „The Overhauling of Straight America".

28. Aus *The Passionate State of Mind, and Other Aphorisms* (1955), 260; zitiert in *The Columbia Dictionary of Quotations*, ed. Robert Andrews (New York: Columbia University Press, 1993), 741.

29. Rob Bell, *Love Wins* (New York: HarperCollins, 2012), Kindle Ausgabe 1183-1189.

30. Das vollständige Transkript der Hochzeitsansprache von Bischof Michael Curry finden Sie unter https://www.cnn.com/2018/05/19/europe/michael-curry-royal-wedding-sermon-full-text-intl/index.html.

31. Debbie Mirza, *The Covert Passive Aggressive Narcissist* (Monument, CO: Place Publishing, 2017), 74.

32. Dr. Susan Berry, „Sprite Argentina LGBT Ad Celebrates Mothers Binding Breasts, Dressing GenderConfusedChildren", *Breitbart, 12*. November 2019, https://www.breitbart.com/politics/2019/11/12/sprite-argentina-lgbt-ad-celebrates-mothers-binding-breasts-dressing-gender-confused-children/.

33. Kirk und Pill, „The Overhauling of Straight America".

34. ACLU, auf Twitter, 19. November 2019, https://twitter.com/ACLU/status/1196877415810813955?s=20.

35. Mirza, *The Covert Passive Aggressive Narcissist*, 85.

36. George Orwell, „In Front of Your Nose", *The Orwell Foundation,* https://www.orwellfoundation.com/the-orwell-foundation/orwell/essays-and-other-works/in-front-of-your-nose/.

37. Zachary Evans, „Merriam-Webster Adds Non-Binary Definition of 'They' to Dictionary", *National Review,* 17. September 2019, https://www.nationalreview.com/news/merriam-webster-adds-non-binary-definition-of-they-to-dictionary/.

38. Peggy Noonan, „What Were Robespierre's Pronouns?", *The Wall Street Journal,* 25. Juli 2019, https://www.wsj.com/articles/what-were-robespierres-pronouns-11564095088.

39. Megan Cassidy und Sarah Ravani, „The Scanner: San Francisco ranks No. 1 in US in property crime", *San Francisco Chronicle,* 1. Oktober 2018, https://www.sfchronicle.com/crime/article/The-Scanner-San-Francisco-ranks-No-1-in-13267113.php.

40. Phil Matier, „SF Board of Supervisors sanitizes language of criminal justice system", *San Francisco Chronicle,* 11. August 2019, https://www.sfchronicle.com/bayarea/philmatier/article/SF-Board-of-Supervisors-sanitizes-language-of-14292255.php. LET Staff, „San Francisco: No more ‚convicted felons'. They're ‚justice-involved' persons now", *Law Enforcement Today*, 22. August 2019, https://www.lawenforcementtoday.com/san-francisco-rebrands-criminal-justice-convicted-felon/.

41. LET Staff, „San Francisco: No more ‚convicted felons'. They're ‚justice-involved' persons now".

Kapitel 6 – Sexualisierung der Kinder

1. James Emery White, „Five Things We Now Know the Online World Is Doing to Us That Has Never Been Done to Us Before", *Church & Culture,* 19. August 2019, https://www.churchand culture.org/blog/2019/8/19/five-things-we-now-know.

2. Peter Hitchens, *The Rage Against God: How Atheism Led Me to Faith* (Grand Rapids, MI: Zondervan, 2010), 139.

3. Adolf Hitler, aus einer Rede auf dem Reichsparteitag im Jahr 1935.

4. Alex Newman, „Rescuing Our Children", *New American*, 4. Februar 2019, 7.

5. Zitiert in Newman, „Rescuing Our Children", 7.

6. Lisa Hudson, „The Disturbing Reality Behind ,Comprehensive Sexuality Education'", *The National Pulse*, 5. September 2019, https://thenationalpulse.com/commentary/disturbing-reality-behind-comprehensive-sexuality-education/.

7. Hudson, „The Disturbing Reality Behind ,Comprehensive Sexuality Education'". Der Bericht „The Effect of Early Sexual Activity on Mental Health" ist zu finden unter https://teleiosresearch.com/wp-content/uploads/2018/12/2018-08-29-Sex-review-FINAL.pdf.

8. J.H. Merle d'Aubigné, *History of the Reformation of the Sixteenth Century* (London: Religious Tract Society, 1856), 190.

9. Ariana Eunjung Cha, „Planned Parenthood to open reproductive health centers at 50 Los Angeles high schools", *The Washington Post*, 11. Dezember 2019, https://www.washingtonpost.com/health/2019/12/11/planned-parenthood-open-reproductive-health-centers-los-angeles-high-schools/.

10. Eunjung Cha, „Planned Parenthood to open reproductive health centers at 50 Los Angeles high schools".

11. David P. Gushee, „Christian higher ed can't win the LGBTQ debate unless it transforms", *Religion News Service*, 3. Dezember 2019, https://religionnews.com/2019/12/03/christian-higher-ed-cant-win-the-lgbtq-debate-unless-it-transforms/.

12. Tom Gjelten, „Christian Colleges Are Tangled In Their Own LGBT Policies", *NPR*, 27. März 2018, https://www.npr.org/2018/03/27/591140811/christian-colleges-are-tangled-in-their-own-lgbt-Richtlinien. Siehe auch https://www.npr.org/2018/03/27/597390654/christian-colleges-that-oppose-lgbt-rights-worried-about-losing-funding-under-ti.

13. Madeleine Kearns, „The Equality Act Is a Time Bomb", *National Review*, 20. Mai 2019, https://www.nationalreview.com/corner/the-equality-act-is-a-time-bomb/.

14. Eliana Dockterman, „It Can Be a Boy, a Girl, Neither or Both", *Time*, 7. Oktober 2019, 40-47.

15. „Drag Queen Story Hour Host Makes Disgusting Admission About What He Wants to Do to the Kids", *Tea Party 247*, https://www.teaparty247.org/drag-queen-story-hour-host-makes-disgusting-admission-about-what-he-wants-to-do-to-the-kids/.

16. Dr. R. Albert Mohler Jr., „Evolving Standards of Decency? How Progressivism

Reshapes Society", 13. August 2019, https://albertmohler.com/2019/08/13/brie fing-8-13-19.

17. Michael Brown, „The Great Transgender ‚Awokening'", *The Stream*, 12. Juli 2019, https://stream.org/great-transgender-awokening/.

18. Janie B. Cheaney, „Picture a Triangle: Polyamory makes deviance the norm", *World*, 15. Februar, 2020, 18.

19. Das Zitat findet sich auf der Website der *Minnesota Press*, die für „Harmful to Minors" wirbt, https://www.upress.umn.edu/book-division/books/harmful-to-minors.

20. Stella Morabito, „The Pedophile Project: Your 7-Year-Old Is Next on the Sexual Revolution's Hit Parade", *The Federalist*, 21. Februar 2019, https://thefederalist. com/2019/02/21/pedophile-project-7-year-old-next-sexual-revolutions-hit-parade/.

21. Tammy Bruce, *The Death of Right and Wrong* (Roseville, CA: Forum, 2003), 195.

22. C.S. Lewis, „The Humanitarian Theory of Punishment", *God in the Dock* (Grand Rapids, MI: William B. Eerdmans, 2014), 325.

23. Ryan T. Anderson, *When Harry Became Sally: Responding to the Transgender Moment* (New York: Encounter Books, 2018), 2.

24. Jesse Singal, „What's Missing from the Conversation About Transgender Kids", *The Cut*, 25. Juli 2016, https://www.thecut.com/2016/07/whats-missing-from-the-conversation-about-trans gender-kids.html.

25. Jay Keck, „My daughter thinks she's transgender. Her public school undermines my efforts to help her", *USA Today*, August 12, 2019, https://www.usatoday.com/story/opinion/voices/2019/08/12/transgender-daughter-school-undermines-parents-column/1546527001/.

26. Dan Springer, „Oregon allowing 15-year-olds to get state-subsidized sex-change operations", *Fox News*, 2. Mai 2016, https://www.foxnews.com/politics/oregon-allowing-15-year-olds-to-get-state-subsidized-sex-change-operations.

27. Keck, „My daughter thinks she's transgender. Her public school undermines my efforts to help her".

28. Jonathon Van Maren, „Dad horrified as public school convinces daughter she's a ‚boy' ... and he can't stop it", *Life Site*, 13. August 2019, https://www.lifesitenews.com/blogs/dad-horrified-as-public-school-convinces-daughter-shes-a-boyand-he-cant-stop-it.

29. Alyssa Jackson, Special to CNN, „The high cost of being transgender", *CNN*, 31. Juli 2015, https://www.cnn.com/2015/07/31/health/transgender-costs-irpt/index.html.

30. arp2020, „Shame on Sprite", *American Renewal Project,* https://theamerican renewalproject.org/2019/11/shame-on-sprite/.

31. Lawrence S. Mayer und Paul R. McHugh, *Sexuality and Gender, The New Atlantis*, Herbst 2016, https://www.thenewatlantis.com/publications/executive-summary-sexuality-and-gender.

32. Michael Brown, „The Great Transgender ‚Awokening'", *The Stream*, 12. Juli 2019, https://stream.org/great-transgender-awokening/.

33. Jamie Dean, „Suffer the children", *World*, 15. April 2017, https://world.wng.org/2017/03/suffer_the_children.

Kapitel 7 – Kapitalismus ist die Krankheit – Sozialismus die Heilung

1. „Fewer Americans are giving money to charity but total donations are at record levels anyway", The Conversation, 3. Juli 2018, https://theconversation.com/fewer-americans-are-giving-money-to-charity-but-total-donations-are-at-record-levels-anyway-98291.

2. Wie zitiert in Joseph K. Folsom, *The Family and Democratic Society* (London: Routledge, 1949), 198.

3. Karl Marx, *Critique of the Gotha Program*, http://libcom.org/library/critique-of-the-gotha-program-karl-marx.

4. Karl Marx, *The Poverty of Philosophy* (Moskau: Foreign Languages Publishing House, 1955), 93; zitiert in John W. Montgomery, „The Marxist Approach to Human Rights Analysis and Critique", *The Simon Greenleaf Law Review* (Santa Ana, CA: Simon Greenleaf School of Law, 1981), 39.

5. G.K. Chesterton, *The Collected Works of G. K. Chesterton, Vol. 20* (San Francisco: Ignatius Press, 2001), 57–58.

6. Ronald H. Nash, ed. *Liberation Theology* (Milford, MI: Mott Media, 1984), 50.

7. Karl Marx, *Critique of the Gotha Program.*

8. William S. Lind, Hrsg., „Political Correctness: A Short History of an Ideology",

Free Congress Foundation, November 2004, 10, http://archive.discoverthenet works.org/viewSubCategory.asp?id=1332.

9. David Horowitz, *Unholy Alliance: Radical Islam and the American Left* (Washington, DC: Regnery Publishing, 2004), 47.

10. Greta Thunbergs Rede auf dem Klimaaktionsgipfel 2019 der Vereinten Nationen, https://www.npr.org/2019/09/23/763452863/transcript-greta-thunbergs-speech-at-the-u-n-climate-action-summit.

11. Stephen R.C. Hicks, *Explaining Postmodernism: Skepticism and Socialism from Rousseau to Foucault* (Loves Park, IL: Ockham's Razor Publishing, 2004), 155.

12. Hicks, *Explaining Postmodernism*, 156.

13. Veery Huleatt, „Progressive seminary students offered a confession to plants. How do we think about sins against nature?", *The Washington Post,* 18. September 2019, https://www. washingtonpost.com/religion/2019/09/18/progressive-seminary-students-offered-confession-lants-what-are-we-make-it/.

14. Frank Camp, „INTERVIEW (Part I): Swedish Author Johan Norberg on the Devastating Impact of Socialism, and What It Could Cost The U.S.", *The Daily Wire,* 14. Februar 2020, https://www.dailywire.com/news/interview-part-i-swedish-author-johan-norberg-on-the-devastating-impact-of-socialism-and-what-it-could-cost-the-u-s.

15. Marvin Olasky, „The view from ‚Doralzuela'", *World*, 25. Mai 2019, https://world. wng.org/2019/05/the_view_from_doralzuela.

16. „Rees-Mogg movement ridicules Corbyn's ‚socialist inspiration' Venezuela as it crumbles", *Express*, 31. Juli 2017, https://www.express.co.uk/news/uk/835146/Jeremy-Corbyn-mocked-Jacob-Rees-Mogg-Moggmentum-Venezuela-socia lism-video.

17. Olasky, „The view from ‚Doralzuela'".

18. Olasky, „The view from ‚Doralzuela'".

19. Ernest Hemingway, *The Sun Also Rises* (New York: Simon & Schuster, 2014), 109.

20. Benjamin Franklin, Pennsylvania Assembly: Reply to the Gouverneur, 11. November 1755, https://founders.archives.gov/documents/Franklin/01-06-02-0107.

21. Emily Stewart, „You can't turn the economy back on like a light switch", *Vox*, 21. Mai 2020, https://www.vox.com/2020/5/21/21263934/economy-reopening-stock-market-v-shape-recovery-Jerome-Powell.

22. Gary Abernathy, „The coronavirus shows Bernie Sanders won", *The Washington*

Post, 25. März, 2020, https://www.washingtonpost.com/opinions/2020/03/25/ we-are-all-socialists-now/.

23. Marvin Olasky, „Money like magic", *World*, 25. Mai 2019, https://world.wng. org/2019/05/money_like_magic.

24. Für diese Aussage ist keine Primärquelle bekannt, sie wird aber häufig Mayer Amschel Rothschild zugeschrieben.

25. D. James Kennedy Ministries, *Why Do You Believe That?* (Fort Lauderdale, FL: D. James Kennedy Ministries, 2019), 15.

26. Gerald L.K. Smith, Wikipedia, https://en.wikipedia.org/wiki/Gerald_L._K._Smith.

27. Camp, „INTERVIEW (Part I): Swedish Author Johan Norberg on the Devastating Impact of Socialism, and What It Could Cost The U.S".

28. Olasky, „The view from ‚Doralzuela'".

29. Michael O. Emerson und Christian Smith, *Divided by Faith: Evangelical Religion and the Problem of Race in America* (Oxford: Oxford University Press, 2001), 76.

30. Zitiert in John Warwick Montgomery, *The Law Above the Law* (Minneapolis: Bethany House, 1975), 169.

31. Winston Churchill, House of Commons, 22. Oktober 1945.

32. George Orwell, *Animal Farm* (Orlando, FL: Houghton Mifflin Harcourt, 2009), 192.

33. Willard Cantelon, *The Day the Dollar Dies* (Plainfield, NJ: Logos International, 1973), vi-vii.

Kapitel 8 – Verbrüderung mit dem radikalen Islam zur Zerstörung Amerikas

1. *Scharia: The Threat to America: Abridged* (Washington, DC: The Center for Security Policy, 2016), 40, https://www.centerforsecuritypolicy.org/2016/06/30/ shariah-the-threat-to-america-abridged/.

2. Patrick Poole, „The Muslim Brotherhood ‚Project'", *Frontpage*, 11. Mai 2006.

3. William J. Boykin et al. , *Shariah: The Threat to America: An Exercise in Competitive Analysis* (Washington, DC: The Center for Security Policy, 2010), 47.

4. Andrew C. McCarthy, *The Grand Jihad: How Islam and the Left Sabotage America* (New York: Encounter Books, 2012), 162.

5. McCarthy, *The Grand Jihad*, 51.
6. McCarthy, *The Grand Jihad*, 28.
7. David Horowitz, *Unholy Alliance: Radical Islam and the American Left* (Washington, DC: Regnery Publishing, 2004), 13-14.
8. David Horowitz, „The sick mind of Noam Chomsky", *Salon*, 26. September 2001, https://www.salon.com/2001/09/26/treason_2/.
9. Brian Flood, „New York Times deletes 9/11 tweet after backlash: ‚Airplanes took aim and brought down the World Trade Center'", *Fox News, 11.* September 2019, https://www.foxnews.com/media/new-york-times-9-11-tweet-deleted-airplanes.
10. David Horowitz, *Dark Agenda: The War to Destroy Christian America* (West Palm Beach, FL: Humanix Books, 2018), 131.
11. Horowitz, *Unholy Alliance*, 34.
12. Dennis Prager, „If you believe that people are basically good ...", *Jerusalem World Review*, 31. Dezember 2002, http://jewishworldreview.com/0103/prager 123102.asp.
13. Siehe Paul Marshall und Nina Shea, *Silenced: How Apostasy and Blasphemy Codes Are Choking Freedom Worldwide* (New York: Oxford University Press, 2011), 174.
14. Horowitz, *Dark Agenda*, 59-60.
15. Thomas D. Williams, PhD, „7th Graders in Tennessee Made to Recite ‚Allah Is the Only God' in Public School", *Breitbart,* 10. September 2015, https://www.breitbart.com/politics/2015/09/10/7th-graders-in-tennessee-made-to-recite-allah-is-the-only-god-in-public-school/.
16. Robert Spencer, *Stealth Jihad: How Radical Islam Is Subverting America without Guns or Bombs* (Washington, DC: Regnery Publishing, 2008), 190.
17. Spencer, *Stealth Jihad*, 195.
18. Spencer, *Stealth Dschihad*, 206.
19. Horowitz, *Dark Agenda*, 61.
20. Boykin et al. , *Shariah*, 125-126.
21. *Scharia: The Threat to America: Abridged*, 16.
22. Stephen Coughlin, „*Bridge Building" to Nowhere: The Catholic Church's Study in Interfaith Delusion* (Washington, DC: The Center for Security Policy, 2015), 8.
23. Muhammad Shafiq und Mohammed Abu-Nimer, *Interfaith Dialogue: A Guide for Muslims* (Herndon, VA: The International Institute of Islamic Thought, 2011).

24. Shariq und Abu-Nimer, *Interfaith Dialogue*, 43.

25. Shariq und Abu-Nimer, *Interfaith Dialogue*, 108.

Kapitel 9 – Verteufeln! Verteufeln! Verteufeln!

1. Saul D. Alinsky, *Rules for Radicals: A Pragmatic Primer for Realistic Radicals* (New York: Vintage Books, 1989), 130.

2. Ellis Washington, „Alinsky, Obama: Lies, lies, lies", *WorldNetDaily*, 16. September 2011, https://www.wnd.com/2011/09/345625/.

3. „Homosexuality and psychology", Wikipedia, https://en.wikipedia.org/wiki/Homosexuality _and_psychology.

4. Jeffrey Satinover, *Homosexuality and the Politics of Truth* (Grand Rapids, MI: Baker Books, 1996), 33.

5. David Horowitz, *Dark Agenda: The War to Destroy Christian America* (West Palm Beach, FL: Humanix Books, 2018), 92.

6. Thomas Messner, „The Price of Prop 8", *The Heritage Foundation*, 22. Oktober 2009, https://www.heritage.org/marriage-and-family/report/the-price-prop-8.

7. David Crary und Rachel Zoll, „Mozilla CEO resignation raises free-speech issues", *USA Today*, 4. April 2014, https://www.usatoday.com/story/news/nation/2014/04/04/mozilla-ceo-resignation-free-speech/7328759/.

8. K. Allan Blume, „„Guilty as charged', Cathy says of Chick-fil-A's stand on biblical & family values", *Baptist Press*, 16. Juli 2012, http://www.bpnews.net/38271/guilty-as-charged-cathy-says-of-chickfilas-stand-on-biblical-and-family-values.

9. Annie Martin und Leslie Postal, „Lawmakers, voucher advocates meet on private schools' antiLGBTQ policies", *Orlando Sentinel*, 6. Februar 2020, https://www.orlandosentinel.com/news/education/os-ne-school-scholarship-protests-20200206-bwclm26yy5abflbfc7l5z2dony-story.html.

10. George Orwell, *1984* (New York: Signet Classics, 1977), 267.

11. Jonathon Van Maren, „Protest at public library shows LGBT movement won't stop until it dominates everything", *LifeSite*, 30. Oktober 2019, https://www.lifesitenews.com/blogs/ feminist-argues-at-public-library-males-cant-become-female-lgbt-movement-rampages.

12. Van Maren, „Protest at public library shows LGBT movement won't stop until it dominates everything".

13. Jon Street, „Incoming Texas freshmen threatened with doxxing if they join conservative campus groups", *Campus Reform*, 21. Juni 2019, https://www.campus reform.org/?ID=13363.

14. Heather Mac Donald, *The Diversity Delusion* (New York: St. Martin's Press, 2018), 20-22.

15. Mac Donald, *The Diversity Delusion*, 4.

16. Mac Donald, *The Diversity Delusion*, 22.

17. Stewart Weiss, „The looting-and muting-of America", *The Jerusalem Post*, 18. Juni 2020, https://www.jpost.com/opinion/the-looting-and-muting-of-america-631909.

18. Gregor Strasser, „Thoughts about the Tasks of the Future", 15. Juni 1926, siehe Wikiquote: https://en.wikiquote.org/wiki/Gregor_Strasser.

19. WND Staff, „Antifa revealed! Free exposé of alt-left" *WorldNetDaily*, 23. Januar 2018, https://www.wnd.com/2018/01/antifa-revealed-free-expose-of-alt-left/.

20. Soeren Kern, „A Brief History of Antifa: Part 1", *Gatestone Institute*, 12. Juni 2020, https://www.gatestoneinstitute.org/16104/antifa-history.

21. „Video Shows NYC Protesters Chanting for ,Dead Cops'", *NBC New York*, 15. Dezember2014,https://www.nbcnewyork.com/news/local/eric-garner-manhattan-dead-cops-video-millions-march-protest/2015303/.

22. Ross Barkan und Jillian Jorgensen, „Elected Officials, Sharpton React to Killing of Two Police Officers in Brooklyn", *Observer*, 20. Dezember 2014, https://observer.com/2014/12/ elected-officials-sharpton-react-to-killing-of-two-police-officers-in-brooklyn/.

23. Joe Carter, „How LGBT Pride Month Became a Religious Holiday", *The Gospel Coalition*, 26. Juni 2019, https://www.thegospelcoalition.org/article/lgbt-pride-month-became-religious-holiday/.

24. Horowitz, *Dark Agenda*, 32-33.

25. Horowitz, *Dark Agenda*, 33.

26. Horowitz, *Dark Agenda*, 33.

27. Horowitz, *Dark Agenda*, 34.

28. KOMU und Missourian Staff, „Sermon at The Crossing leads to call for boycott of local businesses", *Missourian*, 18. Oktober 2019, https://www.columbia

missourian.com/news/local/update-sermon-at-the-crossing-leads-to-call-for-boycott-of-local-businesses/article_adb47a54-f151-11e9-87aa-eb41f6d01b0c.html.

29. Voltaire, Brief an Étienne Noël Damilaville (16. Mai 1767), https://en.wikiquote.org/wiki/Voltaire.

Kapitel 10 – „Wache auf und stärke das Übrige!"

1. Barna Group, „Almost Half of Practicing Christian Millennials Say Evangelism Is Wrong", 5. Februar 2019, https://www.barna.com/research/millennials-oppose-evangelism/.
2. Teile dieses Abschnitts sind meinem Buch *The Church in Babylon* (Chicago: Moody Publishers, 2018) entnommen.
3. Emma Green, „Rachel Held Evans, Hero to Christian Misfits", *The Atlantic*, 6. Mai 2019, https://www.theatlantic.com/politics/archive/2019/05/rachel-held-evans-death-progressive-christianity/588784/.
4. Nadia Bolz-Weber, *Shameless: A Case for Not Feeling Bad About Feeling Good (About Sex)* (New York: Crown Publishing Group, 2019), 71.
5. Bolz-Weber, *Schamlos*, 133.
6. Bolz-Weber, *Schamlos*, Klappentext.
7. Daron Roberts, „The Church Boy Who Never Grew Up", *The Cripplegate*, 2. Juli 2020, https://thecripplegate.com/the-church-boy-who-never-grew-up/
8. Eleanor Busby, „Social media sites are damaging children's mental health, headteachers warn", *Independent*, 9. März 2018, https://www.independent.co.uk/news/education/education-news/headteachers-social-media-children-mental-health-school-association-college-a8246456.html; Siehe auch June Eric Udorie, „Social media is harming the mental health of teenagers. The state has to act", *The Guardian*, 16. September 2015, https://www.theguardian.com/commentisfree/2015/sep/16/social-media-mental-health-teenagers-government-pshe-lessons.
9. Robert Payne, *Life and Death of Lenin* (New York: Simon & Schuster, 1964), 209.
10. Zitiert in J. S. Conway, *The Nazi Persecution of the Churches 1933-1945* (New York: Basic Books, 1968), v.

Rosaria Butterfield
Offene Türen öffnen Herzen
*Radikal einfache Gastfreundschaft
in einer nachchristlichen Welt*

Pb., 304 S., 13,5 x 20,5 cm
Best.-Nr. 271 752
ISBN 978-3-86353-752-4

Wie erreichte Gott eine überzeugte und radikale Nichtchristin? Nutzte er eine evangelistische Veranstaltung? Oder war es ein Buch, weil sie einen Doktortitel in Literaturwissenschaften besaß? Nein, Gott benutzte eine Einladung zum Abendessen in einem einfachen Haus, von einem bescheidenen Ehepaar ausgesprochen, das einfach nur das Evangelium authentisch lebte.

Vor dem Hintergrund ihrer eigenen Bekehrung lädt uns Rosaria Butterfield in ihr Haus ein, um uns zu zeigen, wie Gott dieselbe „radikal einfache Gastfreundschaft" gebrauchen kann, um unseren verlorenen Freunden und Nachbarn das Evangelium zu bringen. Sie eröffnet einen neuen Blick: Unsere Häuser gehören nicht uns allein, sondern sie sind Gottes Werkzeuge zum Bau seines Reiches. Einfach dadurch, dass wir solche Menschen, die anders denken und leben als wir, in unserem alltäglichen, manchmal chaotischen Leben willkommen heißen – und ihnen so zu sehen helfen, was wahrer christlicher Glaube ist.

Norman L. Geisler / Patrick Zukeran
Wie kann ich meinen Glauben verteidigen?
Von Jesus Apologetik lernen

Pb., 224 S., 13,5 x 20,5 cm
Best.-Nr. 271 680
ISBN 978-3-86353-680-0

Jesus war der ultimative Verteidiger der Wahrheit und des Glaubens. Lernen Sie direkt von ihm, wie sie Ihre Überzeugungen wirksam verteidigen können.

Es gibt viele Bücher zum Thema Apologetik, aber wie hat Jesus selbst den Glauben verteidigt? Dieses Buch zeigt, wie unser Erlöser Menschen überzeugte. Zaghafte Christen – oder streitlustige Skeptiker – können in den Gleichnissen, Predigten und Prophezeiungen Jesu entscheidende Argumente für seine Göttlichkeit finden. Die Autoren bieten überzeugende Hilfen, wie Christus Neugierige in die Entscheidung stellte. Durch einen neuen Blick auf die Botschaft und die Wunder der Bibel wird Christi fürsorgliche Vorgehensweise im Umgang mit Zweiflern neu lebendig. Ein Buch, das vielen helfen wird, überzeugend von Jesus und vom Glauben zu reden.